絵で見る哲学の歴史

ギュンター・シュルテ
勝　道興　訳

中央公論美術出版

PHILOSOPHIE
by
Günter Schulte

Japanese translation by Michioki Katsu
Published 2010 in Japan by Chuokoron Bijutsu Shuppan Co., Ltd.
ISBN978-4-8055-0629-5

Japanese translation rights arranged
with DuMont Literatur und Kunst Verlag
through Toppan Printing Co., Ltd., Tokyo

口絵1　**《トッレ・アンヌンツィアータ出土の哲学者のモザイク》**紀元後1世紀（推定）、ヘレニズム様式、ナポリ、考古学国立博物館。

七人の髭をたくわえた男たちが、惑星の軌道が書き込まれた一個の天球儀（前景右の箱のなか）を囲んで集会を開いている。ペーター・スローターダイクは（『球閾』第二巻「地球」（1999年）のなかで）、自然発生的ではない社交形態のうちに、学問をつうじた平和主義がはじまる場面をここに見出している。「その動機は、政治的な保身にあるのでも、教理の伝道や子弟の養成にあるのでもなくて、球としてあるような全体性、完全性、統一性、唯一性についての真理を、おのれの修練として、ひとと協同して探究することにある。」

口絵2　**ジャン-オーギュスト-ドミニク・アングル《スフィンクスの謎を解くオイディプス》**1808年、パリ、ルーブル美術館。二本足で立つ裸の男であるオイディプス（oida《オイダ》は「わたしはそれを知っている」を、dipus《ディプス》は「二本足」を意味する）は、「朝には四本足で、昼には二本足で、夜には三本足で歩くのはなにか？」というスフィンクスが投げかけた謎に対する答えを、いままさに彼女に説き明かしている。「それは人間である」という答えは、「人間とはなにか？」という哲学の問いを含みもっている。アングルの描写に見える白骨や死体の足は、その謎に答えることのできなかった無知な先行者たちの怖るべき運命を物語っている。とはいえ、その謎をかける怪物女の、光の当てられた、張りつめた乳房は、若い男たちの死というよりもそれとはまったく別のことを連想させる、とハインツ・デーミッシュは『スフィンクス』で述べている。

［哲学とはなにか？（動機／発端、境域）：本書10～14ページ］

口絵3　**ポンペイの秘儀荘の広間に描かれた装飾帯《フリーズ》**（部分）紀元前60年頃。広間の四面に走る装飾帯《フリーズ》は、ディオニュソスの秘儀において聖別のために犠牲が捧げられる場面が、しかも豊饒の象徴である巨大な勃起した男根《ファロス》が開帳されるというクライマックス直前の瞬間が描かれている。開帳が行なわれるのは、有翼の神霊《ダイモーン》のもつ鞭の一撃が、少女の露わにされた背中を目がけて打ち鳴らされるときである。ここにトリミングした壁画の一部は、その場面を示している。

［哲学と秘儀：本書15～17ページ］

口絵4　**酒杯の内部の絵付け**、紀元前490年頃、ボッフム、ルール大学美術コレクション。

興奮した少年愛好者（動じやすい、愛を求める者《エラステース》）は、恋人（動じることなく相手を動かす、愛《エ》を求められる者《ロメノス》）に金銭を与える約束をしている。アリストテレスは『形而上学』で、みずからは動かずにすべて動かす者は、愛を求める者を動かす、愛を求められる者のように、「求めるよりも動かす」と述べている。したがって、運動とは、［みずからは動かずして他のすべてを動かす］神的なものに向かって愛を求めることである。

［プラトンにおける肉体と魂，アリストテレスの著作：本書40〜45，56〜58ページ］

口絵5　**ディエゴ・ベラスケス《侍女たち《ラス・メニーナス》》**1656年、マドリッド、プラド美術館。

透視図法は、観察者・鑑賞者を図像のなかに取り込む。ベラスケスは、これを作品のテーマにしている。彼は、奥の鏡に映っている国王夫妻——画中の画家がその肖像画を描いている——があるべき位置に、この絵画の鑑賞者を置く。

［ルネサンスの哲学：本書99〜100ページ］

口絵6　**ラファエロ《アテナイの学堂》**1509～11年、ローマ、ヴァチカン宮殿、署名の間。

ギリシアの思想家たちが、ブラマンテの様式にしたがってローマ風に構想された建造物のなかに集っている。1514年ラファエロは、当時ローマのサン・ピエトロ寺院を改築したブラマンテの後継者になった。左右の壁龕《へきがん》にある像はそれぞれ、調和と理性の男神アポロンと平和と智恵の女神ミネルヴァである。中央には、プラトンとアリストテレスがいる。プラトン（レオナルド・ダ・ヴィンチの面影をもつ）は、威厳をもってイデアの国に向けて上方を指さし、アリストテレスは、現実主義者として身近な環境世界を指さしている。彼らとならんでずっと左には、シレノスの風貌でそれとわかるソクラテスが、マケドニアのアレクサンドロスと身振りをまじえて語り合っている。彼らの足下にある階段の上では、ふだんは樽のなかで暮らし、犬と呼ばれたディオゲネスが、だらしなく横たわっている。さらに手前には、ヘラクレイトス（ミケランジェロの面影をもつ）が、切り石にすわってメモを取っている。左前方では、アヴェロエス（12世紀に生まれた）が、著述しているピュタゴラスをその肩越しからのぞいている。アナクサゴラスも、開かれた書物を手にしながら、ピュタゴラスを見やっている。ピュタゴラスには背を向けて、ブドウの葉で編まれた冠を載せたエピクロスが、一冊の書に取り組んでいる。右前方の一団のなかでは、エウクレイデス［ユークリッド］が、黒板の上に身をかがめながら、彼自身による幾何学的原理を、円を使って証明している。彼の右手にいる二人の男が、球状のものをもっているが、一方のツァラトゥストラのものは天球儀、もう一方のプトレマイオスのものは地球儀である。彼らの上方には、盲目のホメロスがいる。右隅には、画家ラファエロ本人とその友人ソドマが見える。ラファエロは、左隅の愛らしい二人の子どもと同じように、鑑賞者を見ている――その視線は、この絵にふさわしい賞讃を要求している。

[ルネサンスの哲学：本書96ページ]

口絵7　**《哲学者の山》**1604年の木版画、『薔薇十字会の秘図』（アルトナ、1785年）から。

頂上の家を開く者は、太陽の樹と月の樹（上方左、アラビア人の錬金術士ザディスにより植えられた）から生い立つ賢者の石（lapis philosophorum《ラピス・フィロソフォルム》）を見つける。その石は、不老不死を約束する。それに到達するためには、邪説の城壁を乗り越え、金属の父である「老番人」アンティモンから錬金術の大いなる作業《オプス・マグヌム》を許されなければならない。

［哲学と錬金術：本書101〜103ページ］

口絵8　**マックス・エルンスト《フランスの庭園》**1962年、パリ、ポンピドー・センター。マックス・エルンストは、問いかけ、そして答える。「あなたはカントをどう評価するか？　——女性の裸体《ヌード》は、哲学者の学説よりも賢明である。」

［イマヌエル・カント：本書122〜130ページ］

口絵9　**ウィリアム・ブレイク《日の老いたる者》**、『ヨーロッパ、ひとつの預言』の口絵から、1794年、ロンドン、テート美術館。

ブレイクによる画中には、サテュロス［本書161頁訳注50を参照せよ］的な創造神ユリゼンが現われる。ユリゼンは、人間の理性がその中心にある想像力から切り離されるとき、人間がそのなかを走り回ることになる「愚直な円」といわれるコンパスで測られた檻を造り出す。ブレイクは、その叙事詩『ヨーロッパ、ひとつの預言』のなかで、定義し規定する理性の光であるユリゼンの王国の光（ヨーロッパ精神の堕落）がアメリカからフランスのぶどう園へと差し込み、詩人が血なまぐさい戦いを呼び起こす様子を描いている。　**［プラグマティズム：本書150〜152ページ］**

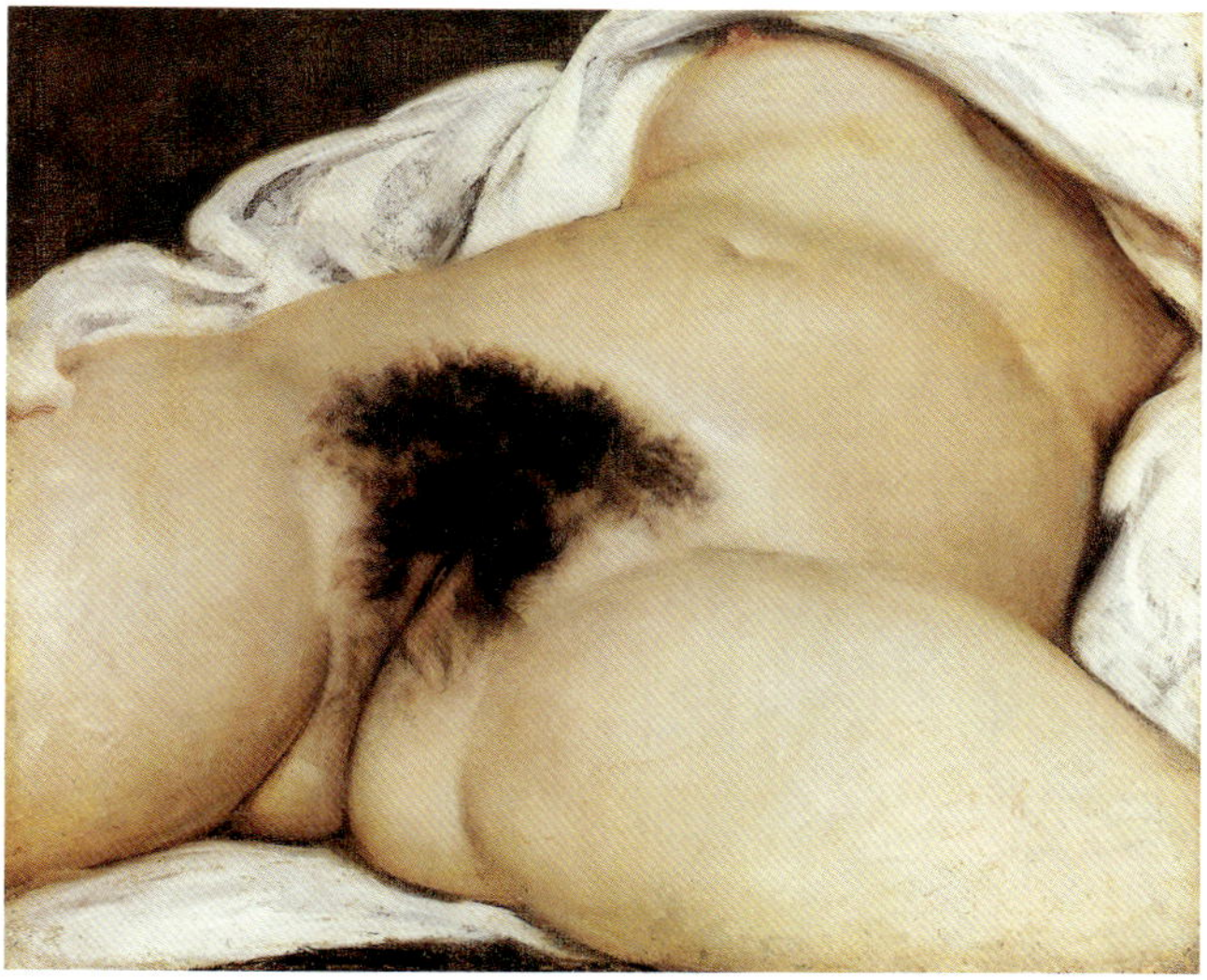

口絵10　**ギュスターヴ・クールベ《世界の起源》**1866年、パリ、オルセー美術館。

精神に関わる不安としての、性《セックス》を前にしての不安が、キェルケゴールの哲学を決定づけた。

［キェルケゴール：本書165〜169ページ］

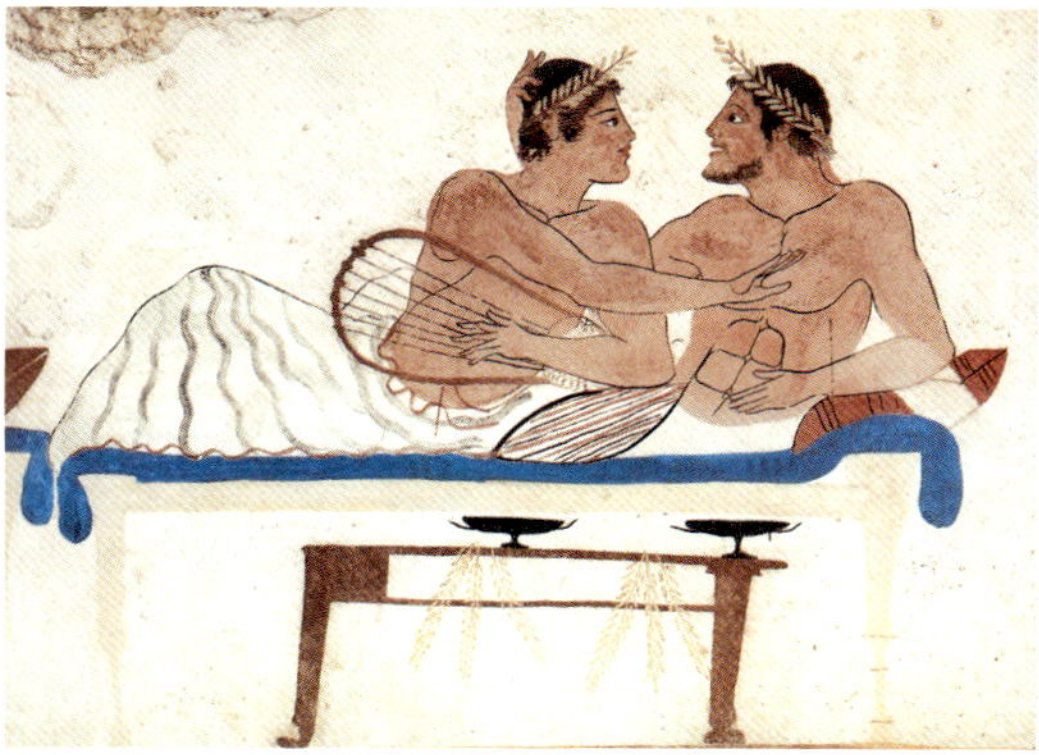

口絵11　**《饗宴での貴族の恋人たち》**フレスコ画、紀元前5世紀、パエストゥム、国立考古学博物館。

フーコーの主著『性の歴史』は、第一巻『知への意志』で開始され、遺作となった第二巻『快楽の活用』、第三巻『自己への配慮』、第四巻『肉の告白』［第四巻は著者自身の遺言により未刊］で完結する。これらの遺作なかで、古代ギリシアにおける生と性の技法は、「自己実践」「自己陶冶」とみなされている。エイズが、彼の生命を奪ったとき、彼は、陽光あふれるカリフォルニアの「ゲイ・コミュニティ」で自身の幸福を見出していた。

［構造主義：本書206〜208ページ］

口絵12　**エル・グレコ《聖霊の降臨》**1604～14年、マドリッド、プラド美術館。

「いかにして意志疎通、もしくは真の同意《コンセンサス》が可能となるのか？」とハーバーマスは自問する。その答えはこうである。「理想的な発話状況」の先取りによって、すなわち、聖霊に対するわれわれの信頼によって、あるいはむしろ、聖霊自身によってである。

［ポストモダン：本書211～212ページ］

目次

近代の哲学 105

一九世紀の哲学 137

二〇世紀の哲学 173

哲学の現在 215

絵で見る哲学の歴史

はじめに

哲学は、哲学者たちが作り出すものであり、また作り出してきたものである。このことは、哲学がいつも哲学史でもあるということを意味している。

最初の哲学史となる最初の哲学通覧（一〇巻に収められ、原文は現在七五〇頁におよぶ）を著わしたのは、ディオゲネス・ラエルティオスであり、それは『著名な哲学者の生涯と教説』[訳註1]というタイトルで三世紀前半に書かれた。すでに当時、権威ある著名な哲学者たちは、九五名を数え、すべてギリシア人であり、すべて男性であった。ディオゲネス・ラエルティオスは、彼らとその教説について口承または文献で伝えられていたことを記録している。現在、『哲学著作大事典』[訳註2]では、さまざまな文化を背景とする、一〇名の女性を含めた八〇〇名の著者が掲載され、一八〇〇部の著作が紹介されている。一方、女性の哲学者だけに限定された『女性哲学者事典』[訳註3]には、二〇〇名あまりの女性が紹介されている。デュモン社の速習講座である本書では、それらより少数の哲学者（約一二〇名、補遺の「哲学者リスト」を見よ）と著作に――本質的なものに――限定されなければならない。

どういうことか？　――このときすでにわれわれは、当然のことながらこれから取り扱うことになる、哲学のもっと

訳註1　邦訳では『ギリシア哲学者列伝』（加来彰俊訳、岩波文庫一九八四～九四年）と題されており、八二名の哲学者が記載されている。
訳註2　*Großes Werklexikon der Philosophie*, hrsg. von Franco Volpi (Stuttgart: Kröner, 1999)
訳註3　*Philosophinnen-Lexikon*, hrsg. von Ursula I. Meyer und Heidemarie Bennent-Vahle (Aachen: ein-Fach 1994)

も重要な問いのひとつにさしかかっている。それは、本質的なものへの問い、もしくはあるものの本質への問いである。さしあたりここでいえることは、本質的なものとは、全体よりも小さく、したがって短く、それでいながら全体よりも大きいということ、すなわちより抽象的で、なおかつより普遍的なものであるということである。本質的なものとは、個別的なものを超えて、統一性や連関性を提起しているのである。本書でなされた取捨選択や要点把握については、「文献リスト」で挙げられた哲学講座や哲学史を参考にしている。それらから受け継いだ見識や見解に対して、その著者たちにこの場を借りて感謝の意を表したい。

ギュンター・シュルテ

哲学とはなにか？

定義

哲学とは、「はじめに」で示したとおり、哲学者たちが作り出すものである。哲学者たちは、あるしかたでほかの先行者たちや同僚たちを模倣して作り出すのであり、もしそうでなければ、なにを作り出すのであろうか？ ——本質的にいえば、おそらく、まだ模倣する対象をまったくもつことのない最初の哲学者たちが作り出したものを模倣して作り出すのである。アルフレッド・ノース・ホワイトヘッドは、「あらゆる哲学とはプラトンの註釈である」といっている。というのも、プラトンは、紀元前四〇〇年頃にあって、そのテクストが完全なかたちで保存された（もっとも、一三世紀にはじめてトマス・アクィナスの場合に存在するような、直筆のテクストではないにしろ）最初の哲学者であり、それゆえその哲学が自由に取り扱えるように、すなわち自由に註釈できるように準備された最初の哲学者であったからである。この最初の哲学者は、もしかするとすでに最高の哲学者でもあったかもしれない。では、プラトンはなにを作り出したのか？ 彼は、言語と知と知覚とについて、魂と、理想国家において再建される魂の構造とについて、死と不死とについて、善と愛と教育とについて、数と美と徳と幸福とについて、構想され演出された数々の対話を書きしるした。結局のところ、それらは、ありとあらゆることにおよんでいる。したがって、哲学は、現実を包括する理論であり、普遍学である。実際、「哲学」と翻訳されたphilosophia《フィロソフィア》というギリシア語は、（紀元前六世紀においては）知の体系というような、こうした理論としての意味合いをもっていた。しかしながら、哲学は、知の体系であるばかりではない。やがてphilosophia《フィロソフィア》という語は、知の体系に基づいた生の技法というような、実践的な意味合いを帯びるようになった。古代ギリシアにおける知の体系の発展は、宗教的なおよび道徳的な意識が崩壊していく時代と重なっていたからである。以後、いつも哲学において問題となるのは、知あるものの生であり、どのようにしてひとは知をもって生きることができるのかということである。これをもって、哲学は、一種の超越的《メタ》な知であり、指導的な知といえるのである。

哲学に特有の使命は、生の意味への問い、あるいは、そもそもひとは意識を与えられた動物としてどのように生きることができるかという、もっとも深く不安を植えつけられた問いのために、問いの立て方を開発することにある、と現代フランスの哲学者のひとりであるクレマン・ロセは述べている。それというのも、意識はいつも、死を知ることをも意味し、つまり自分が存在しなくなるかもしれないという想念、いやそればかりか森羅万象が無効を宣告されるという

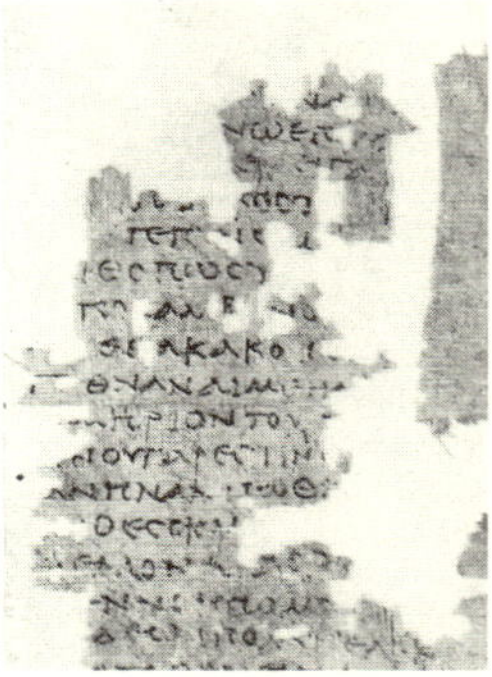

「プラトン・パピルス」紀元後100年頃、エジプト出土、ベルリン、国立博物館、パピルス・コレクション。ギリシア語のテクストが、プラトンの『ソクラテスの弁明《アポロギア》』を伝えている。そのなかで、ソクラテスは、青年を誘惑したという非難に対して法廷で抗弁する。この一断片の8行目は、「KAKO(N EINAI TE)ΘNANAI《カコン・エイナイ・テトゥナナイ》」と読め、「死が害悪である（とみなされるべきではない）」、とソクラテスが言明した一節が見てとれる。

《プラトン》ギリシア原作のローマ模刻、パリ、ルーヴル美術館。

プラトンは、『テアイテトス』で次のように書いている。「タレスが、星を観察するために、空を見上げていて、井戸に落ちてしまったとき、機知ある利口なトラキアの下女は、彼は星について知りたいようだけど、自分の手前のことや足元のことは知らないままじゃないかしら、と嘲笑したらしい。……哲学のうちに生きるすべての者には、同じような嘲笑が向けられる。なぜならば、実際にそのような者は、身近の者や隣の者のことを知らないままであり、それがなにをしているかということについてばかりではなく、それが人間なのか、それともなにかほかの生き物なのかということについても知らないままなのだから。……しかし、人間とはなにかということ、また、ほかの存在者とは区別されて、このような存在者にとって行なうにふさわしいことはなにか、引き受けるにふさわしいことはなにかについて、彼は追究し、研究しようと努力するのである。」

想念、したがって宇宙的な大虐殺《ホロコースト》という想念を意味するからである。それゆえ哲学は、もろもろの宗教も、たとえその方法は違えども——思考によるのではなく、信仰によるのだから——、解答を与えている問いに関わる。哲学は、客観的な経験に基づく科学と、信仰に基づく宗教や神学とのあいだに位置している。哲学は、科学と神学とのあいだの場所なき国であり、客観的科学による実証的な知識も、信仰による主観的な確信も提供することがないがゆえに、両方の側からの攻撃にさらされている、とバートランド・ラッセルは二〇世紀初頭に述べている。

とりわけ哲学は、哲学固有の領域からの攻撃にさらされているので、自己批判にさらされているといえる——たとえば、哲学が、科学と宗教とのあいだにあって、生を指導するというこの使命を本当に果たすのか、あるいは、哲学は、両方の領域のむしろ一方の側に全面的に立つべきではないのか、といった具合である。だから、ある哲学に対して唯一可能で、それでいてそれなりに根拠をもつ批判は、その哲学にしたがって生きることができるかどうかを現実に試すことである、とフリードリヒ・ニーチェは一九世紀末に考えている。けれども、このような批判が大学で教授されることは決してない、と彼は嘆く。おそらく、こうしたものが教授されるはずはないであろう。哲学が教育され、ときとして作り出されもする大学の授業形態は、生をともに営むような共同体ではないからである。とはいえ、われわれは、こうした生にとっての哲学の意味をそのさまざまな試みを見通しながら視野に入れなければならない。哲学速習講座としての指針が、自己の指針を立てるために役立てばと願っている。

クレマン・ロセがいうように、哲学とはまさしく、もともと知ってはならない、いや知る必要がまったくないものを知り、そのジレンマを知りながら生きようとする、たえず新たに繰り返された試みを意味する。聖書にある堕罪の物語[訳註4]を思い起こそう。その物語のなかで、認識とは、善悪を認識する果実を食うことであり、侵犯行為に帰せられることで

訳註4　旧約聖書『創世記』第三章によれば、神により男（アダム）から創造された女（エバ）は、エデンの園の中心にある禁断《タブー》とされた「善悪を知る樹」の果実を蛇にそそのかされて男とともに食べ、二人は、神と同じように善悪を知る者となった（原罪）ゆえに、その楽園から追放された。本書14頁に再び言及される。

あるがゆえに、それはもともと想定されてはおらず、どうしても生を困難にする害悪とみなされる！　生と理性とはどうしても折り合わない、と聖書が教えているように、少なくとも神に対する信仰で補わなければ折り合うことはできない。知をもって生きようとする試みを提示するすべての哲学には、ある種の宗教的な埋め合わせが見出されるのも事実である。その場合、このことはいつも、それぞれの哲学のなかにある、個人的な契機、病理学的であると同時に臨床学的な契機を意味している。それぞれの哲学は、それを唱える者のかかえる生の問題を証し立てており、それぞれの信仰告白であり、それぞれの自己を快癒する試みである。フリードリヒ・ニーチェは、哲学者の意識的思考の大部分を本能的機能のなかに数え入れるべきであるという見解に立っている。つまり、哲学者の教説の背後には、「ある特定の種の生命を維持するための生理学的な要求」にしたがった無意識的な価値判断が潜んでいるということである。それゆえ哲学は、つねにまたそれ自身の批判でありそれ自身の検証であらなければならず、「哲学は、抑圧された性をもっとも卓越した品性でもって昇華する形態のひとつであり、それ以上のものではない」というジークムント・フロイトの発言を徹底して自覚しなければならない。

いまもしある人が、哲学することはそもそも必要であるのか、どちらかというと哲学することを認めてはならないのではないかと自問し、それについて考え込むとすれば、彼は、すでに哲学に入り込んでいることになる。彼は、哲学しているのだ！　いずれにせよ、アリストテレスにはそのように見える。ひとは哲学するべきか、それともせざるべきか、どちらにせよひとは、そのことを哲学しなければならない、とアリストテレスはいっているのだから。いまわれわれは、哲学をほとんど喜劇的なものにしかけている。しかしまた、正しい態度をとってもいる。哲学を嘲弄することは、真に哲学することである、とブレーズ・パスカルはいっているのだから。さて、意識をもった生は可能なのか？　それはまたどのようにして可能なのか？　いや本来的には、意識をもった生は幸福でありうるのか？　といった問いについて知ろうと望むとき、われわれは、哲学から逃げ出しているわけではない。いや、そうしたくなるだろうか？　理性は、幸福の邪魔をするのではないか？　――われわれがやがて見てとることになるのは、「知（理性）＝徳（実践）＝幸福」という等式が、哲学それ自身によって示唆され告知された、哲学の果実であるということなのである。

ヘルマン・シュミッツは、その著作『哲学の体系』のなかで次のように哲学を定義している。哲学とは、人間がおのれの環境においておのれを見出す自己省察である。そのさい《わたしは誰なのか？》というこの問いが、哲学の包括的かつ中心的な問いとなろう。ここで決定的に重要なことは、〈わたし〉はおのれの環境から明確に切り離されることはまったくできないということである。〈わたし〉は、他者のようにおのれの環境のなかで客体として現われることもないし、〈わたし〉は、この環境をともなうことなく、なにか自立しているものとして存在できるように見えることもない。それゆえに、実証的な科学も孤独のうちに営まれる瞑想的な修行も、《わたしは誰なのか？》という問いに答えを与える

サンドロ・ボッティチェッリ《アペレスの誹謗》（部分）
1495年、フィレンツェ、ウフィツィ美術館。
「真理」を意味するギリシア語は、aletheia《アレーテイア》であり、語義に即すると、「隠れなさ」を意味する。フリードリヒ・ニーチェは、『悦ばしき知識』のなかで、露わにされた真理についてこういっている。「おそらく、真理とは、なにかを秘めていながら、それを見せないひとりの女である。」

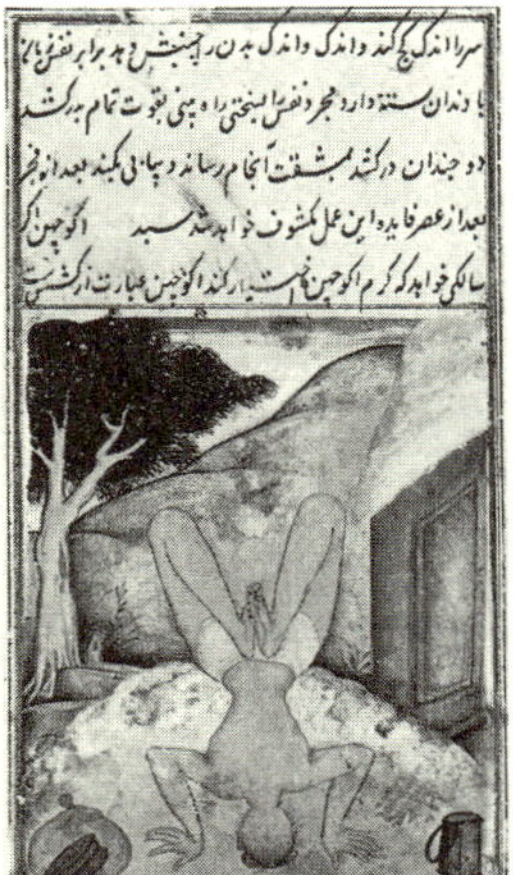

あるヨガ教本の彩飾ペルシア語写本の一頁、16/17世紀、ダブリン、チェスター・ビーティ図書館。
古代ペルシア語のテクストには、とくに呼吸法といった自律的訓練のための教えが示されている。これは、アラビア医術と980年頃ブハラで生まれた哲学者アヴィケンナ（イブン・スィーナー）とに由来するものである。

ことはできないであろう。なぜかというと、実証的な科学は、〈わたし〉にとって〈わたし〉自身を識別し規定しているものをすべて変質させ、〈わたし〉から引き離し、環境要因という一種の客体にしてしまうからである。また一方、たとえばヨガや禅の瞑想によるような孤独な修行は、〈わたし〉をおのれの環境から引き去らせ、その結果、哲学的省察への誘因であるはずの、おのれの環境においておのれを見出そうとする試みにともなう緊張が失われてしまうからである。〈わたし〉は、それだからこれらの科学と瞑想を超えた先へと進むのである。

動機

ところで、哲学への動機、哲学への誘因となるのは、次のような問いの緊張であり、場合によっては戦慄である。「死が〈わたし〉の環境から〈わたし〉を奪うとするのならば、それはどのようにしてか？　またいつなのか？」「死がありとあらゆるものを打ち砕くとき、そもそもなぜ生き延びねばならないのか？」「そもそもなんのためになにかが存在するのか、むしろ無ではないのか？」「なぜ善悪の彼岸では生きられないのか、なんのために良心をもっているのか、なんのために道徳的であるのか？」——哲学者たちは、そのそれぞれに応じて、哲学を定義してきた。アルトゥール・ショーペンハウアーによると、死は哲学の守護神《ムーサゲテース》である。[訳註5] すでにプラトンは、哲学は死の練習であると規定していた。アルベール・カミュが認めているただひとつの哲学的問題は、自殺である。マルティン・ハイデガーは、「そもそもなぜ存在者が存在し、むしろ無が存在しないのか？」というゴットフリート・ヴィルヘルム・ライプニッツの問いを繰り返し、それを形而上学の根本的問いと名づけている。イマヌエル・カントは、良心のうちに永遠の生の保証をみている。彼の哲学は、主として道徳哲学であるといえる。

　ただしクレマン・ロセは、彼ら哲学者が根本的問いとして死を動機としていることにおいて、哲学は挫折してもいると考えている。かつていずれの思想家も、死の観念と、そこから生じる、それぞれの人間存在に対してたいがいなされる過小評価とを釣り合わせるような思想に成功していないからである。

おそらく哲学に対する要求は、いくぶん引き下げられているのかもしれない。それでは、哲学するためにいたるところで基礎を見つけ出し、哲学することを問題を解決することとして推し進めることができたアリストテレスの観点に立ってみよう。彼は、その著作『形而上学』のなかで、哲学することへと駆り立てるのは、驚き（thaumazein《タウマゼイン》）であると教えている。一見したところ、ただたんに外界へと向けられた関心が、ここで問題になっているようである。彼は、月や太陽や天体といった事象に対する、あるいはそれらに関する神秘的な説明に対する疑問や不思議について語っている。事実、彼の哲学は、ひとが疑問に思うかもしれない、また不思議と思うかもしれないほとんどあらゆることについて非-神秘的な説明を与えている。アリストテレスが自己自身ないしは死の問題に執着していたようには、決して見えない――ところで、そのほか多くの哲学者たちも同様である。たいていの哲学者は、とりわけ客観的な経験と社会的な実践に関心を向ける経験論者たちやプラグマティストたちは、死のテーマを一般に取り扱わない。しかしながら、アリストテレスの場合は、『形而上学』の結末（第一二巻第七章）において、いかに彼が高揚した調子で宇宙全体に含まれている神的なものを善きものとして称賛しているかを目にするとき、彼もまた自分の哲学のおかげで死の深淵から逃れ出ていたことがわかるであろう。[訳註6] したがって、驚きをもたらす不思議さよりはむしろ緊張と戦慄が、彼の哲学の発端にもあったのかもしれない。いずれにせよアリストテレスの場合、彼に永遠の生を贈り与えたのは、死から解放された神的な理性であった。哲学者たちは例外なく、理性において死を免れてきた。いいかえるならば、彼らは、自分たちの思考を永遠なるもの――これが真理といわれる――に接近するための媒体《メディア》とみなすことによって、自分たちの生を導いてきた媒体《メディア》

訳註5　ギリシア神話において、Mousagetes《ムーサゲテース》は「学芸の女神たち」Mousai《ムーサイ》（Mousa《ムーサ》はその単数形）の「指導者、統率者」（hegetes《ヘーゲテース》）を意味し、知と文化の守護神であるアポロンを指すとされる。ヘシオドスによれば、Mousai《ムーサイ》は文芸、音楽、舞踊、哲学、天文などをそれぞれつかさどる九神とされる。

訳註6　アリストテレス『形而上学』第一二巻第七章には、「だからわれわれは主張する、神は永遠にして最善なる生者であり、したがって連続的で永遠的な生命と永劫《アイオーン》とが神に属すると。というのも、それこそは神なのだから。」とある。

でもあるその思考深さを、永遠なる生に向けて陶冶してきたのである。哲学者とは、永遠に同一のものとして変化することなく立ち止まっているものに触れようとする者たちのことである、とプラトンは定義している。——彼ら哲学者がそれに成功するのは、思考によってであり、すなわち概念によってである。

発端、境域

デルフォイのアポロン神殿の碑文には、「なんじ自身を知れ」(gnothi sautón《グノーティ・サウトン》)とある。紀元前七世紀当時のその意味は、おそらく不死なるものとおのれを比べてはならない、つまり「自分自身のことをわきまえよ!」というひとつの戒めにすぎなかったのであろう。しかしながら、まもなくこの箴言《しんげん》は、神による哲学の正当化であり、理性によって自分自身を知るという哲学への要求であるとみなされる。はたしてデルフォイの神託が、ソクラテスをもっとも賢明な者であると預言したのは、ソクラテス自身が説いているように、自分自身を無知であると知っているからである。ソクラテス自身が、「わたしは、知らない場合に、知っているふりをしないがゆえに、賢明なのである。」といっている。

そのデルフォイの碑銘とほぼ同じ時代に由来するものに、古代インドの『ウパニシャッド』の箴言「tat tvam asi《タット・トヴァム・アシ》」(「なんじはそれなり」)がある。「tat tvam asi《タット・トヴァム・アシ》」は、人間がおのれの環境へ、世界全体へ参入することに関していわれているかぎり、哲学に入門するための敷居としてみなされよう。ヘルマン・シュミッツの述べているところによれば、そこで立ちすくむ者は、すでに哲学に入る敷居を踏み越えているのであり、哲学することを——ギリシア的なしかたであるにしろ、インド的なしかたであるにしろ——開始しているのである。もちろんインドの教訓は、哲学という語が考え出され、西欧的な思考を打ち出したギリシアの教訓とは区別される。両者はともに、概念的な議論や世界解釈を、神話的または空想的な世界観から分け隔てる。しかしこの分離は、東アジアの奥義的教説の場合、その奥義が伝授される内部で起こったことである。一方ギリシア哲学は、神話からみずからをまったく分け隔て、いやそればかりか、神話を克服し、さらにそのうえ、見落としてはならないことだが、神話的な権威や神々の果たしてきた役割を概念や理念が引き継ぐと

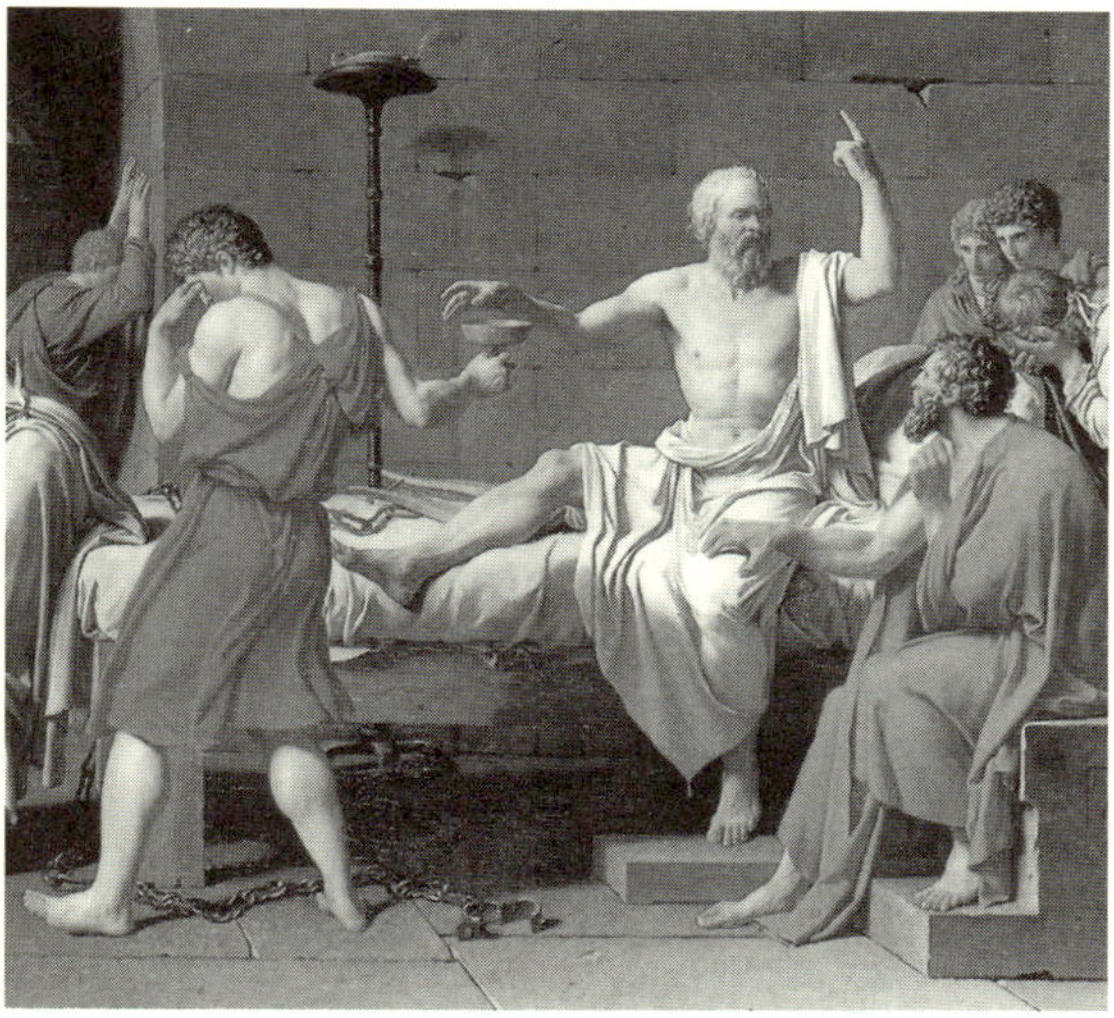

ジャック-ルイ・ダヴィッド《ソクラテスの死》（部分）
1787年、ニューヨーク、メトロポリタン美術館。
「死を怖れるということは、賢くないにもかかわらず、自分を賢いと思い込んでいることにほかならない。なぜならば、それは、知ってはいないことを知っていると思い込むことだからである。実際には、死がなにであるかを、誰も知らないのであり、それればかりか、死は人間たちにとってあらゆる善きもののなかで最大の善きものであるかどうかということさえ、誰も知らないのである。それなのに彼らは、あたかも死は最大の害悪であると確信しているかのように、死を怖れるのである。」（ソクラテス）

ΓΝΩΘΙ ΣΑΥΤΟΝ《グノーティ・サウトン》（なんじ自身を知れ）。
デルフォイのアポロン神殿の碑銘。

ピサの「斜塔」
驚きは知への憧れである、とトマス・アクィナスはいっている。

ミケランジェロ《堕罪と楽園追放》1508〜12年、ローマ、システィーナ礼拝堂。

いうことを明らかにする。西欧の哲学の始源に位置するソクラテス以前の自然哲学者たちにとって、それら権威や神威に匹敵するのは、火や水や空気や土といったなんらかの自然原理である。デモクリトスの場合、それはすでに原子《アトム》と呼ばれており、自然現象は、その究極的で分割不能の要素である原子《アトム》[訳註7]の相互作用から説明されることになる。こうした自然学は、神威をともなった神話的世界とはまったく異なった世界、つまり超越的な彼岸からの原因によらない、魔法を解かれた世界を登場させるのであり、その世界のなかで人間は、ほかのものとならんで徹底的に自然法則に服従させられる一個の生命体として、おのれを見出すのである。

　こうした「神託によりつつも、神威に取って代わる」「神的」思考は、むしろ「悪魔的」とはならないか？　人間たちにとって不幸にはならないか？　――そう教えているのは、聖書にある堕落の物語である。その物語では、人間たちは、神による食のタブーを犯すことをつうじて理性を手に入れ、神に望まれたというより悪魔[訳註8]（蛇）にそそのかされて、神との競合関係に陥る。「見よ」とヤハウェは、堕落の起こった後でいう。「アダム（ひと）は、われわれと同じようになった！」（『創世記』第三章二二）――たしかに西欧に広まったのは、神の言葉としての聖書に基づいたユダヤ教およびキリスト教であったのだが、そこはまた、ギリシア人に端を発した哲学が、その「神的」理性とともに発展した場所でもある。そうして、今日にいたるまで存続している境域に関する問題がある。アテナイとイェルサレム？　理性と信仰！　そもそもこの両者は、両立が可能なのだろうか？　そして、そもそも人間は、「神の口から出ずる言葉」なくして、「パンのみで」生きることができるのだろうか？（『マタイ伝』第四章四）[訳註9]

寄り道　哲学と秘儀

紀元後四世紀にいたるまでの二〇〇〇年以上にわたって、毎年九月エレウシスでは、エレウシスの秘儀と呼ばれる秘教的な儀式が執りおこなわれていた。それは一種の土着的な加入儀礼《イニシエーション》であった。伝えられるところによると、その儀式において加入者（新参者）は、死を前にした恐怖から浄められ、浄福を授けられた者たちの共同体に受け入れられた。アテナイでの入念な準備的儀式を済ました後に、二〇〇〇人から三〇〇〇人の巡礼者を収容することができるホールである大秘儀堂《テレステリオン》で一夜（聖夜）を過ごすために、二二キロメートル離れたエレウシスへといたる聖なる道に、無数のひとびとの列が途切れることなく続いた。ギリシア語の知識は、加入のためのひとつの条件であった。さらに、神官や指導者に対していくばくかの謝礼を支払い、一頭の犠牲の豚を奉納しなければならなかった。紀元前五世紀の中頃にアテナイで活動していた歴史家ヘロドトスは、喧噪と怒号とひどい混雑とともにひとびとが群れをなして集まってきたと報告している。しかし、聖なる儀式が執りおこなわれ、開帳がおこなわれたとき、ひとびとは畏敬に満ちた沈黙を守った。秘

訳註7　ギリシア語の **atomos**《アトモス》は、**a**（欠如・否定を表わす接頭辞）＋ **tomos**《トモス》「分割できる」に由来する。

訳註8　yahweh《ヤハウェ》は、旧約聖書における神の固有名詞（ヘブライ語）。しかし神名をみだりに唱えることの禁止により、その子音のみでYHWHと書き記され、それがadonay《アドーナーイ》と読み替えられ、「主」と訳すのが伝統となった。また前者の子音と後者の母音との組み合わせから、yehowah《エホバ》という名称が作られた。

訳註9　新約聖書『マタイ伝』第四章によれば、イエスが荒野で断食をしているとき、悪魔が来て、「もしあなたが神の子であるならば、これらの石がパンになるように命じてみよ」と彼を試みたが、イエスは「『人はパンのみで生きるものではなく、神の口から出ずる言葉で生きるものである』（『申命記』第八章三）と書いてある」と答えた。

儀において実際なにが起こったかについては、それを体験した誰もが、死刑に値するとの脅しを受けて、口外することを許されなかった。巡礼者は「監視人」を意味する「epoptes《エポプテース》」と呼ばれたわけだから、いずれにせよなにかが観覧に供されたはずである。

神話は、まず秘儀をつうじて生気を吹き込まれる、と秘儀に由来する教義の讃美者であるピコ・デッラ・ミランドラは書いており、ルネサンス哲学のもうひとりの第一人者であるフィチーノもまた同様のことを書いている。エレウシスの秘儀は、豊饒と穀物の女神、大地母神デメテルの神話に生気を吹き込んだ。デメテルの純潔な一人娘であるペルセポネは、野で花を摘んでいるとき、冥界の君主である求婚者に掠奪された。乳母バウボは、自分の女陰を見せて、悲嘆にくれるデメテルを再び笑わせた。陰門の子といわれるイアッコスの手を借りて、はたしてペルセポネは生還することができた。こうした神話が秘儀により息吹を与えられることで、性的な豊饒性と死と再生とが感覚的な経験となるのだが、そのさい、陶酔剤や忘我的な幻影をもたらす幻覚剤、とりわけ麦角《ばっかく》がある役割を果たした。つまり、ペルセポネが摘んだという花は、水仙《ナルキッソス》だったのであり、それはその名が示すとおり、麻酔作用《ナルコーティッシュ》をもたらす植物だったのである。またペルセポネの女従者はファルマカイアと呼ばれ、薬物の処方を意味していた。

こうした大衆的な加入儀礼《イニシエーション》の場合に、知的な教示は与えられなかった。聖なる儀式はまた、個々人の功績に関係なく多くの民衆に授けられた。それゆえに哲学者たちは、秘儀を過小に評価する傾向がおそらくあったかもしれない。どんな収税人も、ただ聖別されたということだけで、来世で正しき人の報酬にあずかることができ、その一方で聖別されない者たちが、泥沼のなかに横たわる運命を強いられるというのは、ディオゲネスにいわせれば、理不尽であった。ヘラクレイトスやアナクサゴラスやソクラテスも、秘儀に関して同様に否定的な意見を表明した。プラトンも、秘儀を軽んじた。ところが彼は、またみずからの哲学をもうひとつのよりすぐれた種類の神秘的な加入儀礼《イニシエーション》ととらえていた。秘儀が、感情を煽り立てることをとおして民衆に伝承するものと同じものを、哲学は、意識的な探究をとおして選ばれた少数の者たちのために達成する、と彼はみなしていた。その同じものとは、魂を浄化すること、死を歓んで受け入れること、彼岸と関係することができる技法、正しいしかたで狂乱し狂気を得ることのできる能力のことである。プラトンが神秘的加入儀礼《イニシエーション》のふだんの成果と認めたこれらの特性は、彼の哲学においては、精神的な修練によって達成されるべきものであった。その修練とは、魂を迷妄から浄化することを目的とする対話術の訓練を指している。崇拝をともなう加入儀礼《イニシエーション》や儀式は、プラトンによって知性的ないしは精神的な秘儀に転換されたのである。

その後、新プラトン主義と呼ばれるプロティノスの周辺や、さらにルネサンスにおいて、儀礼に関する用語の相続遺産が体系化された。精神的修練は、もろもろの見てとりやすいシンボルに助長され、鼓舞された。それればかりか、ルネサンスのプラトン主義者たちは、魔術を復権させることにしばしば取り憑かれた。後代の哲学者たちは、プラトン主義者たちの教説を叙述し公表するにさいして、どちらかといえば慎重な態度を保った。ただしヘーゲルは、哲学を講義するさいに、煙草に添加された大麻《ハシッシュ》を常用していたらしい。

古代の哲学

ソクラテス以前の哲学

神話と宗教をないまぜにしたようなものではなく、それらと対決する「理性的な」自己解明であり世界解明である哲学は、紀元前六〇〇年頃、ギリシアで生まれた。ただしギリシアといっても厳密にいえば、地中海圏におけるギリシア人の植民都市である。この時代、エジプト、バビロニア、アッシリアといった古代文化やクレタ島のミノア文化（ミュケナイ文化）は、衰退の一途にあり、あるいはミュケナイ文化の場合のように、悲劇的な破局により没落していた。ギリシア人の商業と海運は、地中海圏の全域に拡がっていた。黒海からジブラルタル海峡にいたるまでのあらゆるところに、ギリシア人の入植者たちが定住し、植民都市が築かれていた。

ギリシア人たち自身は、ミュケナイ文化を相続したイオニア人、アカイア人、ドーリア人という三つの移住民群に分かれて、北方から現在のギリシア領土にやってきた。彼らの一部は、農民として谷間に定住し、たいがい沿岸近くの都市を中心に、小さく孤立した共同体を形成した。人口が増加するにつれて食糧供給上の理由から、彼らは次第に航海生活へと、あるいは――バートランド・ラッセルがその著書『西洋哲学史』で述べているように当時はほとんど同じことを指していたのだが――海賊行為へと鞍替えしはじめた。彼らは、地中海のほかの地域でもっとうまく生活できること、とりわけ奴隷たちに労働させることによって、それができることに気づいた。奴隷たちは、内陸部への戦闘的な遠征をつうじて調達された。植民都市は、やがて母国以上に繁栄をきわめた。哲学的で学問的な思考がはじめて発達したのも、やはり植民都市においてであった。ハンス・ヨアヒム・シュテーリヒはその著書『世界の思想史』において、異邦の宗教

ソクラテス以前の時代

前一二〇〇年頃	ギリシアによるトロイア陥落
前八〇〇年頃	フェニキア子音アルファベットのギリシアでの受容
	ウパニシャッドおこる
前七七六年	第一回オリンピア競技
前七五三年	伝説上のローマ建国年
前七五〇年頃	ギリシアの大植民はじまる
	ホメロス『イリアス』『オデュッセイア』
	ギリシア「古代僭主制」時代
前七〇〇年頃	イスラエルの預言者たち
	ヘシオドス『神統記』
前六五〇年頃	レスボス島の詩人サッフォ
前六〇〇年頃	ザラスシュトラ（ツァラトゥストラ）［ゾロアスター教おこる］
	老子（？）
前五九四年	ソロンのアテナイ改革
前五三八年	ペルシア支配下のバビロニアからのユダヤ人帰還
前五三〇年頃	シッダルタの「悟り」、仏教おこる
前五〇九年	ローマ共和国
前五〇〇〜四七九年	ペルシア戦争［アテナイ中心のポリス同盟対ペルシア帝国］
前五〇〇年頃	孔子
前四九四年	ペルシアによるミレトス陥落［ペルシア戦争の一発端］
	↓ヘロドトス［『歴史』におけるペルシア戦争の記述］
前四五〇年頃	彫刻家フェイディアス、悲劇作家アイスキュロス『オレス

と生活様式に接した商人と航海者たちは、すでに「母国の伝統的な生活様式、思考方式、宗教的観念に対する最初の懐疑者であったのかもしれない」と推測している。

　それゆえに、理性的な思考の起源は、精神的かつ社会的構造をそなえたギリシア人の都市国家であるポリスにあった。ポリスの中心には、アゴラという公共の広場がある。「ここでは、理念にしたがった全市民の平等な参加において、共通の問題となるあらゆる案件が、共同の討論と決定の対象となる」とクリストフ・ヘルフェリヒはその著作『哲学史』のなかでいっている。人間をまさしくポリス的動物(zoon politikon)《ゾーン・ポリティコン》であるとアリストテレスが定義しているのも、こうしたゆえんからである。また二〇世紀には、ユルゲン・ハーバーマスが、いわゆる「統制から解放された言説《ディスクルス》」に、社会の同

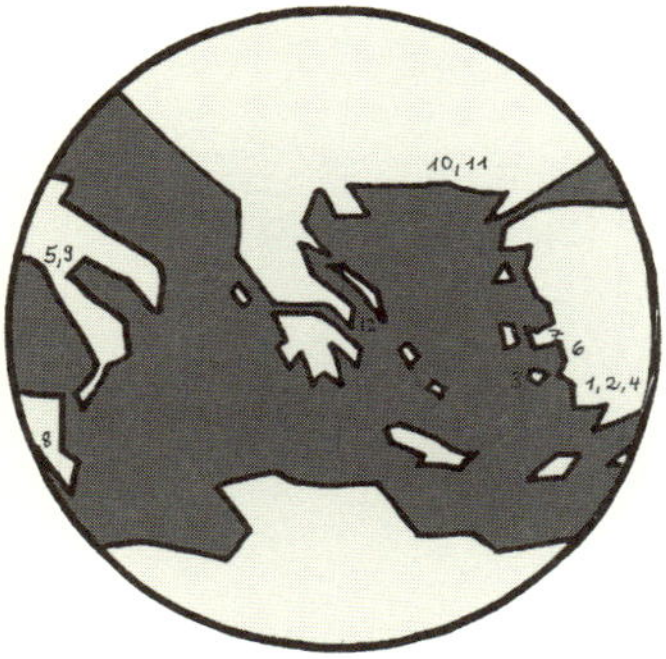

ソクラテス以前とソクラテス

1. ミレトスのタレス［イオニア学派］
2. ミレトスのアナクシマンドロス［イオニア学派］
3. サモス島のピュタゴラス
4. ミレトスのアナクシメネス［イオニア学派］
5. エレアのパルメニデス［エレア学派］
6. エフェソスのヘラクレイトス［イオニア学派］
7. クラゾメナイのアナクサゴラス［イオニア学派］
8. アグリジェントのエンペドクレス
9. エレアのゼノン［エレア学派］
10. アブデラのプロタゴラス
11. アブデラのデモクリトス
12. アテナイのソクラテス

テイア』、悲劇作家ソフォクレス『オイディプス』『アンテイゴネ』、喜劇作家アリストファネス、政治家ペリクレス

前四二九年　アテナイでペスト流行
ペリクレス没
ギリシア本土にギリシア人約四、五〇〇万、本土外に同程度居住

前四〇四年　ペロポネソス戦争終結、スパルタ勝利とアテナイ降伏
トゥキディデス（『歴史』におけるペロポネソス戦争の記述）没

前三九九年　ソクラテス没

権化のための基盤、すなわち病理学的なひずみと硬直からの、とくに階級差別からの解放のための基盤を見出した。しかしもちろん、ギリシア人のポリスは、紀元前六〇〇年頃の哲学が成立する時期にあたって、階級闘争から解放されていたわけでは決してなかった。小アジアのミレトスは、その土地で生まれ、最初の哲学者であると称されているタレスのおかげで、哲学の発祥地とみなされているのだが、このポリスでは、大多数の居住者である奴隷たちとは異なる身分をもつ自由市民たちのあいだで、貧者と富者との、多数派の民衆と少数派の貴族――ところで哲学者たちは、貴族から成り立っていた――との激しい対立が荒れ狂っていた。

最初の哲学者たちは、ソクラテス以前の哲学者と名づけられている。彼らは、ソクラテスが死刑に処せられた紀元前三九九年よりも前に思索と教説をのこした。彼らは、次のように二つのグループに分類される。1．ピュタゴラス、タレスからデモクリトスにいたるまでの自然哲学者たち。2．ソクラテス自身を含めたソフィストたち。前者は、おもに自然にまなざしを向け、最初の学問的な世界像はそれに帰せられねばならない。後者は、おもに人間にまなざしを向け、最初の認識理論はそれに由来している。

自然学と哲学

最初の哲学者たちは、自然学者たちである。彼らは、数（ピュタゴラスの場合）にしろ、水（タレスの場合）にしろ、原子《アトム》（デモクリトスの場合）にしろ、あるひとつの原理あるいはまた複数の原理や元素から世界を理解しようと試みている。彼らは、非‐神話的で非‐宗教的な自然界の説明をはじめて提示する。それらの教説は、断片のかたちでしか伝えられていない。つまり、アリストテレスやテオフラストス、さらに後になってアポロドロスやディオゲネス・ラエルティオスが彼らについて執筆したテクストのなかか、いわゆる『ソクラテス以前哲学者断片集』（ヘルマン・ディールスにより編集された）のなかでしか伝えられてない。

アリストテレスは、ソクラテス以前の哲学者たちが自然界の説明をするさいに、単一の原理によるかあるいは複数の原理によるかにしたがって、彼らの説明を論理的な二者択一の体系に整理した。『自然学』には、次のように記されている。単一の原理による場合、運動が度外視されるか（エレア学派、すなわち**パルメニデス**や**ゼノン**はそう考えている）、あるいは運動が考慮されるか（イオニア学派、すなわち**タレス**は水を原理として、**ヘラクレイトス**は火を原理として、**アナクシメネス**は空気を原理として、そう考えている）によって分けられる。複数の原理による場合、特定数の原理から成るか（たとえば**エンペドクレス**は、火、水、空気、土とならんで愛、憎を挙

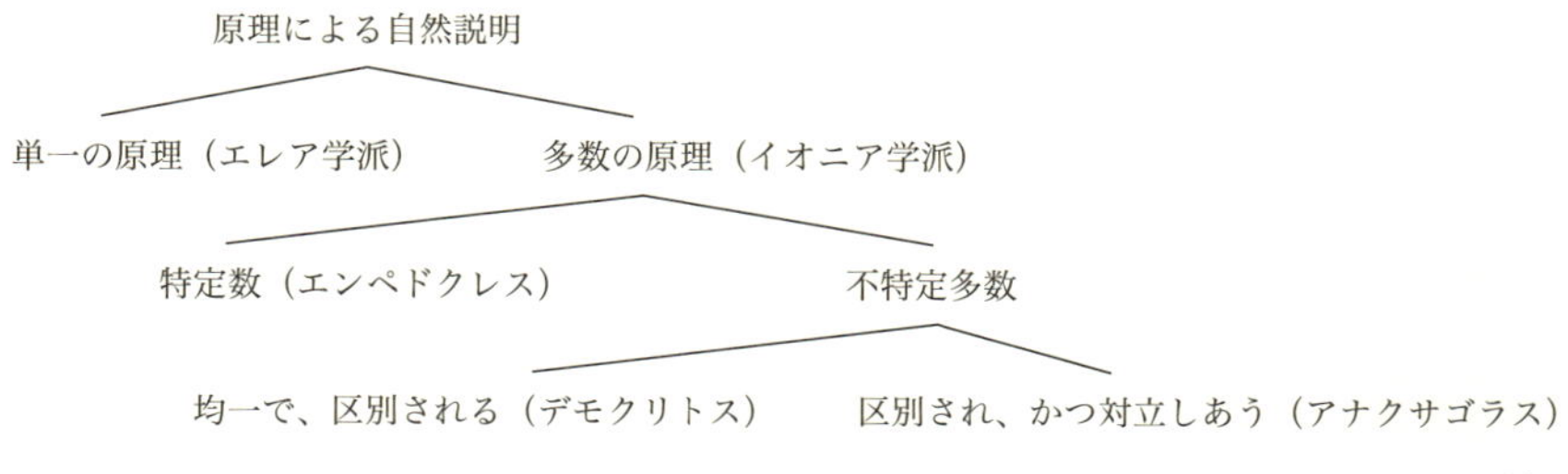

げている）、あるいは不特定多数の原理から成るかによって分けられ、さらに後者は、均一ではあるが区別された形態をもつか（**デモクリトス**の原子《アトム》のように）、あるいは区別されているばかりではなく対立しあっているか（熱いものや明るいものの大きさと、原初の渾然《こんぜん》とした事物の小ささという原理をもちだす**アナクサゴラス**のように）によって分けられる。

こうした自然観が、現在のわれわれにとって荒唐無稽に思われるのは、当然のことであろう。それぞれの原理は、物質的な素材とか物理的な力というよりは、むしろ超感覚的で神話的な威力であるように見える。世界とその諸現象の根源であり説明根拠である**タレス**の水は、世界を取り囲んでいるといわれる神話上の源流や死の河といわれるステュクスを連想させる、とアリストテレス自身が指摘している。そういうわけだから、自然界に対するタレスの説明もまた、理

ギュンター・シュルテ《アペイロン》1959年。
「万物は水である」、「万物は流転する」、「はじめに無限定なもの（apeiron《アペイロン》）［a（欠如・否定を表わす接頭辞）＋peras《ペラス》「限度・終極」に由来する］があった」と唱えたのは、それぞれ地中海沿岸のタレス、ヘラクレイトス、アナクシマンドロスであった。

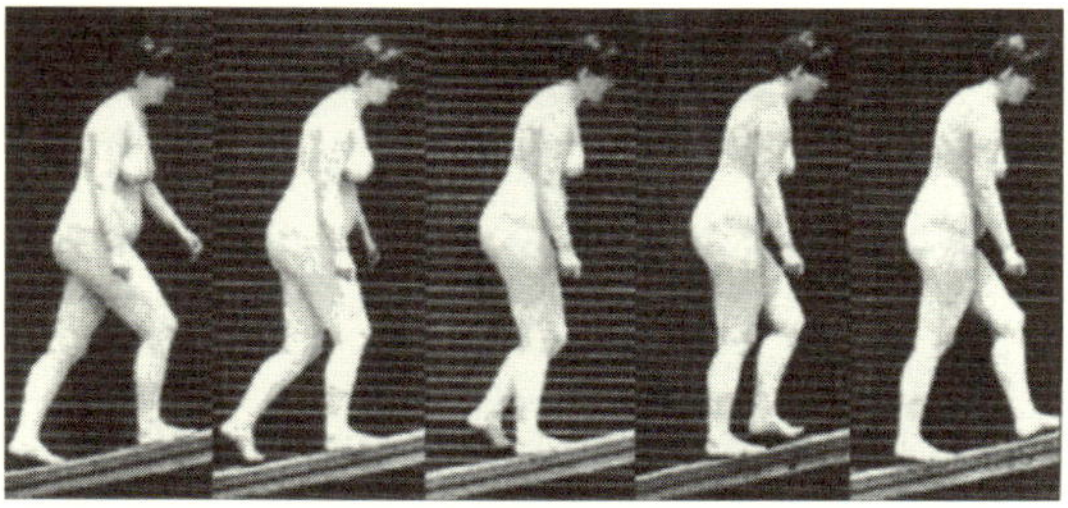

エドワード・マイブリッジ《運動する女性》1887年頃。
パルメニデスの弟子のひとりであるエレアのゼノンは、ある意味で映画フィルムの考案者とみなされるかもしれない。彼は、たとえ運動が不可能であると証明していたとしても、静止した画像を連続させることによって、運動という幻影を復元することを発案したからである。では彼は、どのようにして運動の不可能性を証明したのか？

a）　もし時間が、分割された時点の継起であるならば、射られた矢は、それぞれの時点で静止しているのだから、それらの静止が寄り集まったところで、運動するということにはならないだろう。

b）　もし時間が、連続しているとすれば、アキレウスは、彼に先行する亀との競走で決して亀に追いつくことができないだろう。というのも、アキレウスが、亀がいた場所に追いついたとき、亀は、すでにそれより先に進んでいるのだから。両者間の距離は、たしかに次第に縮まってゆくにはちがいないが、決してゼロにはならない。

性的とはいえない。タレスには、水は万物の根源であるという命題ばかりではなく、万物は神々に満ちているという命題もある。すると、神々は万物と同様に水から成り立っていなければならない、あるいは、自然そのものが神的であるということになる。かつてのイオニア自然哲学の水のなかで「異教的な占星術の火」も、また宇宙《コスモス》を支配している神々に対する信仰の火も消されてしまった、とルートヴィヒ・フォイエルバッハが一九世紀中頃に言及したのは、いみじくも的を射ていた。

ソクラテス以前の自然界に対する説明のなかには、あたかも当時はじめて神々や超感覚的な力を関与させることなく自然を説明しようとしはじめているかのような、不完全な物質主義と物理主義を見てとることができるかもしれない。たとえば圧迫や衝突のさいに、また建築や航海や武器製作のさいに、因果関係による説明は、もちろんすでに取り入れられていた。事実、タレスはナイル川の氾濫を起こす（たとえまったく正しくとはいえないにしても）自然の原因（貿易風）を挙げたし、――エジプトの天文暦に基づいて――日蝕を予言した。それまで両方の現象に対しては、神々にその原因が帰せられていた。もしこのような見方をすれば、統一的かつ内在的に自然界を説明しようとする、ソクラテス以前に着手された企ては、相対性理論と量子力学を統一的に融合する自然理論を模索している今日の物理学に通じているのである。そう考えるならば、エンペドクレスの四元素（火、水、空気、土）は、あらゆる自然界の事象がそこへと還元される四つの根源力（1．質量のあいだに働いている重力、2．電荷のあいだに働いている電磁気力、3．素粒子のあいだに働いている強い相互作用、4．素粒子崩壊に導く弱い相互作用）に置き換えられるであろう。

それでは、哲学はどこに立ち止まり続けているのであろうか？　森羅万象が、まだ自然科学により説明しつくされてはいない間でしか、哲学は、存続することはないのか？　哲学は、ゆくゆく存続しなくなるのか？　――哲学に知を期待する場合、ルートヴィヒ・ヴィトゲンシュタインが『論理哲学論考』（一九二一年）においていうように、客観的な経験によって確証される「明らかに語られうるもの」に知を制限することになるのかもしれない。とはいえ、人間的な経験、したがって各人の感覚と思考は、客観的なものとしてみずから現われることはないので、こうした自然説明は、実存の問い――〈わたし〉の生の意味と目的への問い、〈わたし〉はさしあたりその参加者であり、かつその観客であるところの世界全体の意味への問い――に対していかなる答えを与えることもない。一方これらの問いかけは、とりわけ〈わたし〉自身ならびに事物全体が無常であるという謎は、ソクラテス以前の自然哲学者たちによる説明体系の背後に潜んでいる。彼らは、移り変わりゆくものの起源と意味を洞察しようとした。移り変わりゆくものを、なにかしらに由来するものとして、知を介して分かち与えられる永遠のものや不変のものに包み抱かれたものとして理解した。つまり、たとえば、水がその形態や集合状態をつうじてもやはり一貫して同じものであり続けるように、もろもろの多様な現象において変化するものも、永遠なもの、神的なものである世界の根拠をつうじて、それ自身は移り変ることはなく、同じものであり続けるはずである。

　こうして見てくると、ソクラテス以前においてはまだ分裂していなかった自然科学と哲学が、西欧の思考の歴史のなかで次第に分裂してゆくようである。自然科学は、その対象を客観的なものに限定し、それを一般的な自然法則から説明し、心的なものもまた物理的なものの帰結として理解しようとする。それに対して哲学においては、現実の背後に潜む深淵を、神話や宗教がそれを特徴づけるようなしかたで直観し、探究することが続けられている。それゆえに、ソクラテス以前の自然哲学者たちも、実験による自然研究という意味で自然に取り組むことよりは、むしろ現実から離脱することを説いている。無化され無に落ち込むことを免れるために、現実の背後にまなざしを向け、人間がなんとかして接近しようと望んでいる永遠で不変なものに向かえと教えているのである。**パルメニデス**（紀元前五四〇～四八〇年）を例に挙げると、変わることなく存在するものを追究し、変化しうるものや存在しないものを拒否する態度は、インドの涅槃《ニルヴァーナ》に比較されうるような、無をも抱擁するところに行きつくかに見える。この博識な男が拠りどころにした存在とは、彼の手による有名な教訓詩に示されているとおり、一個の球体のように、不動であり、不生不滅であり、全体であり、統一であり、揺るぐことなく、完結している。数多性と無は、見せかけにすぎない。この世界根拠の経験において、主観と客観は融合してしまう。「思考と存在は、同一のものである」とそこでいわれているとおりにである。物理学者

ルネ・マグリット《旅行者》（部分）1937年、個人蔵。ヘルマン・シュミッツは、『対象の起源』（1988年）のなかで、パルメニデスの存在体験をマッハ経験と同一視している。マッハ経験とは、マッハが『感覚の分析』（1886年）で次のように書き記しているものである。「ある晴れた夏の日、屋外にいると、忽然《こつぜん》としてわたしの自我もろともに世界が、関連しあった感覚のかたまりであるように思われた。ただしそれは、自我においては、より強固に関連しあっているだけであるように思われた。たとえ本格的な反省が、それからようやく付け加えられたにしても、やはりこの瞬間は、わたしの全直観にとって決定的なものになった。」

であり哲学者であるエルンスト・マッハが後世に書いているように、〈わたし〉と世界は融合するのである。

原子論者《アトミズム》の**デモクリトス**（紀元前四六〇～三七一年）は、すでにソクラテスと同時代人であったのだが、彼の教説は、われわれが今日たずさえているような自然科学的な世界像のはじまりをもっとも明確にしるしづけているようである。その教説にしたがえば、存在するのはただ原子《アトム》だけであり、それ以外はなにも存在しない、いいかえれば虚無でしかない。精密かつ再検証の可能な理論の発展にとってみれば、原子論者《アトミズム》たちの思想形成は、たとえばエンペドクレスのような「包括的な」思想形成よりもずっと都合がよかった。エンペドクレスの思想形成は、体験し驚愕する個人、その個人の生に関わる問題から出発しており、錬金術や占星術に支えられていたからである。デモクリトスは、目には見えず、それ自体は観察不可能な、自立した根本要素である原子《アトム》から出発しているが、それは、ヘルマン・シュミッツが述べているとおり、アルファベットの字母と同様に、力が加われば集合体として組み合わされる。したがって、感覚器官による知覚は、真正な認識とはいえず、感覚器官によって知覚されるのは、流入する原子《アトム》とそれに反作用する原子《アトム》とから派生した事物の副次的な性質にすぎない。一次的な性質（原子《アトム》と虚無）をとらえられるのは、ただ思考という真正な認識だけである。

しかしながら、デモクリトスの原子論《アトミズム》は、実験的な観察に裏づけられた理論というよりも、むしろ数多性と運動をたんなる見せかけとみなすパルメニデス

ヘンドリック・テルブリュッヘン《笑う哲学者、デモクリトス》1628年、アムステルダム、国立美術館。
原子論《アトミズム》の発案者であるアブデラのデモクリトスは、人間の愚かさを目にすると、突然に高笑いしてしまう癖があった。それゆえ、「笑う哲学者」として、彼は（美術）史上に名を残した。

に対するひとつの解答である。デモクリトスにとって、数多性と運動は現実である。ただし彼は、移り変わりゆくものに楽しみを覚えてはならないと戒めている。倫理学者として彼は、不死なるものを勧めるのだが、そのとき原子《アトム》のことを指していないのはたしかである。

デモクリトスは、客観的な現実を主観的な世界から切り離すことによって、主観的なものを内面的な領域に割り当てている。人間は、苦悩をもたらす災厄の貯蔵庫であり宝物殿であるこの内面世界を、ヘラクレイトスの説くように夢のなかでばかりではなく、たえず（性的絶頂《オルガスムス》といった忘我状態に入り込まないかぎり）かかえこんでいる。こうした点で、デモクリトスは、人間を「魂と肉体というふうに」両義的に自己理解することにおいて先駆者である。すなわち、想念や願望や感情がそこに生じるところの内面世界ないしは魂（psyche《プシュケー》）をかかえこんだ肉体として、人間はおのれをとらえているのである。

もしかすると、ソクラテス以前の哲学者たちのなかでもっとも重要なのは、サモス島の**ピュタゴラス**（紀元前六世紀）といえるかもしれない。がしかし、彼自身によるいかなるテクストも伝えられていない。いわゆるピュタゴラスの定理（「直角三角形の直角を挟む二辺の平方の和は、その斜辺の平方に等しい」）の発見のおかげで、彼はいまでも世間に名高い。ピュタゴラスは数学者であり哲学者であり――それに加えて教祖であった。彼は、南イタリアのクロトンでオルフェウス教の土壌に哲学的＝宗教的[訳註10]な教団組織を設立している。オルフェウス教は、伝説によると、オルフェウスに帰依する神秘的宗教で、浄化と贖罪《しょくざい》の儀礼に

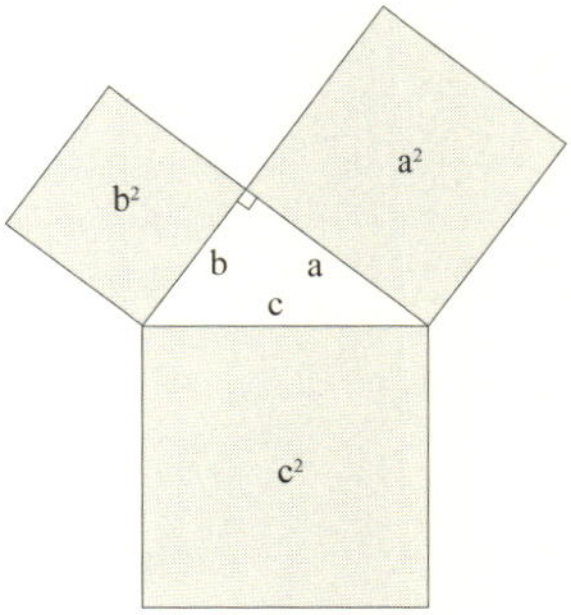

ピュタゴラスの定理：$a^2+b^2=c^2$

ピュタゴラス

「もし彼がいなかったならば、キリスト教徒たちは、キリストのなかに言葉を見出すことはなかったであろうし、神学者たちは、神とその不死を論理的に証明することを求めることはなかったであろう。」

バートランド・ラッセル『西洋哲学史』（一九九二年）

特別な価値を置く。教団の定めた数多くあるタブーのひとつに、僧侶は豆を食べてはならないという、エジプト人から伝承された禁令があった。それは厳密にはソラマメを指しているが、その豆は、黒い斑点の染みついたその花のせいで、死のシンボルとみなされていた。ピュタゴラスの結社は、女性たちも受け入れていた。西欧の歴史のなかで哲学を学ぶ最初の女生徒は、テアノであった。彼女は、ピュタゴラスの妻となった。

　ピュタゴラスの秘教は、人間が忘我や夢や死において肉体から解放された不死の魂をもつことを教えている。魂は、それが完全に浄化され、そして宇宙《コスモス》と同化するようになれるまで、転生や輪廻というしかたで繰り返しいつも肉体に囚われている。このとき、一度かぎりの生を無効とする死は、新しい生に向かうための乗り物になる。再生の連鎖のなかで最終的かつ究極的な死をつうじて宇宙《コスモス》とひとつになること（涅槃《ニルヴァーナ》に、あるいは『チベットの死者の書』における光明に匹敵する）は、しかしながら妄想的な救済として追求されており、個人の生が最期を迎えるにあたって、この最期から無に対する恐怖を取り除くには十分であるとは思われない。

　万物は数である、というのがピュタゴラスのスローガンである。彼は、世界の奥義を根本素材に求めるのではなく、根本法則に求めるが、それは、世界を構成する要素間にある数的関係の根本法則である。彼にとって世界は、調和的全体であり、永遠に生き生きとした神的な本質であり、そうした意味合いでコスモスと呼ばれている。しかも、その世界の調和は、音楽的である。数的関係は音階の調和的連関をつかさどる、とピュタゴラスは認識していた。一弦琴――可動式の駒を取り付けた共鳴箱のうえに一本の弦を張った古代ギリシアの楽器――の場合、その弦を半分の長さにすると、一オクターヴだけ高い音が発生する。このようにして、オクターヴに対応する弦の長さの比率は1：2となり、五度に対応するのは3：2、四度に対応するのは4：3となる。

では、いったいどうして万物は、数であり、法則にしたがった調和においてあるのか？　ピュタゴラスは、さらに進んで、社会的調和も数的関係のうえに基礎づけ、もろもろの徳を特定の数と同一視するにいたった。数は、万物がそこから構成される幾何学的な形態として思い描かれた。

そうして、プラトン立体といわれる五種類の完全な立体の幾何学が研究された。ピュタゴラスと彼を継ぐプラトンは、数学的＝幾何学的立体の形態は、魂の形式に対応しており、知覚や認識といったものは、それらとの合致によって成立すると考えた。そのとき同時に数学は、魂と客観世界を構成するうえでの諸原理を把握している。その運動方程式の探究で有名な物理学者ヴェルナー・ハイゼンベルクが二〇世紀中頃に言明したように、認識とは、外部にある感性的に知覚可能な

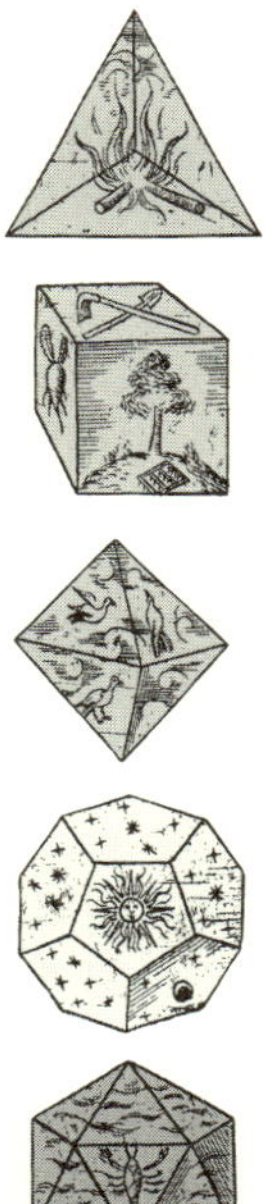

「五つのピュタゴラス＝プラトン立体」（ケプラー『世界の調和』第五巻（1619年）から）は、それぞれの頂点が球に内接する正多面体である。各立体は、エンペドクレスのいう四元素に、および宇宙全体［第五元素として天界をあまねく構成するエーテル］に対応する。テトラヘドロン（正四面体）＝火、ヘクサヘドロン（正六面体）＝土、オクタヘドロン（正八面体）＝空気、ドデカヘドロン（正一二面体）＝エーテルあるいは宇宙全体、イコサヘドロン（正二〇面体）＝水。

訳註10　ギリシア神話によれば、河神オイアグロスとムーサとのあいだに生まれたオルフェウスは、アポロン神から竪琴を授けられ吟遊詩人として名をはせた。亡き愛妻を連れ戻そうとして、みずから音楽を奏しながら冥界に下ったが、冥府の王ハデスとの約束を破って妻をかえりみたために、その望みを果たせなかったというエピソードがある。

ものを、内部にある原像と比較し、前者が後者と合致すると判断することなのである。ピュタゴラスは、二一世紀がはじまった最近になって予言されている超弦理論の成立に大きく関わってもいる。弦理論が主張しているのは、宇宙《コスモス》の構成要素がエネルギーからできた微小な糸くずであり、それが弦《ストリング》のようにたえまなく振動するということである。そして、その振動から、あらゆる素粒子や物理的力が生じるのである。弦は、巨大な風琴《エオリアン・ハープ》のように、森羅万象を鳴り響かせる。この世界説明は、数＝原子《アトム》によるピュタゴラスの世界説明と同じく、思弁的で、神秘的で、もしこういってよければ、アイロニカルである。その弦は、実験的に立証されることはできないのだから。もろもろの弦は、あまりに微小であるために、それらを立証するには、銀河系の大きさをもつような粒子加速器が必要とされるほどである。

実践的な思考

ソフィストたち、とくにプロタゴラスとゴルギアスは、紀元前四世紀にはじめて人間と思考そのものを考察の対象とし、理性を批判的に取り扱うことに着手した。それは、二〇〇〇年以上も後代のカントによる理論的理性および実践的理性の批判に通じている。彼らはまた、はじめて言葉と思考の関連についても考察し、思考の実践者であった。対象から距離をおいて静観すること(theoria《テオリア》)が、本来あるべき哲学の姿であるとみなされるならば、彼らは、真正な意味での哲学者とはいえなかった。たしかに、ソフィストは「智恵の教師」[訳註11]といわれ、哲学《フィロソフィ》は「智恵への愛」[訳註12]といわれる。しかし、ソフィストたちが智恵や知識を愛したのは、みずからすすんでというわけではなく、むしろそのさい報酬として受けとる金銭のためにであった。政治集会や裁判法廷の場でいかにして成功を収めるべく演説するかについて指導してもらうことを、市民(女性、子供、奴隷は、市民から除外されていた)はとにかく強く求めていた。ソフィストたちは、思考を商売の糧とした。そういうわけで、クセノフォンは、彼らを売春婦にもたとえた。

ソフィストとかソフィスト風とかいう言葉には、現在でもまだ、いかがわしいとか、うさんくさいとか、言葉の端々にこだわる人とか、あるいはまた、しゃくにさわるほどの勝ち誇った態度とかいった否定的な意味合いが混じり込んで

オーギュスト・ロダン《考える人》ブロンズ、1880年（パリ、ロダン美術館の庭園）。ロダンが造形する思想家は、フリードリヒ・ニーチェが想像するソクラテス以前の思想家とは正反対の人物像である。ニーチェは、「学問と智恵との闘争」のなかで、こう書き残している。「そればかりか、思想家たちは生の美しい可能性を発見した。後世のギリシア人たちは、そのうちの最善のものを忘失してしまったように思われる。……タレスに始まってデモクリトスに終わる一連の人物たちを、ほかの時代の、ほかの民族の思想家たちと比較すればよい……ソクラテス以前の一連の人物たちは、どれほど輝いていることか！　わたしは、苦渋にやつれた者を彼らのなかにひとりも認めることはない……また、「魂の救済」とか「幸福とはなにか」という問いとかを深刻に扱うあまり、そのために世界と人間のことを忘れてしまうような者を、彼らのなかに認めることもない。」

いる。討論のさいに「おまえはソフィストだ」という決まり文句が引っ張り出されるのは、我慢がならないときか、あるいは敗北を認めたときかである。

ソフィストの**プロタゴラス**（紀元前四八五～四一〇年）は、政治に役立つ術と分別のわきまえ方を自分の指導対象として掲げた。彼が有名なのは、とりわけ彼に由来する次のような二つの命題のおかげである。「神々についてわたしは、なにも知ることができない。それらが存在しているということも、存在していないということも。」「（個々の）人間は万物の尺度である。存在するものどもについては、それらが存在していることの、存在していないものどもについては、それらが存在していないことの。」両方の命題から聞き取れる彼の根本的な見解は、現実の意味はすべて人間の状況に結びついているということである。だから、たとえば知覚が神々にまで届くことはない。知覚は、知覚する者が異なれば、異なったものを伝える。風は、ある人には冷たく感じられるが、また別の人には温かく感じられる。神に対する懐疑のせいで、彼は異端者とされた。さらに現実の経験や規範の妥当性に対する相対主義のせいで、彼はプラトンに

訳註11　ギリシア語の sophistes《ソフィステース》は、sophos《ソフォス》「智恵」を産み出し、教える者を意味する。
訳註12　ギリシア語の philosopia《フィロソフィア》は、philein《フィレイン》「愛する」＋sophos《ソフォス》「智恵」に由来する。

「反省するクレタ島人、わたしが考えることは真ではない」

決定不能《ネガティヴ》な自己言及は、思考にとって死を意味する。それは、死の思想のうちに、存在するべきではない思想のうちに潜んでいる。西欧の思考の黎明《れいめい》期にあっても同様に、クレタ島人のエピメニデスのめまいを引き起こすような謎として、そうした自己言及の行き詰まりが差し迫った。彼の口から発せられた思想は、「いまわたしは嘘をついている」（ギリシア語では、pseudomai《プセウドマイ》）というものである。つまり、わたしが嘘をついている（non-p）ならば、わたしは正直にいっている（p）ことになる。non-pからpが帰結する。また逆に、わたしが「嘘をついている」と正直にいっている（p）ならば、わたしは嘘をついている（non-p）ことになる。pからnon-pが帰結する。どちらにせよ、pとnon-pとが、逆説的《パラドキシカル》にも等値になるということが起こる。この逆説的《パラドキシカル》な等値は、発言とその内容とがたえず新たに交替させられることによって、互いに矛盾する命題のあいだを限りなくジグザグに行き来し続ける推論を構成する。1901年にバートランド・ラッセルは、自分自身を含まないすべての集合の集合という逆説《パラドクス》のなかで「嘘つきのクレタ島人」を再発見した。ニクラス・ルーマンは、その逆説《パラドクス》を20世紀の問題として指定した。

批判され、哲学上の論敵にされた。プラトンは、事柄の現われの背後になお事柄そのものがあると想定したからである。――いまさきの例でいえば、あるひとにとっては冷たく、また別のひとにとっては温かく現われている風の背後に、風そのものを想定したのである。またプラトンは、事情によってあてはまったり、あてはまらなかったりすることのない、状況に左右されない規範を引き合いに出した。プラトンの哲学は、変わることのありえない本質《イデア》に向けられており、それは人間に超越的な拠りどころを提供するが、それに対してプロタゴラスは、人間の思考が巻き込まれ続けている、踏み越えることのできない状況から出発している。プロタゴラスによれば、無関心な傍観者というものもありえない。なぜならば、思考は、なにかを思考しているそのとき、思考がその一部となっている生命活動をする人間によって、また思考が克服しようとしている状況によって影響を受けているからである。

ソフィストの**ゴルギアス**（紀元前四八五～三七五年）は、懐疑を極端にまで推し進めた。彼の見解によれば、真理への問いかけは、そもそも役には立たない。とにかく重要なのは、意見であり、それは、おのずと変わりもし、変えられもするものであり、ひとが産み出すことができるものである。こうした意図から、ゴルギアスはひとを説得する話術である弁論術を教える。当然のことながら、完全な真、善、美という教説を掲げていくぶん後に登場するプラトンは、彼の敵対者である。

ゴルギアスは、その著作『あらぬものについて、あるいは自然について』において、なにものも存在していないということ、もしなにかが存在するとしても、それを認識することはできないということ、もしそれにもかかわらずそれが認識可能であるとしても、その認識を伝達することはできないということを明らかにしている。こうした主張とその証明は、パルメニデスとゼノンによるエレア学派の教説に関係しており、それにしたがえば、存在するものは存在し、存在しないものは存在しない。もしゴルギアスのいうようなことが正しいとすると、存在と非存在との区別もまたなくなり、もちろん存在しないものは認識されることができないのだが、もしそれが認識されるとしても、この認識は、あくまで〈わたし〉の個人的な体験としてあり、伝達されることはできない。今日にいたるまで災厄をおよぼしている一群の哲学上の問題が、ここでからんでくる。第一に、「存在《ある》」のもつ多義性の問題である――それは、たとえば、存在記号（＝実在するものとしてなにかがある）として、また繋辞《コプラ》（＝なにかがこれこれの性質である）として用いられる。[訳註13] 第二に、認識されるべき対象が意識に依存することなく存在するのかという問題、ないしは、認識と言語がいかに関連しているのかという問題である。第三に、個人的体験は伝達可能であるのかという問題である。

ソクラテスとプラトン

ソクラテス（紀元前四七〇～三九九年）は、いかなる著作物も遺してはいない。しかし、彼について多くのものが書き残された――すでに同時代人たちの手により。アリストファネスの『雲』という喜劇では、プラトンが論敵とするよう

訳註13　一般的に西欧語の文法では、主語の存在「～がある」を示す動詞（存在記号）と、主語と述語（述詞・補語・属辞）とを結合させ、主語の性質「～である」を示す動詞（繋辞《コプラ》）とに対して、同じく「存在《ある》」を意味する語（英語の be、ドイツ語の sein、フランス語の être など）が用いられることから、その意味の区別（多義性）が問題となってくる。

「ポティダイアの戦いで、愛弟子アルキビアデスを救うソクラテス」
戦士であり思想家であるソクラテスは、意気盛んであり、かつ思慮深かった。アルキビアデスは、プラトンの『饗宴《シュンポシオン》』のなかで、彼と同じくポティダイアへ行軍したときに彼と出会った様子を物語る。ある冬の朝、ソクラテスは、ある問題について考えていた。彼は、野外で立ちすくんだまま思想に耽っていた、朝から夕方まで、さらに夜明けまで一晩中。そして彼は、太陽に祈りを捧げて、前に進んだ。

な種類の思想家であるソフィストとして、ソクラテスは登場する。プラトンの著作のなかでは、事情は違う。それらの著作は、そのすべてがといっていいほど、ソクラテスが主導的な役割を演じる対話で成り立っている対話編である（対話編『法律《ノモイ》』と、ソクラテスの法廷弁論である『ソクラテスの弁明《アポロギア》』を別にして）。そこでソクラテスは、むしろプラトン自身のようでもある。ただし、プラトンの初期対話編では、しばしばソクラテスは、まさしくソフィストのようでもある。彼にとって課題は、智恵に対する要求を言い立てることよりは、世間のひとびとのそうした要求を動揺させることにある。プラトンが『ソクラテスの弁明《アポロギア》』のなかでソクラテスにいわせているところによれば、デルフォイの神託は、彼が他人とは違って、自分が知らないということを知っていると称するゆえに、もっとも賢明な者であると認めた。（ソクラテスの命題とされている「わたしはなにも知らないということを知っている」は、ここに由来している。）

ソクラテスの教育活動は、対話のなかで営まれ、彼は、その報酬として金銭をいっさい受けとらなかったらしい。ソクラテスの生業は、彼の父と同じく石工であった。彼の母は、産婆であった。彼は、この母の職業を無報酬の「智恵への愛＝哲学」という自分の本業に移しかえて、それを精神の産婆術あるいは助産術と呼んだ。問題となっているのは、精神的な妊娠と出産、いいかえれば、男性による妊娠と出産なのである。母性による出生は、十分ではない。人間は、第二の誕生を、精神的な、父

「カランドリーノ氏に男としての妊娠を告げる医師」木版画、ジョヴァンニ・ボッカッチョ『デカメロン』アウクスブルク版（1492年）から。
プラトンの『饗宴《シュンポシオン》』では、哲学の助産師であるソクラテスが、巫女《みこ》であり遊女であるディオティマという名の、恋愛に通じたひとりの女が哲学の意義について彼に語ったことを伝えている。その意義とは、美と不死を産み出す幸福である。そこで産み出された、不死の子たち（たとえばホメロスやヘシオドスの作品、もちろんプラトン自身の作品も）は、女から産み落とされた、死を免れられない子たちよりも優遇されねばならないといわれる。アドリアーナ・カヴァレロは、『プラトンに抗して』のなかで、「妊娠し出産する男とならんで、産婆の役割を果たす男は、真の哲学の寓意的な形態である。」と述べている。

性による、父権制における誕生を必要としている。それをつうじてはじめて、人間は、肉体の死に耐える生命を得る。ソクラテスにとって、哲学することの根本にあるのは、魂の配慮、魂の世話なのである。

ソクラテスの名が不朽なものになった――そして、哲学者としてすぐさま念頭に浮かべられることになった――のは、彼が哲学のために殉教死を選んだためである。結局のところ、彼は、貴族主義的な党派の代弁者でもあった。民主主義者たちが、権力を握ったとき、彼は、神を冒瀆《ぼうとく》し青年を誘惑したことで告発され、有罪とされた。もしソクラテスが、罰金としてわずかな金額しか申し出なかったことで、裁判官の感情を害し、裁判官に死刑を宣告する気を起こさせなかったとしたら、彼は罰金刑ですんでいたであろう。ソクラテスは、彼の友人が手配した逃亡によって、処刑を免れることもできたであろう。しかし、そうしたことは、罪をみずから認めることに等しいし、また、彼が拒絶するところの、都市国家に対する不忠誠でもあったのである。そのうえ彼は、すでに七〇歳に達しており、しかも死後において生前よりも幸福な生を営む不死の魂の存在を信じていた。ソクラテスの死は、彼を十字架上のイエスや初期キリスト教の殉教者たちと比較させる機縁となり、ソクラテスに対する追憶は、――哲学上の議論の外でも――繰り返しよみがえる。イエスは、真理はこの世のものではないと（ピラトの前で）告げ、その真理に殉じた〔『ヨハネ伝』第一八章三六〕。その真理を信じる者は、永遠の生をもつことになるだろう。ソクラテスは、おのれの内なる神（いわゆる内なる神霊《ダイモーン》、あるいは良心）から発せられる、してはならないことを彼に告げる声の真理に殉じた。ソクラテスがみずからの「弁明《アポロギア》」のなかで説いているように、なにはともあれ彼の死とは、市民たちひとりひとりを刺激し、説得し、教示する機会が途絶えてしまうことを意味する。なぜならば、神は、怠惰になる傾向がある都市国家という巨大な馬を刺す虻《あぶ》として、それを駆り立てるために、彼を遣わしたのだから。

ソクラテスの死は、哲学の歴史のなかでひとつの転回点となっている。彼の後を継ぐ動きのなかで、いたるところで哲学の学校が設立された。たとえば、ストア学派、犬儒《キュニコス》学派、メガラ学派、キュレネ学派がそうであるが、これらすべての先頭に立っていたのは、プラトンのアカデメイア学派（紀元後五二九年まで、ほとんど一〇〇〇年間にわたって続いた）とアリストテレスの逍遥《ペリパトス》学派という、二人の――カントが登場するまでは――最大の哲学者による学校である。

プラトンの思想は、共同体が次第に崩壊してゆき、神話的世界像による拘束力が次第に喪失されてゆくという二重の危機的状況を目の前にして発展する。神話は、もはやいかなる生の指針も与えることはない。それは、形骸化した儀式へと硬直してしまい、内容のない、ただ説得を目的とするばかりの（ソフィストたちの）弁論術で弄ばれる慰みものになってしまっている。このときプラトンにとってもっとも憂慮すべきことは、こうした事態にまったく気づかれていないということである。そこでプラトンは、事態を気づかせるために一役買って出ようとする。彼が主人公とするソクラテスの方法は、次のようなものである。たとえばソクラテスとともに対話に参加している者たちが、正義とか勇気とか思慮とかいった言葉を口にするとき、自分たちがなににについて語っているのかを、彼ら自身知っていないということを、彼らに対して示すことによって、まずもって善や悪についての意識を呼び覚まそうとするのである。ソクラテスは、彼らの議論の根拠が個人的な関心と恣意であることを証明してみせるのだが、彼らの議論の脈絡は、その程度にまで失墜しているのである。彼らが守ってきた空理空論の化けの皮がはがされたとき、結局彼らの素顔は、ソクラテスを滅ぼすべしという暴力をむきだしにせずにはいられない。そのかぎりにおいて、ソクラテスは、みずからの死をもって、国家《ポリス》の

《エロスをともなうアフロディテとパン》デロス島出土の大理石群、アテネ、国立考古学博物館。
欲望しても、無限には得られない快楽に対して敵意を抱くことは、哲学者の典型的な態度であり、ソクラテスの死に居合わせた友人のひとりであるアンティステネスも例外ではなかった。彼は、こういった。「快を感じるよりは、むしろ気が狂う方がましである。」「アフロディテは、たくさんの美しく貴い女たちを破滅させたのだから、もし彼女を捕らえることができたならば、彼女を射殺してしまいたい。」「知ある者は、子孫を残すために結婚するであろうが、そのさい彼は、もっとも美しい女を選び、しかもその女に夢中になるだろう。知ある者だけが、愛することを許される相手が誰かを知っているからである。」

プラトンの著作

『プロタゴラス』：徳の統一性とその教授可能性に関するソフィスト術に対する批判
『ソクラテスの弁明《アポロギア》』：法廷でのソクラテスの自己弁論
『エウテュプロン』：敬虔《けいけん》について
『ゴルギアス』：ソフィスト術に抗して・絶対的な道徳善のために・彼岸の魂について
『クラテュロス』：言語について
『メノン』：想起としての認識
『ファイドン』：魂の不死について・死の練習としての哲学について
『饗宴《シュンポシオン》』：同性愛的エロスと哲学におけるその昇華について
『国家《ポリテイア》』：理想国家と魂について
『ファイドロス』：魂とイデアについて
『テアイテトス』：知について
『パルメニデス』：一と多、存在と非存在について
『ソフィステス』：ソフィストの本質について
『法律《ノモイ》』：国家と市民教育について
『ティマイオス』：自然哲学

根底に暴力が君臨しているということを同時に立証してもいる。まさに彼の死は、彼が正しかったことに対する最終的な証明である。

プラトンのイデア論

プラトン（紀元前四二七〜三四七年）に固有の哲学とはイデア論であるが、彼はその中期および後期の対話編のなかで主人公であるソクラテスの口からそれを語らせながらも、自分の師であるソクラテスから離反するとともにそれからも離反することになる。変わることのないもろもろのイデアは、変わりゆくもろもろの事物の原像であり、その前提であり、その目的・目標である。プラトンは、イデア論を説くにあたって、すでにピュタゴラス学派がそうしたように、ほかのいっさいの現実の原像として数学（幾何学）を選んでいる。たとえば正三角形といったような、感性的には経験不可能な幾何学的図形は、それが描かれて感性的に経験可能となった三角形をとおして「思い描かれる」か、あるいは感性を介さない形式的な直観において思い浮かべられる。直線、点、平面は、すべて幾何学的対象であるが、それらは現実には存在しない。とはいえ、現実は、これらによって認識され、再現される。それゆえに、プラトンのアカデメイアの入り口に、「幾何学に通じていない者は、この場所に足を踏み入れてはならない」という文言が掲げられていたのも当然のことである。

ところで、プラトンのイデア論には、神話と宗教が強い影響をおよぼしている。プラトンが『ティマイオス』で説くように、たとえるならば、イデアは、事物の父であり起源であり、事物は、父の名を名づけられた子である。父の子である事物の産出がそこで起こり、さらにそれら事物がそこで運動することができる抽象的な空間が、母である。カール・ポパーは、その著作『開かれた社会とその敵』第一部のなかで、プラトンのイデア論を当時のギリシア人たちの宗教的なものの見方と比較している。彼らの神々は、その一部は、理想化された祖先や英雄たちであり、氏族の徳や目標の人格化されたものであった。それら神々は、イデアと同じく不死であり、完全であった。しかしながら、ギリシア人の宗

《奴隷につきそわれて嘔吐する酔者》アッティカの丸皿、紀元前480年頃、ベルリン、古代博物館。
饗宴に向かう自分の主人につきそうのは、自由を奪われた従者の仕事のひとつであった。プラトンも、短い期間であったが奴隷とされた。紀元前390年、彼は南イタリアに旅行した。そこで彼は、その後のアカデメイア設立の模範となるピュタゴラス教団を知るようになり、また、シュラクサイの僭主ディオニュシオスの宮殿で、僭主の義弟ディオンを若い友人とした。プラトンは、ディオンがいつの日か自分の社会的・政治的思想を実現できるようになることを願っていた。プラトンは、ディオニュシオスと不仲となり、ディオニュシオスは、プラトンを奴隷として買い取ったスパルタの使節に引き渡した。しかし、まもなくプラトンは、友人に再び買い戻され、アテナイに帰ることができた。

教においては、数多くの神々がさまざまな氏族や親族の先祖として崇拝されていたのに対して、プラトンのイデア論においては、人間というひとつの形式、ひとつのイデアしか存在しない。それぞれの種類は、ただひとつの形式ないしはイデアしかもたない。『国家《ポリテイア》』では次のようにいわれている。「そうして神は、かの一台の本質的な寝台だけをこしらえた。二種類ないしはそれ以上の種類の寝台は、神により造り出されはしなかったし、そのようなものはずっと神から産み出されはしないだろう。……たとえ神が、二台の寝台を個別に創り、それ以上創らなかったとしても、それでもやはり、さらにもう一台の寝台が、すなわち先の二台において現われているひとつの共通の形式が、明らかになるであろう。このとき、かの二台ではなくて、その形式が、本質的な寝台なのである。」子どうしが類似している理由が、その父に帰せられるように、事物どうしが類似している理由は、その起源であるそのイデアに帰せられる。堅いものどもは、堅さのイデアを分け持っており、白いものどもは、白さのイデアを分け持っている。子たちが父の財産と天性を分け持っているというのと同じ意味で、それらの事物は、かのイデアを分け持っているのである。

　ポパーは、またプラトンのイデア論が果たしている三つの機能を取り上げている。1．諸事物はたえず変化しているがゆえに、本来それらについて確定的なことをなにも言明することはできないのであるが、イデア論は、そうした変化する諸事物に適用できる知を可能にする。プラトンは、知覚可能な諸事物に分け与えられた内的な力、不変の本質が存在すると想定しており、それゆえに、それら諸事物について真に知ることが可能なのである。2．イデア論は、変化と堕落の論理を可能にする。諸イデアは、それ自体、最高のイデアの堕落（変質）を通じて成立する原像である。それゆえ社会の歴史的傾向は、崩壊と変質の傾向なのである。3．イデア論は、変化することも、没落することもありえない最高の理想国家を建設するという社会工学に通じる道を提示する。しかもこの理想国家は、政治的変化を抑止し、社会生活の氏族的形態（氏族的貴族主義）という、いっそう理想的な原点へと回帰することによって達成されるのである。

プラトンにおける肉体と魂

人間は、二つの世界に帰属している。イデアの世界と、そのイデアを原像とする、変転する事物の世界である。人間は、理性をたずさえた魂をつうじてイデア界に属しており、肉体をつうじて物質界に属している。死とともに、魂と肉体は分裂する。決定的なのは、そのとき魂がいかなる状態にあるかということである。哲学は、その主題を魂の配慮において、あるいは死においてもっている。国家に対する配慮は、そのうちに含められている。理想国家は、魂と同様に三層の構造をそなえている。国家における教職階級、軍人階級、生産階級は、魂における理知的部分、気概的部分、欲望的部分にそれぞれ対応している（『ティマイオス』による）。国家にしろ魂にしろ、——階層構造《ヒエラルヒー》にしたがった——三部分の調和が肝要である。魂においては、理性が支配的となるべきであり、したがって同様に理想国家においては、哲学者が王となるべきである。国家の存立意義は、市民の魂を救済することにあり、市民の魂が転生を目的として、イデア界に帰郷または帰還できるようにすることにある。ところで哲学者たちは、彼岸にあってはほかの職業代表者たちよりもそれをうまく果たすのである。もちろん、それぞれの哲学者がそこでそれをよりうまく果たすか、あまりうまく果たさないかは、生のありかたや徳のそなえかたに左右される。しかし、プラトンが『ファイドロス』で説いているように、哲学者たちは、ほかの者たちと同じくらい長い期間、再生を待つ必要はない。「なぜならば、各人の魂は、それらが由来する彼岸に一〇〇〇〇年間は帰還せず、つまりこの期間が終わるまでは翼が生えることはないだろうが、ただし、真剣に哲学し、哲学にもとることなく少年を愛した者の魂については、例外であるからである。」

翼が生えるとは？　少年を愛するとは？　――そのとおり、ここで魂の放免とその状態に関して決定的なのは、肉体と魂との関係である。魂の解放を可能にし、それを促進するものは、エロスであり、厳密にいえば少年愛的なエロスである。プラトン哲学の真髄は、ロゴスのエロス化なのである。おのれを肉体から解き放とうとする衝動を魂に与えるのは、魂がおもむくところについての想起である。しかしこの想起は容易ではない、とプラトンは記している。現世の模像は、原像を想起するためのよすがとはなりうるが、どの模像も光り輝くことはなく、正義や思慮といったものに関知することはない。ところが、模像は美には関わるのである！　後世になってなおヘーゲルが主張するように、美とは、イデアの感性的な現われである。それは、光り輝いている。永遠なるものへの渇望は、ここにその動機をもつ。魂は、美に出会うと、想起をはじめる、とプラトンは『ファイドロス』で書き記している。「美は、かつてそのとき輝かしく見えた。それは、きっともっとも祝福されたものと呼ばれることができる秘儀のなかで、……祝福された光景のために調えられた秘儀のなかで、……われわれが聖別されたときであったし、……いまでは牡蠣《かき》のようにわれわれを幽閉して、われわれにつきまとっている、……このわれわれの肉体によって汚されることもなく、重荷を課せられてもいないときであった……」

プラトンは、天界へと駆けあがる魂を、翼を生やした馬車馬たちにたとえている。馬たちは、精子が卵子のなかに侵入するがごとく、天界に踏み入ろうとして競い合って互いに押しのけ合う。それらは、有翼の男根《ファロス》である。そして神は、魂の翼に緊張を授け、魂の翼を養育するのだから、上昇へと駆り立てる衝動をつかさどる。「この神は、死すべき宿命を負う者たちにとって、有翼の愛の神である。」魂を駆り立てるのが、少年愛なのであるが、それは肉体的な生殖ではなく、精神的な生殖をこころがける愛である。とはいえ、その愛は、どうしても肉体を、つまり美しい少年の美しい肉体と求

対話編『国家《ポリテイア》』におけるプラトンの三つの比喩

理想国家において、教職階級の哲学者が王となり、その哲学的な知でもって、戦士たちの軍人階級と労働者たちの生産階級とを支配する。それは、哲学者において、魂の理性的部分が、気概的部分と欲望的部分とを支配するのと同様である。以下の三つ比喩は、哲学の知がそのほかの種類の知とどのように関係すべきか、また哲学の知がどのようにして獲得されるべきかを教えている。

1. 線分の比喩

プラトンは、可視的な領域と不可視的な領域とを区別する。それは、a：bという比に分割された線分によって示される。そのaおよびbの領域が、それぞれさらに二分割されて、そこで幻覚《エイカシア》、憶測《ドクサ》、学問、哲学という四つの知の領域が示される。

2. 太陽の比喩

プラトンはいう。太陽が、その光によってなにかを見るということを目に可能にし、対象にその可視性を与えるように、善のイデアは、イデアの光によって認識するということを魂に可能にし、事物にその認識可能性と真理とを与える。そのとき、太陽それ自身は、「善の子孫」なのである。

3. 洞窟の比喩

プラトンは、第二の誕生の必要を説く。われわれは、自然による物質的な誕生をつうじて、洞窟（母性の胎内）から（可視的な）世界の光のもとに生まれ落ちる。しかし、プラトンの考えによれば、この世界は見せかけにすぎず、仮想的な世界にすぎない。見せかけの世界から現実的な（不可視的な）イデアの世界にいたるためには、われわれには第二の形而上学的な誕生が必要とされる。哲学者は、この第二の誕生のための助産師なのである。

プラトンの洞窟の比喩では、洞窟は、可視的な世界を表わしており、われわれは、みずからの肉体をもつためにそこに囚われている。洞窟の外の世界は、精神の不可視の世界を表わして

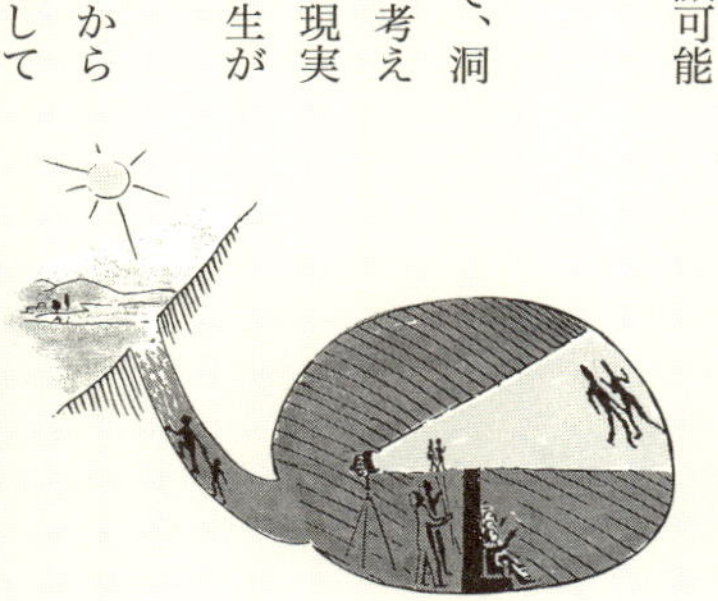

おり、永遠の父なる太陽が、そこでそのイデアの光とともに輝いている。洞窟のなかでは、人間たちが、首と足を拘束されたまま、仮想的な現実という影像《シネマ》を楽しんでいる。彼らは、自分たちを解放し、精神の真なる光のもとへと、本当の現実へと連れ出そうとする哲学者を快くは思わない。すでに肉体に食い込んでいる拘束具から解放されることは、苦痛をともない、その道程は、困難をともなうからである。

《**男根《ファロス》をもった鳥**》古代の酒器（注酒器《キュアトス》）、ベルリン、古代博物館。
プラトン『ティマイオス』には、エロスに刺激されて羽根を生やす魂が、有翼の男根《ファロス》として描かれている。

アンティステネスの弟子であるシノペのディオゲネスは、マケドニアの若い王であるアレクサンドロスに願いはないかと尋ねられたとき、「日の光を遮らないでくれ！」といったということである。プラトンは、ディオゲネスを気の触れたソクラテスと呼んだ。たしかに彼は、「幸福のための徳によって」という教義にしたがった、ソクラテスが説く知者の自給自足《アウタルケイア》（おのれをもって足ることを知ること、自立していること）を生きたのだが、しかしそれは、犬（ギリシア語ではkynos《キュノス》なので、「犬儒学派《キュニコス》」という名称になったのだろう）のような生活でもあり、樽のなかで生活していたといわれる。彼は、プラトンの『国家《ポリテイア》』を戯画《パロディ》化し、女性と子どもの共有に対するプラトンの要求を、近親相姦と人肉嗜食《カニバリズム》をとおしてさらに高く掲げたらしい。彼は、市場で公然と自慰に耽ったとき、こういったといわれる。「同じように腹をこすって、空腹を満たすことができればいいのだが。」

プラトンとアリストテレスの時代

前四〇〇年頃　貴族的アテナイ人は少なくとも奴隷五〇人を所有、一〇〇〇人を所有する者もあり、鉱山労働に貸し出した

前三八七年　プラトンによるアカデメイア創立

前三八四年　アリストテレス生まれる

前三五六年　アレクサンドロス大王生まれる

前三五〇年頃　コス島の医師学校におけるヒュポクラテスの誓いの導入

前三四七年　プラトン没

前三三八年　ローマがイタリアで最強の軍事力を備える

前三三一年　アレクサンドリア建設、都市の四分の一はユダヤ人が専有

前三二四年　スーサでのアレクサンドロスの結婚、彼の九〇人の士官と数千人の軍人がペルシアの女たちと合同結婚、アレクサンドロスはギリシア文化をインドまで流布させる

前三二三年　バビロンでアレクサンドロス没

前三二二年　アリストテレス没

愛者の生殖欲に燃えた肉体とを必要としている。

『饗宴《シュンポシオン》』のなかでプラトンは、性愛について経験豊かな巫女《みこ》であり遊女であるディオティマから伝え聞いたことをソクラテスが報告するというかたちで、彼女に間接的に語らせている。

そこで使われている語彙は、アドリアーナ・カヴァレロが『プラトンに抗して』（一九九二年）のなかで書いているところによれば、「妊娠の模倣《ミミクリ》」に基づいている。語られているのは、美における、といってもさしあたりは美少年の美にはじまり、しかし究極的には美そのものにおける、男性の陣痛と男性の出産についてである。異性愛ではない少年愛は、永遠と至福に向けて駆け上がるための入り口である。異性に対する愛においては、生殖欲が長続きしないのは明らかである。一方、プラトンが『饗宴』のなかでディオティマに語らせているように、「だから出産にさいしては美が、運命と産土《うぶすな》の女神なのです。それゆえに、生殖欲に駆られた者は、美しい者に近づくときには、満たされた思いで歓

びに溢れ、そうして実を結び、子を得ます。ところが一方、醜い者に近づくときには、暗く悲しげになって自分のうちに引きこもり、身を背け、縮こまり、子をもうけることはなく、むしろ苦しみながらみずからかかえる重荷に耐え続けることになります。それだからこそ、生殖の能力と欲求に満ちている者は、それだけいっそう美しい者を得ようと努めるのであり、それは、美しい者が、激しい陣痛から彼を解放してくれるからです。つまり、愛とは、……出産を目指すものであり、……というのも、出産は、それが死すべき宿命を負う者に与えられるかぎり、永遠で不滅なるものだからです。」

アリストテレス

紀元前三八四年スタゲイラ（ギリシア北部のトラキア）でマケドニア宮廷の侍医の息子として生まれた**アリストテレス**は、一八歳のときアテナイでプラトンの弟子となった。彼は、二〇年間アカデメイアにとどまった。プラトンの死後、その後継者となることはなく、旅に出て、レスボス島で家族をもうけた。四〇代のとき、マケドニアのアレクサンドロスが成人するまでの約七年間その家庭教師となった（ところで、皇子の家庭教師を彼から引き継いだ人は、ライオンに餌として投げ与えられた）。三三五年に妻を亡くしたとき、アテナイに移住し、スタゲイラ出身のヘルフュリスと結婚した。彼女は息子ニコマコスを出産した。その後アテナイに一二年間生活し、そこで独自の哲学学校（リュケイオン、逍遥《ペリパトス》学派と呼ばれた）を設立し、その著作の大部分を書き上げ、発表した。すべて対話編であったが、そのほとんどが遺されていない。今日われわれが彼に由来するものとして知っている

ハンス・バルドゥング・グリーン《アリストテレスとフュリス［ヘルフュリス］》木版画、1515年。
中世の伝説によれば、アレクサンドロス大王の側室であったフュリスは、アリストテレスを自分の魅力に屈服させることで、彼に復讐したという。

諸著作は、講義用のノート群である。

アリストテレスは、巨大な書庫を所有していて、そのなかには、全部で一五八を数える有名な諸憲法（プラトンは彼を収集家と呼んだ！）や驚くべき規模をもつ自然学上の収集品（現存するあらゆる動物種と植物種の標本が、アレクサンドロスの庭師、猟師、漁師から送られてきた）があった。彼の博識は、とてつもなかった。アレクサンドロス大王の死後、三二三年にアテナイ人は、マケドニア人やその朋友に対して蜂起した。アリストテレスは、かつてのソクラテスと同じように、瀆神《とくしん》の罪で告発された。がしかし、有罪判決がまだ下されないうちに亡命を図り、エウボイア島の母の故郷に移り住み、その一年後に死去した。

《アリストテレス》ギリシア原作のローマ模刻、ウィーン、美術史美術館。

アリストテレスとプラトン

ドイツとは違って、アングロサクソンの世界では、たいていアリストテレスを彼の現実的な態度のゆえにプラトンに優先させる。近代に入るまで、彼の教説の全部（そのほかでは、聖書の場合だけなのだが）が誤りのないものとみなされてきた。彼は、西欧の教師であった。

アリストテレスは、『形而上学』をはじめるにあたって、人間は誰でも、感覚で知覚することの歓びを立証できる知を得るために、おのずと努力すると述べている。プラトンの場合は、そうではない。彼によれば、人間たちはすでに聖別された哲学者たちによって知の達成へと向けられていなければならず、いってみれば、すでに彼らの皮膚の中にまで食い込んだ鎖から解き放たれ、洞窟からまぶしいほどの明るみへと導き出されていなければならない。彼ら人間たちが、たとえ感覚で知覚することの歓びを知っているにもかかわらずである。プラトンの場合、感覚を介した知覚から離脱することが重要なのである。アリストテレスの場合、感覚的なものに発する道は、それ自体真なるものに通じている。現象に従順であることが重要である、と彼はいう。世界は実在しており、いかなる見せかけでもないということが、彼にとって明らかな事実なのである。

アリストテレスにあっては、知を求める努力そのものは、超越的な基礎づけを喪失しており、生に奉仕する機能に基づいて、もっぱら内在的に説明される。プラトンの場合は、知るとは再び想起することである。本来、いかなる新しい知も不可能である。アリストテレスの場合は、新しい知は可能なのである。たしかに彼は、神的なもの［超越的なもの］の認識として、あるいは神の知そのものとして、知を完成させることをもくろんでもいる。とはいえ、この神の認識は、世界［内在的なもの］の認識と結びつけられており、世界の認識から出発する。それだからこそ、ひとは中世になってアリストテレスを引き合いに出すことができ、アリストテレスとともに世界に対してみずからを開くことができたのかもしれない。彼は、「自然の領域におけるキリストの先行者」と呼ばれた。

もちろん、中世の学者たちがたいてい取り組んだ（いわゆる普遍論争において）アリストテレスの講義は、綿密に考え抜かれており、際立っているように見える。ここでは、事物について言表される一般概念（普遍概念）は、事物の前にか、事物においてか、事物の後にか、いずれのしかたで存在するのかということが問題なのである。――この問いの背後には、なにがあるのか、なぜこの問題がそれほど重要なのか、いやそればかりか、なお今日でも重要なのか？　――普遍概念に関するアリストテレスの説は、プラトンのイデア論に取って代わるものである。アリストテレスは、ある意味でイデアを天界から取り戻し、諸事物のなかへ移し入れた。さしあたり、固有名詞と形容詞としてとらえれば、問題はまったく単純に見える。一方の固有名詞は、二つとはない個物あるいは人物を名づけるのであり、それら固有名詞は個別的である。他方の形容詞は、あるものの属性を、たとえば「熱い」「固い」「丸い」

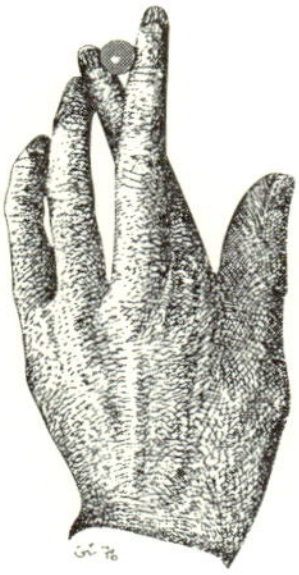

「アリストテレスの錯覚」
アリストテレスは、『形而上学』でこう書いている。「指を交差させて、なにかに当たると、触覚は、これを二つの対象として知覚するが、視覚は、一つの対象として知覚する。」これは、彼が支持した矛盾律（「同じものが、同じ事情のもとで同じものに属し、かつ同時に属さないということは不可能である。」）に対する反証ではない、とアリストテレスは述べる。このとき同じ感覚に、そのようであり、かつ同時にそのようでないというような、別々のなにかが現われたわけではないのだから。

フィンセント・ファン・ゴッホ《農夫の靴》1888年、アムステルダム、ゴッホ美術館。
マルティン・ハイデガーは、『芸術作品の起源』で「ファン・ゴッホの絵画は、……一足の農夫の靴が真理においてあるものを開示している。」と述べている。真理においてあるものとは、本質のことである。

といったように言い表わす。それら形容詞は、多くの事柄について言表することができ、普遍的である。固有名詞は、個別的な実体を指示するが、それに対して形容詞は、個々の実体ではなく、数多のものにおいて共通しうる属性を指示する。それは、たとえば「賢明さ」といったような本質〔普遍概念〕を表わす。アリストテレスは、これら本質がどこか実体的であるという立場にこだわりはする。ただし、本質は、それだけで自立しているわけではなく、したがってただ個物においてしかありえない。プラトンの場合は、そうではなかった。たとえば「賢明さ」や「愚鈍さ」、「丸さ」や「熱さ」は、それ自体自立的ななにかであった。――すると、「賢明である」とはいかなるしかたにおいて存在することなのか、すなわち、「賢明である」ものが存在するのか、それとも「賢明さ」が存在するのか？　固有名詞と形容詞という文法上の区別の背後には、なにがあるのか？　両者に関する研究は、なにに基づくものなのか？　アリストテレスの考え方は、普遍概念〔本質〕もなにがしかのものであるということである。それらは、必然的な付加語であり、それら（たとえば「賢明さ」）によって、あるものが言表されることができる。したがって、彼は、それら普遍概念を第二実体と呼ぶのだが、いずれにせよ実体であることには変わりない。[訳註14]

　ところでアリストテレスは、プラトンと同様に、あらゆる存在しているものの本質、個別に存在しているものの本質を探究している。アリストテレスにしたがえば、本質とは、個物自体とは別のなにかなのではなく、したがってプラトンのイデアのように、個別者自体から切り離された普遍者ではない。それは、個物と結びつけられたなにかでなければならない。それというのも、個物は、すでにプラトンにいわれているように、本質をつうじておのれの存在をもつべきであるからである。アリストテレスでは、本質は、個物の本質であるほかはなく、いいかえれば、個物それ自身において、徹底して個物をつうじて現われるものなのである。

本質をめぐってこのように二重に規定された存在論的状況が、普遍論争である。それは、最後のローマ人であり、最初のスコラ学者であるボエティウス以降、中世哲学を一貫して特色づけてきた。そこには、プラトン的な実在論（普遍概念とはイデアのことである。すなわち、事物以前にある普遍 universalia ante res《ウニウェルサリア・アンテ・レス》）とアリストテレス的な実在論（普遍概念とは事物それ自体の本質のことである。すなわち、事物においてある普遍 universalia in rebus《ウニウェルサリア・イン・レブス》）以外に、概念論（普遍概念とは思考が抽象化を遂行する過程で作られたものである。すなわち、事物以後にある普遍 universalia post res《ウニウェルサリア・ポスト・レス》）と唯名論（普遍概念とは名称そのものである。すなわち、普遍は名辞である universalia sunt nomina《ウニウェルサリア・スント・ノミナ》）があった。さらに、折衷的な立場もあった。近代になって、ホッブズとロックは、再びこの問題に取り組んだし、二〇世紀になって、数理哲学が集合の存在論的状況の問いと関わるなかで、この問題は浮上した。数理哲学における実在論（たとえばフレーゲの場合）、直観主義、形式主義は、普遍論争におけるプラトン主義、概念論、唯名論という三つの立場にそれぞれ対応する。

アリストテレスの著作

論理学とか形而上学とかいった哲学上の分野、あるいは理論的とか実践的とかいった哲学の区分がはじめて成立する

訳註14　「実体」と訳されるギリシア語の ousia《ウーシア》は、einai《エイナイ》「存在する」の現在分詞女性形 ousa《ウーサ》に由来し、「財産」として存在する「物《もの》」を意味したが、プラトンにおいては真に存在するものとしての「イデア」を指し、アリストテレスにおいては特定の個物を「第一実体」、普遍概念（本質、類）を「第二実体」と呼ぶ。いずれにせよ「実体《ウーシア》」は、「それはなにであるか？」という問いに対して、それの根底にあってそれを規定し、かつそれ自体として自立して存在するものを答えているのであり、ラテン語では substantia《スブスタンティア》(sub《スブ》「下に」＋ stare《スタレ》「立つ」に由来しており、ギリシア語の hypostasis《ヒュポスタシス》――この後登場するプロティノスの用語――と同義）と訳され、存在論としての哲学の第一義的な探究対象とされてきた。

アリストテレス全集《コルプス》

1．論理学《オルガノン》
『範疇論《カテゴリアエ》』
『命題論』
『分析論前書』および『分析論後書』
『トピカ』
『詭弁論駁書』

2．自然学《フィジカ》
『自然学《フィジカ》』
『霊魂論《デ・アニマ》』
『動物部分論』
『天体論』

3．形而上学《メタフィジカ》
『形而上学《メタフィジカ》』

4．倫理学《エティカ》
『ニコマコス倫理学』
『エウデモス倫理学』
『大道徳論』
『政治学』
『アテナイ人の国政』

5．弁論術《レトリカ》および詩学《ポエティカ》
『弁論術《レトリカ》』
『詩学《ポエティカ》』

のは、紀元前一世紀にしばらくのあいだ散逸していたアリストテレスの諸著作が再発見され、紀元前三〇年にアンドロニコスによって『アリストテレス全集《コルプス》』として編纂され、出版されてからである。アンドロニコスは、逍遥《ペリパトス》学派の学校（リュケイオン）の学頭であり、アリストテレスの一〇代目の後継者であった。彼は、その全集を五つの部門に分類した。1．論理学《オルガノン》（Organon［「道具、器具」を意味するギリシア語］）、2．自然学、3．形而上学、4．倫理学、5．修辞学（弁論術）および詩学。これらは、理論哲学の三分野［1〜3］と実践哲学［4・5］の三分野に相当している。

分類上の一項目のための名称にすぎない「形而上学《メタフィジカ》」が、その後、哲学一般を指す名称になった。それは、事物の最高の原因、事物の普遍的な原因を取り扱う全一四巻の書物に対する、全集《コルプス》内における位置づけを示しているにすぎなかった。その書物は、meta ta phyisika《メタ・タ・フィジカ》、つまり「自然学《フィジカ》」の後《メタ》にならべられた。哲学一般を指す「形而上学《メタフィジカ》」というタイトルのなかにある「メタ」には、「超えて、向こうに」という意味がある。哲学は、「自然学《フィジカ》」を超えてゆくもの、あるいは自然の向こう側にあるものを取り扱うのである。――では、『アリストテレス全集《コルプス》』を見てみよう。

a. 論理学と修辞学

論理学といわれる論理的思考法[訳註15]は、アリストテレスの名前と格別に結びつけられているが、それは、彼によって基礎づけられた「論理学」という分野が、一九世紀後半にいたるまでさらに発展することがなかったためである。このかぎりにおいて、アリストテレスは、一般的判断の四つの形式（すべてのものは~である［全称肯定］、いかなるものも~でない［全称否定］、あるものは~である［特称肯定］、あるものは~でない［特称否定］）に限られた述語論理でもって、もっとも長い間にわたる支配を続けてきた。

アリストテレスにより発見された範疇《カテゴリ》は、カントによれば次のような範疇《カテゴリ》表になる。

1. 量	3. 関係
単一性	実体性
数多性	因果性
全体性	相互性
2. 質	4. 様相
実在性	可能性
否定性	現実性
制限性	必然性

アリストテレスから発展し、スコラ哲学においてなおいくらか拡張された古典論理学は、近代論理学と同じく、正しい思考のための形式的な諸条件を、いいかえれば、論証の妥当性のための諸条件を扱う。ここでいう諸条件とは、アリストテレスにしたがえば、正しい概念、判断、推理、証明ないしは反証である。彼は、範疇論《カテゴリアエ》において概念論を定式化した。範疇《カテゴリ》とは、あるものを概念的に規定するための観点である。たとえば、あるものがなにであるかということ（実体）、その多さあるいは大きさ（量）、性質（質）、関わり（関係）、さらに場所、時である。ときとして彼は、さらに位置、所有、能動、受動を範疇《カテゴリ》として挙げる。カントがはじめて、アリストテレスに由来する範疇《カテゴリ》の「完全な」表を——判断表から——演繹した。

アリストテレスは、命題論のなかで、判断の形式を肯定的（pはSについて言表される。あるいは、Sはpである）と否定的（Sはpではない）に、また一般的（す

訳註15　ギリシア語の論理学《ロギケー》は、logos《ロゴス》「言葉、言表、理性」に関する技法を意味し、その動詞形legein《レゲイン》「言う、置く、集める、配する」の意味を含蓄している。

べてのSはpである）と特殊的（あるSはpである）に区別し、さらに現実的にあるもの、可能的にあるもの、必然的にあるものを言表する場合も以上の四つに区別する。推理論（『分析論前書』における三段論法 syllogismos《シロギスモス》）のなかでは、あらゆる妥当な推論のための公理的な体系、つまり二つの前提によって判断を根拠づけることができる体系が導入される。これは、輝かしい業績である！　なぜならば、この著作は、概念論［『範疇論《カテゴリアエ》』］や証明論［『分析論後書』］とは異なって、近代論理学による吟味に耐えてとにかく生き残っているからである。とはいえ、アリストテレスの三段論法《シロギスモス》は、一般的判断の四つの形式にみずからを限定しているがために、論理的には袋小路となっている。だから、実践的には無意味である。――中世にあっては、たとえばマヨルカ島のライムンドゥス・ルルスが「思考機械」を案出したような時代にあっ

アリストテレスの推理論（三段論法《シロギスモス》）

完全な推論（第一格の第一式）の標準的な例は、こうである。「すべての人間は死ぬ」（大前提）が妥当し、同時に「ソクラテスは人間である」（小前提）が妥当するとき、「ソクラテスは死ぬ」（結論）が妥当する。一般的にいえば、推論において重要なのは、大概念A（結論の述語、たとえば「死ぬ」）が小概念C（結論の主語、たとえば「ソクラテス」）を規定するための根拠として、中概念B（中名辞、媒名辞、たとえば「人間」）を導入することにある。A–B（「AはBを規定する」あるいは「AはBに帰属する」）とB–C（「BはCを規定する」）から、A–C（「AはCを規定する」）が帰結する。これは、三角形として表示できるであろう。

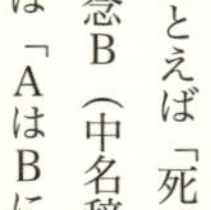

両前提においてAとCに対するBの配置（Bはそこで主語か述語になる）によって、三つの格《フィギュール》が区分される。

第一格：Bは、大前提の主語であり、小前提の述語である。すなわち、A–B、B–C、ゆえにA–C

第二格：Bは、両前提の述語である。すなわち、B–A、B–C、ゆえにA–C

第三格：Bは、両前提の主語である。すなわち、A–B、C–B、ゆえにA–C

さらにありうる第四格（B–A、C–B、ゆえにA–C）をアリストテレスは省略する。それは、第1格の転倒であり、な

にも新しいものを含んでいない。

いまのところ、「全体と皆無の原理」dictum de omni et nullo《ディクトゥム・デ・オムニ・エト・ヌロ》（あらゆるものに妥当するものは、個々のものについても妥当し、なにものにも妥当しないものは、個々のものについても妥当しない。）にしたがって、三つの命題から成り立つこれら三つの格《フィギュール》において推論が可能であるが、さらにそのうえ、どのような規定のしかた（命題の型）が選ばれるかに応じて、全称肯定［略号A］か全称否定［略号E］か（あらゆるものについて妥当するか、なにものにも妥当しないか）、あるいは特称肯定［略号I］か特称否定［略号O］か（いくつかのものに妥当するか、妥当しないか）といったさまざまな式《モドゥス》において推論が可能である。四つの命題の型［A、E、I、O］をともなった三つの命題の位置［大前提、小前提、結論］として、合計四の三乗＝六四個［四つの格《フィギュール》について通算すれば、合計六四×四＝二五六個］が可能であるが、そのうち、第一格では四個［AAA、EAE、AII、EIO］、第二格では四個［EAE、AEE、EIO、AOO］、第三格では六個［AAI、IAI、AII、EAO、OAO、EIO］が、それぞれ妥当なものとして証明されている。

アリストテレスは、有効な推論をすべて第一格の四個に還元し、そのかぎりにおいて、それらは、公理として通用する。母音から命題の型を、子音から第一格への還元可能性を引き出すことができるような、式《モドゥス》のための目印となる語法［格式覚え歌］が考案された。たとえば、第一格の第一式は、Barbaraと名づけられている。

論理学と同時に成立したのは、ギリシア人たちが「推理《ロギスモス》とならんで《パラ》」という意味で「偽推理《パラロギスモス》」と呼んだものであり、これは、概念を使った虚偽の技術である。この似非論理学の大家は、紀元前四世紀のミレトスのエウブリデスであり、ちなみに彼は、アリストテレスの敵対者であった。彼による誤謬推論であり誘導尋問であるものの例をここに挙げておく。1．いかなる猫も二本の尻尾をもっていない。2．ある猫はいかなる猫よりも一本多くはない尻尾をもっている。［＝ある猫は尻尾を一本多くもっているとしても、それはいかなる猫ももっていない尻尾の数に比べてである。「いかなる猫ももっていない尻尾の数」は、1．を適用すると「二本」となる。］3．したがって、ある猫は三本の尻尾をもっている。

《自由学芸》ガイウス・ペトロニウス・アルビテルによる『サテュリコン』の写本の装飾画（紀元後66年以前）。
修辞学（ここでは、非難と弁護を意味する槍と盾をたずさえる女性として描かれている）は、論理学（賢明さを意味する蛇を腕に抱いている女性）や文法学（生徒を打つための若枝をもった厳格な女性教師）とならんで、三学（trivium《トリウィウム》、つまり取るに足らないこと《トリヴィアル》！）として構成される言語的学芸に属する。三学は、算術、幾何学、音楽、天文学から構成される数学的学芸である四科（quadrivium《クワドリウィウム》）とともに、古代から受け継がれた中世の教養規範をかたちづくっている。三学と四科を合わせた七つの自由学芸（septem artes liberales《セプテム・アルテス・リベラレス》）は、生計に役立つわけではなく、自由な市民たちだけが、それにいそしんだ。

ては、そうではない。その機械は、神の三位一体とイエス・キリストにおける神の受肉についての三段論法《シロギスモス》（証明）を産出する、回転可能な幾何学的な形態をもった円板であり、それでもってサラセン人たちに宣教するために考えられたのであった。

F・L・ゴットロープ・フレーゲの『概念記法』（一八七九年）は、記号を用いて言語表現を再現するために形式化された言語を導入するのだが、このときはじめて、形式的ではあるが記号的ではないアリストテレス論理学をあらゆる一般的判断の論理学へと発展させることを妨げていた問題が解決された。たとえば、「すべての学者は人間である↓すべての学者の頭は人間の頭である」というような妥当な論証は、従来取り扱われることができなかった。それは、ここに見出される述語は、関係述語として把握されることはできなかったからである。フレーゲが存在記号（少なくともあるxが存在し、それについて〜が妥当する）[訳註16]と全称記号（すべてのxについて〜が妥当する）[訳註17]を導入したとき、はじめて右のような論証が成功した。――ラッセルは、『西洋哲学史』において、いまの時代に論理学を学ぼうとする者が、アリストテレスやその弟子たちの著作物を読んだとするならば、時間を浪費することにしかならないと意見している。「現代全体に関していえば、学問的、論理的、哲学的な進歩は、アリストテレスの支持者たちに対する挑戦を敢行したことにあったにちがいない。」と彼は述べている。

アリストテレスは、『分析論後書』のなかで、一種の知識論である証明論を展開している。彼は、演繹的な論証（普遍から特殊へと進む）と帰納的な論証（特殊から普遍へと進む）との使い分け（弁証術 dialektike《ディアレクティケー》）訳註18を教示する。『トピカ』では、二つの相矛盾する主張を前にしての真理発見法が扱われており、『詭弁論駁論』では、――ソフィストに対抗して――一三の典型的な詭弁が掲げられている。

『修辞学（弁論術）』は、説得を成功させるための諸条件を扱っている。それは、論理学の応用、厳密にいえば、弁証術《ディアレクティケー》の応用であり、政治学の副産物として公人の生活に役立てられる。形式的な論理学に比べると、人間の心情や態度が念頭に置かれている。そこで問題となっているのは、いかにして論拠は検証され、また支持されうるのか、いかにして自己を弁護し、また他者を非難することができるのかということである。アリストテレスは、煽情《せんじょう》をねらうような、事実に即さない説得法をたしかに取り上げるにしても、結局はこれを斥ける。彼が対象としているのは、事実に即した説得法であって、そのもっとも本質的部分は、あるものを一般的な確証に基づいて確からしいものとして演繹すること（「嫉み深い人々は憎む。Xは嫉み深い。ゆえに、Xは憎む。」）、あるいはある状況をほかの状況の間接証拠としてもっともらしく示すこと（「彼は病気である。というのは、彼は熱があるから。」）といったような、修辞学にふさわしい三段論法《シロギスモス》（省略三段論法 enthumema《エンテュメーマ》）である。それぞれの任意の案件においていつも肝要なのは、信用を呼び起こす、もしくは信用

訳註16　「あるものが存在する」を意味する一般的な存在記号「∃」を用いれば、「少なくともあるxが存在し、それについて～が妥当する。」は、∃x［xは～である］と表わせる。

訳註17　「すべての」を意味する一般的な全称記号「∀」を用いれば、「すべてのxについて～が妥当する。」は、∀x［xは～である］と表わせる。

訳註18　三段論法《シロギスモス》が、真なる命題を前提とする推論を指すのに対して、弁証術《ディアレクティケー》は、確からしい命題を前提とする推論を指す。後者は、dia《ディア》「対して」＋legein《レゲイン》「言う」に関するtechne《テクネー》「技術」（＝問答術・対話術）として、エレア学派のゼノンの論駁術あるいはソクラテス＝プラトンの産婆術・助産術をもって嚆矢《こうし》とする。近代哲学の弁証論《ディアレクティク》や弁証法《ディアレクティク》という用語は、こうした経緯を踏まえて成立している。本書132・145・152頁を参照せよ。

を呼び起こすことができるかもしれない論点をつかむことである。

b. 自然学と形而上学

近代の自然学、とりわけニュートンの自然学は、アリストテレスの自然学、とくにその運動論とのたえざる対立のなかで発展してきた。アリストテレスは、たとえば円運動において、彼にとって永遠不変の諸天体の（いかなる外部の原因も必要としない）自然にしたがった運動を見てとった。そもそも自然が、目的論的に理解されているのであって、目的（telos《テロス》）が、存在者の本来的な根拠とみなされているのである。あらゆる本質は、質料から構成された目的であり、本質の展開である。完現態（entelecheia《エンテレケイア》、これは「目的《テロス》にあること」を意味する）とは、事物が本質を展開していることを表示する、彼の用語である。この本質は、質料（hyle《ヒュレー》）においてただ可能態（dynamis《デュナミス》）に置かれているにすぎないが、形相（morphe《モルフェー》）をつうじて現実態（energeia《エネルゲイア》）を獲得する。あらゆる自然現象、あらゆる運動と変化の説明にとってモデルとなっているのは、生命体の発生とその運動である。生物が発生するのは、その本質が現実化することであり、生物が運動するのは、形相原理としてのその魂が質料としてのその身体に対して働きかけるからである。したがって、アリストテレスの自然学上のもっとも重要な業績は、生物学の領域にあり、なかでも動物界の分類にある。彼は、たしかにもろもろの種を永遠不変とみなさなければならなかったが、それらの種は、やはり本質が、いいかえれば実体として存在する目的が現実化されたものなのである。この点で、ダーウィンがはじめてアリストテレス主義を終焉させたといえる。アリストテレスが記述した現象のうち少なからぬ部分は、架空の動物学として嘲笑された。たとえば、火が生命と親近性をもつことを証明するためのサンショウウオの記述や、あえいだり、音を立てたり、うなったりしながら孵化《ふか》を見守るナマズの生態の記述などがそうである。ただし、ナマズの記述が嘲笑されるのは、はなはだ不当といえる。ナマズは、アリストテレスの記述が正当と認められた後で、Parasilurus Aristotelis《パラシルルス・アリストテリス》という学名をつけられた。

アリストテレスは、自然の一般的原理（自然の背後にあるもの）を扱う著作『形而上学』において、たいがいは協働している目的因（causa finalis《カウサ・フィナリス》）、形相因（causa formalis《カウサ・フォルマリス》）、作用因（causa efficiens《カウサ・エフィキエンス》）、質料因（causa materialis《カウサ・マテリアリス》）という四種類の原因を区別している。今日の自然科学がなお認めているのは、作用因と質料因だけであり、それぞれエネルギーと物質（質量）に相当する。目的因（家は、「雨と寒さから保護する」という目的に帰せられる）とならんで、形相因（家の原因は、その設計図にある）、さらに作用因（投入された仕事量）、最後に質料因（材料）がある。材料は、形相因としての本質（実体）に抵抗し、それとともに概念的に把握されることにも抵抗するので、いわゆる偶然とか不規則といった付帯的なものが生じるのは、質料因のせいである。それゆえに、学問は、［付帯的なものを捨象して］本質的なもの（実体）だけをとらえるこ

《研究中に居眠りするアリストテレス》装飾画、1507年、黒板には「眠りから奪われたものが、生に与えられる」とある。以下は、アリストテレスによる、睡眠を扱う問題の二つの例である。（『自然学小論集』第四巻および第七巻）

1. 「性交について。――なぜひとは、性交や臨終のときに目を開くのに、睡眠のときに目を伏せるのか？やはりおそらくは、上昇する熱が、それ自体が押し進む方向へと目を向けさせるからであり、それに対して、睡眠時には熱が下方へと集まるからであろう。それゆえに、ひとは目を下へと向ける傾向があるのである。そして、もはやいかなる湿気も目にはないので、目は閉じられるのである。」
2. 「読書について。――なぜ読書をはじめるときに眠気に、しかも自分の意志に反して襲われるひとがいる一方で、眠ろうとして書物を手に取るときに目が覚めてくるひとがいるのか？やはりおそらくは……」（この答えはあまりに長い。居眠りしてしまう危険がある！）

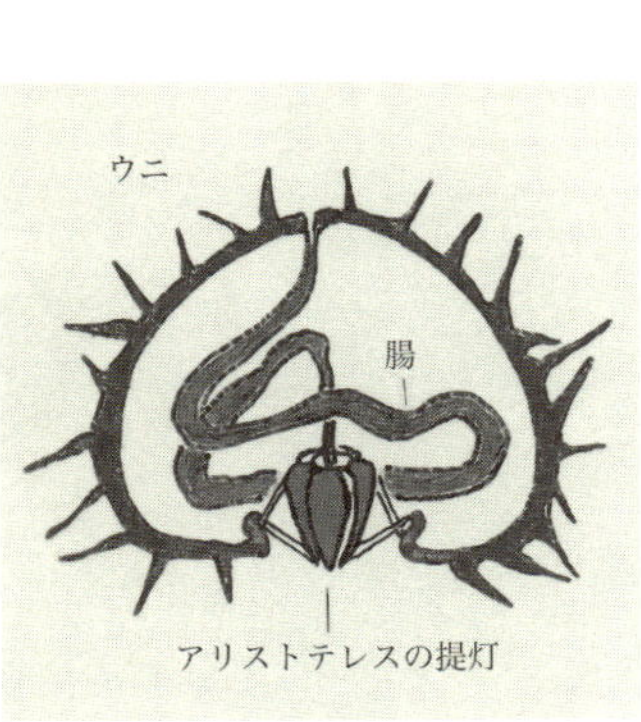

アリストテレスは『動物誌』で、「ウニは、五つの曲がった歯をもっており、その中央に舌の代わりに肉厚の形状のものを有している」と記している。――歯を動かす複雑な顎は、彼にしたがって「アリストテレスの提灯」と名づけられた。

とになる。認識にとって最高の対象は、万物がそこへと向かって運動している純粋な目的（因）＝形相（因）であり、神的なものである。神そのものは、無為の王である。神は（みずからは動かずして、すべてを動かす第一の者として）、愛を求められて動じることのない者のごとく、愛を求めて動じやすい者を動かす。それは、少年愛から知られているようなシナリオである。こうした神的なエロティシズムのなかで、アリストテレスは、プラトンの擬似神話的な哲学と再び出会っているのである。

c．魂、倫理学、政治学、詩学

魂は、人間の本質であり、その身体の完現態《エンテレケイア》である。アリストテレスは、階層《ヒエラルヒー》的に構成された魂の三部分を区別する。1．栄養摂取をつかさどる植物的魂、2．感覚と運動をつかさどる動物的魂、3．精神活動をつかさどる理性。プラトンの場合と同様に、理性が、そのほかの魂を支配することになる。この理性としての魂だけが、不死であり、そして超個人的である。したがって、アリストテレスによれば、われわれが配慮すべきことは、理性の不死が可能であるかぎり、みずからを精神活動へとできるだけそっくりそのまま移し入れることである。おのれの本質にとってそれ固有の活動を完全なかたちに仕上げることを、彼は徳と名づけている。そうして最高の（知性的《ディアノイア》）徳とは、観想である。「知＝徳」は、ソクラテス以来妥当している公式である。すでにソクラテスは、最高の幸福、至福は、友人たちと徳について昼も夜も語り合うことにあるといっていたのだから。徳とはまさに、不死なるもののなかにおのれを産み出し続けることである。

さて一方、アリストテレスの倫理学的著作は、プラトンのそれと比べると、宗教的な神秘的傾向をあまり帯びていない。アリストテレスは、教養と経験を積んだ先代の人間たちの唱える意見を代弁しているのである。倫理的な徳をもつためには、ほどほどの良さを、つまり悪しき両極端のあいだの中庸（たとえば、浪費と吝嗇《りんしょく》のあいだの気前の良さ）を保つことが大切であり、このことは、理性が感性的な衝動を支配することによって達せられる。友愛は、個々の人間を共同体へと参加させるがゆえに、重要な役割を演じる。アリストテレスは、本性においてポリス的である動物、すなわち国家《ポリス》を建設する動物（zoon politikon《ゾーン・ポリティコン》）として人間を定義する。国家の使命は、プラトンの場合と同じく、市民を道徳的に完全なものにすることである。ただし、アリストテレスは、可能とはいえない天衣無縫の理想国家を目指しているわけではなく、私有財産、父権制家族、奴隷制といった、可能なかぎりの既成の順当な構造を顧みて、それを踏襲する。その体制は、専制政治に変質した王政と衆愚政治に変質した民主制という両極端の中間にある混合形態となるはずだった。それは、まさに節度のある民主制であった。中庸の状態は、国家の重心を形成するはずである。

最後に『詩学』もまた、実践哲学に属している。詩作術に関するこの著作には、悲劇と叙事詩に関する第一部がまとめて保存されている。その第一部には、模倣と浄化の理論とならんで、行為と時と場所との統一の教説が含まれている。アリストテレスの定義によれば、悲劇とは、悲嘆と戦慄を呼び起こすことをねらって魅力的に構成された言葉を用いて、空間と時間とが統一されるそれ自体完結したある行為を模倣（mimesis《ミメーシス》）することである。その上演の意義は、観客のかかえる情動の浄化（katharsis《カタルシス》）にある。いまいった「情動の」（ギリシア語では中性複数属格のton pathematon《トーン・パテーマトーン》となる）という語は、多義的な意味をもっている。カタルシスは、もろもろの情動からの解放を意味し、あるいはまた情動そのものを純化し、清浄にすることも意味している。

ヘレニズムと古代後期

アレクサンドロス大王の死去（紀元前三二三年）とクレオパトラ女王の死去とのあいだ、つまりアレクサンドロスの後継者たち《ディアドコイ》の最後の帝国であるエジプトがローマ人たちによって占拠された年（紀元前三〇年）とのあいだは、ヘレニズムと呼ばれる。この期間中、ギリシア文化とギリシア語は、マケドニアやシリアやエジプトといったヘレニズム期の王国において支配的であった。当時の哲学は、禁欲主義者（ストア学派）の**ゼノン**、快楽主義者の**エピクロス**、懐疑主義者のピュロンによって特徴づけられる。ヘレニズム期の哲学の根本概念は、幸福もしくはエウダイモニア（ギリシア語のeudaimonia《エウダイモニア》は、字義通りにいえば、「善き神性《エウ・ダイモーン》をもつこと」を意味する）にある。ただし、プラトンやアリストテレスとは袂《たもと》を分かち、そこでは個人としての人間に焦点が置かれており、もはや個人の幸福にとって媒体《メディア》となる国家には置かれていない。幸福とは、外的な状況にあるのではなく、内的な状態にあるのである。そして、幸福をもたらす内的な状態とは、魂の平穏である。それは、ストア学派にあっては無感動《アパテイア》[訳註19]と呼ばれ、ピュロン学派やエピクロス学派にあっては平静《アタラクシア》[訳註20]と呼ばれている。どのようにしてそれは到達されるのか、どのようにして魂の不穏は避けられるか？　こうした問いが、ヘレニズム期の哲学にとっての主な対象であり、したがって、そこでは実践的な理性が前面に打ち出される。いやな目にあっても平然としていられるような、一種の諦念《ていねん》の哲学が説かれているのだろうか？——「どうしても手に入れることができない物事を気にかけるな、意のままにならないことは放っておけ、おのれの能力で満たせるような欲求だけを認めよ、おのれの内面世界を統治することで、おのれの欲求と衝動を制限せよ！」。ヘレニズム期の各学派の格率は、このように説き、いつのときにあっても自由になるものだけが真の価値として現われるのだというふうに、世界を説き明かす。自由にならないものはなんであれ、価値のないものとして現われるはずである。可能なかぎり多様で完全な欲求の満足を図れという格率に対して異議を立ち上げ、もうひとつの生活の選択肢といわれるものを模索している今日にあっては、ヘレニズムの行為規準が疎遠であるとはいえない。

　しかしながら、個人はそれぞれの価値評価においてそもそも自由であるといえるのか、個人は理性によってそれぞれの欲求を制御することができるのか、それぞれの欲求は社会的に、また遺伝的に定義されるのではないか？　そもそもなにが、自然の、真正の、本当の欲求といえるか？——エピクロス（紀元前三四二～二七一年頃）は、快と不快はたしかに勝手気ままにできず、避けることのできない価値評価であるが、ほとんどの欲求は不可避でも自然発生的でもないと考えた。なるほど彼は、ある種の快を意のままになるものとしてとらえ、快楽主義という称号を与えられた。がしかし、彼のいう快とは、肉体的なかつ心理的な苦痛のない状態、したがって苦痛から解放された状態のことであり、それ以外のなにものでもない。エピクロスが依然として有名なのは、差し迫る自分の死があたかも自分になんの関係もないかのように、自分自身の死に対して無関心にふるまって見せたからである。「わたしが生きているかぎり、死はそこにないし、死がそこにあるときには、わたしはもはやそこにない。」と彼は説いた。また一方で、「世界は、数において際限がなく、そのうちのある世界はわれわれの世界に似ているし、またある世界は似ていない。」という多数世界の想定でも、彼は知られている。一九〇〇年後、ジョルダーノ・ブルーノは、これと同じ想定をしたという罪で火刑に処せられた。

懐疑主義者のピュロン（紀元前三六〇～二七〇年）は、肉体的な抑制ばかりではなく、精神的な抑制をも説き勧めた。判断を差し控え、そもそも知識を断念することをとおして、いっそう澄明な魂の安息という実践的な理想が達成される、と彼は信じていた。

西暦紀元前の最後の三〇〇年のうちに、哲学は、ギリシアからローマへと、またアレクサンドリアへと移動した。キティオン（キュプロス島）のストア学派ゼノンの教説は、クリュシッポスによってローマに伝えられた。ローマには、**セネカ**や**エピクテトス**や皇帝**マルクス・アウレリウス**といったストア学派がおり、それとならんで、ギリシア語の哲学用語の大部分をラテン語に翻訳した**キケロ**がいた。キケロは、ラテン語が学術用語であった、一九世紀にいたるまでの何世紀ものあいだ、もっともよく読まれた著述家であった。彼は、人文主義《ユマニスム》という概念をかたちづくった。サモス島出身のエピクロスには、ローマ人である**ホラティウス**と**ルクレティウス**という後継者がいた。ピュロン学派に属するのは、**セクストゥス・エンピリクス**（紀元後二〇〇年頃）であった。これらの「実践哲学」は、ローマの著者たちのおかげで、近代に入るまで影響をおよぼし続けた。そのさい、決定的であったのは、キリスト教との関係である。たとえば、ストア学派のマルクス・アウレリウスが、キリスト教徒を迫害したのはたしかであるが、それは、キリスト教徒との哲学観念《イデオロギー》上の同調が欠けていたからではない。ストア学派は、キリスト教徒と同じように、厳格で禁欲的な道徳を説き勧めたし、世俗的な財産に重きを置かず、神を「父」と呼びかけ、人間のあいだにおける博愛を要求したのである。

訳註19　ギリシア語のapatheia《アパテイア》は、a（欠如・否定を表わす接頭辞）＋pathos《パトス》「受難・苦しみ」に由来する。
訳註20　ギリシア語のataraxia《アタラクシア》は、a（欠如・否定を表わす接頭辞）＋taraxis《タラクシス》「動揺・思いわずらい」に由来する。

ヘレニズムと古代後期

前三一二年 アッピア街道建設
前三〇六年 アレクサンドロスの将官たち《ディアドコイ》［アンティゴノス］の君臨
前三〇〇年頃 エウクレイデス［ユークリッド］『原論』
前二八六年頃 アレクサンドリアの学堂《ムセイオン》および図書館
前二七五年頃～ 『七十人訳《セプトゥアギンタ》』（旧約聖書のギリシア語訳）
前二二一年 万里の長城着工
前二一六年 将軍ハンニバルがローマに勝利する［第二次ポエニ戦争］
イタリアに四〇〇万人居住、その四分の一は奴隷
→奴隷リウィウス・アンドロニクスによるホメロス『オデュッセイア』のラテン語訳
前二一二年 シュラクサイ陥落時にアルキメデス落命
前一七一年 ローマによるギリシア本土征服［マケドニア戦争］
前一五六年 ギリシア哲学者使節によるローマ訪問
前八六年 スッラによるアテナイ掠奪
前四四年 カエサル殺害
ローマに八〇万人の居住者
後三〇年頃 イエスの磔刑
後三三年 ローマで初の公共図書館
後七〇年 イエルサレムの神殿破壊
後七九年 ヴェスヴィウス火山爆発
後一〇五年 中国で紙の発明

《エピクロス》
ヘレニズム期の胸像、パリ、ルーヴル美術館。
「われわれは、ただ一度だけ生まれたのであって、二度生まれることはできない。われわれが永遠に存在するということは、もはやないであろう。」

「人生のためではなく、学校のために、われわれは学んでいる。」（Non vitae sed《ノン・ウィタエ・セド・》 scholae discimus.《スコラエ・ディスキムス》）セネカ（紀元前四年頃～後六五年頃）は、そのように同時代の教育の窮状を嘆いたが、その時代は、われわれの時代にとって貴重な教養の財産となっており、いまではその文の逆――「学校のためではなく、人生のために、われわれは学ぶのである。」（Non scholae《ノン・スコラエ・》 sed vitae discimus.《セド・ウィタエ・ディスキムス》）――が引用されがち

後一一七年	ハドリアヌスがローマ皇帝としてはじめてギリシア哲学者風の身なりをする（髭をたくわえる）
後二二〇年頃	ローマに三万人のキリスト教徒居住
後二五七年	ローマでキリスト教徒に対する大迫害
後三一二年	コンスタンティヌス帝のキリスト教への改宗
後三一三年	ミラノ勅令（キリスト教の公認）
後三一七年	道教における錬金術の流布『抱朴子』
後三二五年	ニカイア公会議（アリウス派の排斥）、高い精神性のための独身制
後三三〇年	ローマ帝国の新都コンスタンティノポリス
後三五〇年頃	フン族が西方に迫る
後三七五〜五六八年	ゲルマン民族大移動
後三八五年頃	ウルフィラスによる聖書のゴート語訳
後三九五年	ローマ帝国の東西分割
後四〇五年頃	ヒエロニムスによる聖書のラテン語訳（『ウルガタ』）
後四一〇年	西ゴート族によるローマ掠奪
後四五一年	フン族王アッティラ敗北
	アレクサンドリアの名高い錬金術学校
後四五五年頃	シリアの柱頭行者
後四七六年	西ローマ帝国の終焉
後五二九年	ユスティニアヌス帝がアテナイの弁論術・哲学学校を閉鎖
後五五〇年頃	インドの数学者が負の数とゼロを用いて計算する

である。

コルドバ出身のセネカは、ネロの教育者であり、政治の助言者であったが、最後には彼自身が、暴君ネロの標的とされた。「強制されて生きることは悪である。いや、強制されて生きるような義務はどこにもない。」とセネカは説き、ソクラテスにならって自分の死を仲間うちで演出した。ところが、動脈の切断と毒ニンジンの毒杯が十分ではなく、蒸し風呂が、そのときようやく死を導いた。その死について彼は、死は永遠の誕生日であり、生まれる前の平穏な状態にわれわれを戻してくれるのであると書き記した。

《キリストの肉体》ミハエル・ロワイアンのオブジェ、1991年。

テルトゥリアヌスは、信仰の非合理性を強調する。「不条理のゆえに、わたしは信じる」（Credo quia absurdum《クレド・クィア・アブスルドゥム》）という命題は、彼に由来する。神が十字架にはりつけられ、死者が生き返るという観念は、まったく理性に反する。しかし信仰には、理性とは別の根拠がある。信じる者にとって、不名誉なことが不名誉ではなく、つじつまの合わないことが信じるに値し、不可能なことが確実なのである。テルトゥリアヌスは、これをこう表現する。「神の子が磔刑に処された。それは、恥ずべきことであるがゆえに、少しも恥ずべきことではない。そして、神の子は死んだ。それは、つじつまの合わないことであるがゆえに、どうしても信じるに値する。そして、彼は埋葬され、復活した。それは、不可能なことであるがゆえに、確実なのである。」

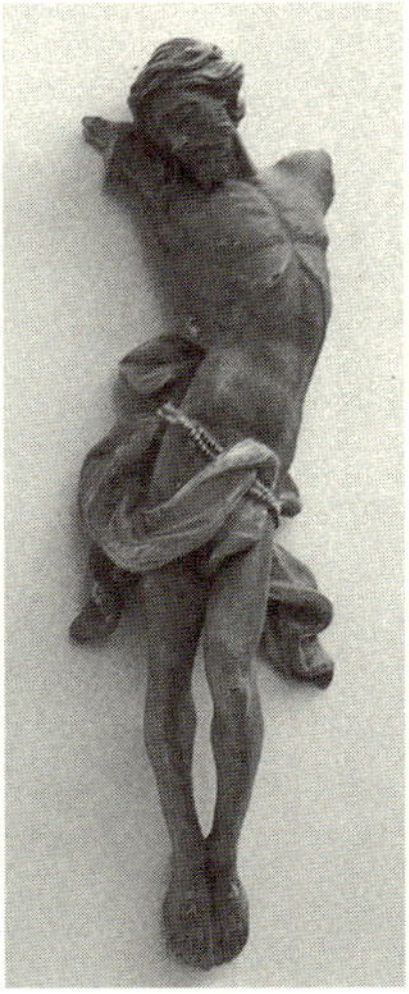

さまざまな思想傾向がローマでも、またアレクサンドリアでも混ざり合った。アレクサンドリアは、東地中海地域の精神的な中心であり、従来のほとんどありとあらゆる文献を所蔵する古代最高の図書館をそなえていたのだが、その後、三九〇年と六四二年に受けた破壊（一回目はキリスト教徒によって起こされ、二回目はアラビア人によるアレクサンドリア征服が進行するなかで起こった）のために、所蔵された文献は失われてしまった。散逸を免れたのは、わずか一部分にすぎない。それらは、コンスタンティノポリスに運ばれることができた。紀元前二五年アレクサンドリアで生まれた**フィロン**は、ユダヤ的思考とギリシア的思考を総合することに、すなわち信仰と理性との統一可能性に骨を折り、当時ギリシア語に翻訳されていた旧約聖書（『七十人訳《セプトゥアギンタ》』）のうちのモーセ五書[訳註21]に註釈を施した。彼はまた、その後現われた**アレクサンドリアのクレメンス**（一五〇〜二一五年）と同じく、神智学者であった。クレメンスは、古代の哲学を新しいキリスト教の信仰内容に結びつけた。信仰の領域への哲学のこうした侵入に対して、**テルトゥリアヌス**（一五五〜二二〇年）は、「イエルサレムがアテナイとなんの関わりがあろうか？」という挑発的な問いかけで抵抗した。フィロンの根本的問題は、後代の**プロティノス**（二〇四〜二七〇年）のそれと同様に、「彼岸の神が此岸と関係するのはいかにしてであるか？」という問いであった。プロティノスは、

《死神の出現》 J・R・シェレンベルクによる銅版画、1785年
アレクサンドリアのクレメンスは『ストロマテイス』第一巻でこう書いている。「わたしは、ギリシア的なものの考え方も尊重していたので、自分を非難する者たちに対する弁護のために、これだけのことは述べようと思う。つまり、哲学が無益であると仮定するとしても、その無益さを確実に立証することが有益だとしたら、やはり哲学は有益なのであると。」

『エンネアデス』のなかで、放散ないしはエマナチオによってであるという解答を与えている。最高の存在者は、「いわば溢れ出るのであり、その過剰が他の存在者を創造するのである」（ラテン語のemanatio《エマナチオ》の動詞形emanare《エマナレ》は、「流れ出る」という意味である）。エマナチオは、いかなる時間的なプロセスでもなく、彼が一者と名づけた最高原理ないしは第一の実体《ヒュポスタシス》（ギリシア語のhypostasis《ヒュポスタシス》は、「根底にあるもの」という意味である）は、エマナチオにおいても、決して減少させられたり分割させられたりすることはない。エマナチオは、いつもどこでも起こっているのである。一者がエマナチオによってもたらす最初の多様性（第一のエマナチオと第二の実体《ヒュポスタシス》）は、理性であり、それは、思考するものと思考されるものという分裂をともなう。第三の実体《ヒュポスタシス》は、世界魂といわれる知性的世界の領域であり、さらにその下位に感性的世界がある。世界魂は、物質を形成しようとすることをつうじて、肉体という形姿を受け取り、あまたの人間の肉体に属するもろもろの魂へと分散するのである。

　エマナチオの階層図式《ヒエラルヒー》は、プラトンの対話編『ティマイオス』における世界発生説に対応しており、魂の一者への帰還は、プラトンの対話編『国家』における洞窟の比喩に対応している。魂が根源的

訳註21　旧約聖書の最初の五つの書である、『創世記』、『出エジプト記』、『レビ記』、『民数記』、『申命記』の総称。

ラルフ・エドニー《ヒュパティア》

異教徒、哲学者、数学者であり、ローマ人のアレクサンドリア総督の女友達であるヒュパティア（370～415年）は、キリスト教徒たち、なかでもアレクサンドリア司教の聖キリロスにとって癪《しゃく》のたねであった。彼女は、馬車に乗っているところを激昂したキリスト教集団によって襲われ、教会に運ばれ、服を脱がされ、生身のからだを鋭い貝殻で切り刻まれた。そして彼女は、魔女として火あぶりにされた。古代の終焉！　中世がはじまる。

な統一者へと帰還することができるのは、プラトンがいうように、感性からの離脱をつうじてである。それから、魂は、プラトンがいうように、次のような意識のさまざまな段階をくぐり抜ける。まず感性的な知覚、論証的な思考、直観的な理性、そして最後に観想的な洞察である。最後の段階は、プラトンの『饗宴』での美しきものと永遠なるものにおける産出と同様に、神秘的な恍惚《エクスタシス》をともなうものであり、彼の弟子であるポルフュリオスによれば、プロティノスは、事実何回もそれを体験したという。

ギリシア哲学の発展は、プロティノスの新プラトン主義とともに終末を迎える。哲学は、ギリシア語に代わっていまやラテン語へと言語を転換する。ラテン語は、例外なくプラトン、プロティノス、アリストテレス――彼らの著作は、やがて部分的にはアラビア語を経由して、すべてラテン語に翻訳された――の註釈家である教父やスコラ学者たちの言語である。聖書についても、四〇〇年頃、ギリシア語訳（『七十人訳《セプトゥアギンタ》』）から約六〇〇年後にラテン語訳が世に現われている。そうして、哲学者の名前も、現在にいたるまでたいていラテン語で表記されることになった。たとえば、Herakleitos《ヘラクレイトス》はHelakrit《ヘラクリート》に、Platon《プラトン》はPlato《プラートー》に、Plotinos《プロティノス》はPlotin《プロティーン》と表記された。五二九年に、ユスティニアヌス帝は、プラトンのアカデメイアを閉鎖させたが、ようやく一四五九年になって、新プラトン主義の色彩を帯びたアカデメイアが、フィレンツェに設立される。このあいだが、中世である。

古代哲学の最後の代表者といえるのは、**A・M・T・セウェリヌス・ボエティウス**（四八〇～五二四年）である。彼は、政治的な理由によって東ゴート王テオドリクスに有罪とされてから処刑されるまでに、その主著『哲学の慰め』を執筆した。その書は、一七世紀にいたるまでもっともよく読まれた哲学書であった。彼自身キリスト教徒でありながら、この書にはキリスト教がいっさい引用されていない。この書において、哲学は、――アッソスのクレアンテスによるストア的な智恵にしたがって――ボエティウスにその運命を受け入れるように導くひとりの人格として、いわば精神療法を授ける女医として登場する。「運命は、それを承認する者を導き、それを承認しないものを引きずってゆく。」

「あなたがたは、この世ではすべてを見通す裁き主の目の前で生きているのですから、あなたがたが、自分を偽らないかぎり、誠実に生きるということが、あなたがたにとって必然の定めなのです。」

ボエティウス『哲学の慰め』の終末部

ギリシアの詩人と思想家の肖像

パウル・ツァンカーは、一九五五年にその著書『ソクラテスの仮面　古代美術における知識人の像』において、古典古代の知識人像の歴史を提示し、偉大なギリシア知識人の肖像は、そのほとんどすべてがローマの模刻において、しかもただ頭部もしくは胸像（柱像《ヘルメ》と呼ばれる）としてのみ保存されているということを指摘した。つまり、ローマ時代の模刻は、原作とはまったく違う役割を果たしたのである。ギリシアの原作は、ヘレニズム後期にいたるまで、つねに全身像表現であった。なぜならば、ギリシア人の考えによれば、全身像においてのみカロカガティア（ギリシア語のkalokagathia《カロカガティア》は、kalos《カロス》「美しい」＋agathos《アガトス》「善い」に由来する）といわれる男性の肉体的かつ倫理的な特性が表現されることができるからである。アゴラや神殿のために仕立てられた記念像が建てられたのは、たいていはようやく紀元前四世紀後期の愛国主義的な一連の復古運動のなかでであった。当時、それを呼びかけたのは、アテナイの政治家リュクルゴスを支持する民主主義者たちであった。アテナイは、マケドニアの支配下にあり、民主制は、危機に瀕していた。それゆえに、政治的あるいは文化的な遺産を守るために、偉大なる過去が再現された。政治が営まれる都市空間は、シンボルをちりばめた建造物で計画的に美化されることによって、民主制の都市国家《ポリス》の舞台として、またその行事の舞台として目に見えるかたちで再認識されるようになった。

したがって、当時表現された詩人と思想家は、ギリシアの原作として成立したものではあるが、たいがいすでに過去のひとびとであった。肖像が本人に似ているかどうかは、少しも保証されてはいない。実際には、肖像の似ていることに本質があるのではなくて、この精神的英雄のそれ特有のカロカガティアに本質があるのである。そこで全身が重要になってくる。一方ローマ人たちは、われわれが今日もなおその傾向があるように、はじめて偉人たちの顔立ちに特別な関心を抱いた。彼らは、われわれと同様に、詩人と思想家の人相をほかの肉体の部位よりも重要とみなした（女性の場合も例外ではない）。それで彼らは、頭部のみを模刻したのだが、このことは、より経済的でもあり、より実用的でもあった。こうして知識人の肖像は、個人の邸宅内でギリシアの教養と文化を崇拝するために役立ち、家長の「古典的」教養を知らしめるという役割を比較的手軽に果たすことができた。

もちろん、ソクラテス像の場合のように、全身像も模刻された。そのギリシア原作は、当時もっとも名をはせていた彫刻家であるシキュオン出身のリュシッポスが、リュクルゴスによる復古構想の一環として市民集会から請け負ったものだった。ただし、これのローマ模刻は、ただ一体の小像しかない。ロンドンの大英博物館に収蔵されているその像は、高さ二五・五センチである。このソクラテス像は、上品で、非のうちどころなく、衣装をまとった一市民であり、書物を携えてはいない。しかしながら、この像は、神話に登場するかの酔狂で放縦な半人半獣、ディオニュソスの従者シレノスを想起させる顔立ちをしてもいる。その醜悪な顔立ちは、カロカガティアの理想にまったく反する。ところが、プラトンは、みずから『饗宴《シュンポシオン》』のなかでソクラテスをまさにシレノス像に重ね合わせ、シレノスは神々の子孫の、および半神たちの子孫の聡明な指導者でもあることを強調している。それだから、シレノス風のソクラテスは、やはりなおカロカガティアという価値規準に応じているのである。

同じようなことは、紀元前四五〇年頃に制作され、ローマ模刻として保存されている、詩人アナクレオンのブロンズ像についてもあてはまる。アナクレオンは、当時二世代以上も前に死去しており、アテナイは、民主制のもとで統治されていた。一方彼は、僭主や貴族を友人にもち、裕福で贅沢な暮らしぶりの典型として知られていた。実際また彼は、歌い手としても、竪琴を演奏する詩人としても描かれている。それにもかかわらず、肌着のあいだから挑発的に見せる彼の裸体の注目すべき細部表現は、彼をカロカガティアにふさわしいものにしており、そればかりかこの細部表現は、道徳的なメッセージをともなっている。それは、縛られたペニスの包皮と高く結わえられたペニス（包皮縫合、ギリシア語ではkynodesme《キュノデスメー》、ラテン語ではinfibulatio《インフィブラティオ》）にある。文献上の伝承によれば、この拘束は、職業的歌人の性的抑制を意味している。おそらくまたそれは、競技者のための予防措置でもあった。弛緩して垂れ下がっている長いペニスは、一般的には美しくないとされ、そのため、勃起していないペニスが、つねにきわめて小さく表現された。さらに亀頭を見せることは、恥じ知らずで屈辱的な行為とみなされ、そのため、割礼も禁止された。だから、高く結わえることと縛りつけることは、貞節と礼節のしるしであった。カロカガティアにしたがった全身的理想という意味で、頭部に限定されなかったアナクレオンの表現の場合、包皮縫合《キュノデスメー》に対するこの細部表現をつうじて、淫蕩生活者アナクレオンというイメージは修正され、そのイメージは、かの理想にふさわしいものとされている。

二〇世紀にはいるまで、詩人や思想家たちは、ギリシア風の衣装をまとい、また半裸か全裸で、とくに大理石を使って表現された（ゲーテ、シラー、ニーチェ、古典主義者のほとんどが）。しかし、いよいよローマ様式が優勢となる。顔や頭部への限定、結局はポートレイト写真への限定。これは、哲学史を扱う図版入り書籍の多くが例示しているとおりである。知識人のヌード写真は、めったにありえない。古代の復興は、せいぜいのところ胸までにしかすぎなかった。

《ソクラテス小像》ロンドン、大英博物館

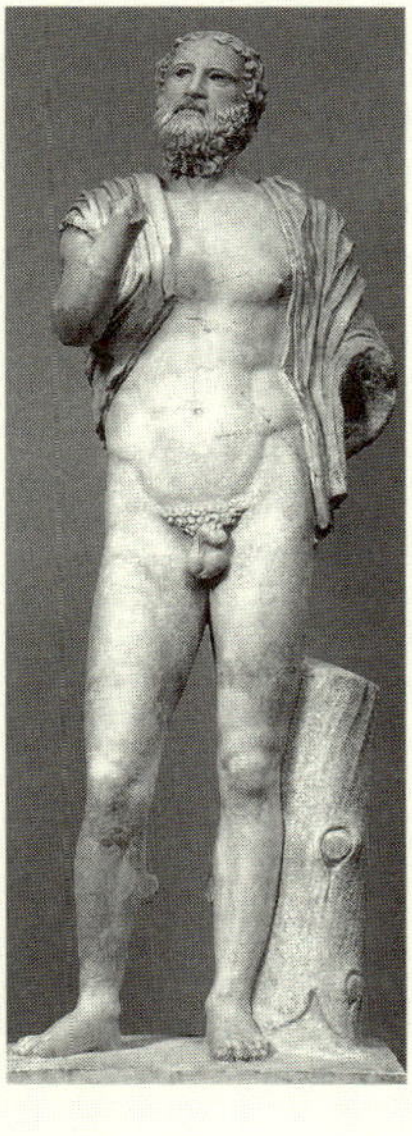

《アナクレオン像》紀元前450年頃アテナイのアクロポリスに建てられた詩人アナクレオン像のローマ模刻。ローマ南方アンティウム近郊の古代の村で発見された。コペンハーゲン、ニイ・カールスベルグ・グリプトテク。

寄り道　哲学とグノーシス

ギリシア語の「gnosis《グノーシス》」は、認識ないしは覚知を意味する。グノーシス主義とは、おそらく西暦がはじまる頃に中東地域で広まり、救済ないしは解放の智恵として、まさに知を問題にする宗教的運動のことを指している。グノーシス主義的な意味における認識とは、認識者に対して世界と自己の内面を解き明かすばかりではなく、無知蒙昧が支配権をにぎっている悪しき世界から自己を解放しようとする認識者を救済するものである。グノーシスの発端は、世界のなかにあってのある種の違和感にあり、おのれの根源である神に帰郷したいという、魂のいだく憧憬にある。神は、光であり精神（pneuma《プネウマ》）である。世界は、蒙昧であり物質（hyle《ヒュレー》）である。宇宙《コスモス》を創造したのは、善き神ではなくて、悪しき創造主デミウルゴスである。善き神は、魂の故郷であるのだが、魂は、現世においてみずからの故郷から追放され、牢獄に収監され、あるいは異境に放逐されているような状態にある。悪しき創造主デミウルゴスが望んでいるのは、人間とその魂が、自分がいま異境にあり、みずからの根源から疎外されているということに気づくこともなく、故郷を忘却し、世界に埋没することである。

自己の存在が疎外されているという感覚は、それが同時に神や楽園への郷愁であるかぎり、グノーシスにとって善への転回のための発端となる。ただし、救済は、外からやってくるはずである。つまり、人間たちを現世から光へと導くために、天界から蒙昧に囚われた人間たちのところに降り立つ救い主であり、福音の使者であり、神の子である者によって救済は果たされる。

グノーシスには、キリスト教的な観念と非キリスト教的な観念が混在している。非キリスト教的な観念は、エジプトの魔術思想《ヘルメス》[訳註22]のほか、ギリシアの秘儀、[訳註23]ペルシアのミトラ神崇拝、[訳註24]ユダヤの黙示録的な秘教結社[訳註25]に由来している。四世紀以降、グノーシス主義は、ローマ教会により弾圧され、その文献は、たえず処分され続けた。グノーシス的な観念は、西ヨーロッパにおいては、中世初期にその痕跡がどうにかかろうじて残っている程度であった。そればかりか、テオドシウス大帝の息子たちの治世下においてローマ帝国が分断され続けてから、西ヨーロッパと東ヨーロッパとのあいだの交流は、絶縁状態にあった。ようやく十字軍とイベリア半島の国土回復運動《レコンキスタ》が、両者の交流を再開させ、グノーシス主義を西ヨーロッパに取り戻した。コンスタンティノポリス陥落後、多くのギリシア人の学者たちは、もろもろの写本をたずさえてイタリアにやって来たが、そのなかには、三世紀成立の『ヘルメス文書《コルプス・ヘルメティクム》』があった。その仮想上の著者は、ヘルメス・トリスメギストスと呼ばれるエジプトの神人であった。とりわけこの文書集は、錬金術や占星術の教義とならんで、グノーシスの教義をも集散地であるルネサンスに流入させた。これらは、プラトンの再発見およびルネサンスのプラトン主義にとって大きな役割を演じた。世界から退去し、死を練習するというプラトン哲学は、そのなかでも世俗に堕落した状態である洞窟から出口をくぐり抜けて回心するという教え[訳註26]は、グノーシスの神話と容易に結びつけられて、哲学的グノーシスとなり、魂の救済知となった。そのスローガンは、一者への帰還、合一（henosis《ヘノシス》）である。肉体と魂と精神とに分かたれた人間にとってそのことが意味するのは、ひとつになること、一者と合一することである。新プラトン主義的な考え方にしたがえば、一者とは、精神と魂と肉体という多様性を順次成立させる太陽的な中心として光を放出するものである。したがって、物質界あるいは蒙昧から一者へと帰還することは、魂が肉体から解放され、さらに精神が魂から解放されることを意味し、「個体としての宇宙論的な死」を意味する。ヘノシスは、死を予感させる帰郷とい

訳註22　「哲学と錬金術」101～103頁を参照せよ。

訳註23　「哲学と秘儀」15～17頁を参照せよ。

訳註24　ミトラは、光・真実・盟約をつかさどる、古代アーリア人の男神であり、インドの聖典『リグ・ヴェーダ』では太陽神として、イランの聖典『アヴェスター』では救世主・勝利者として登場する。ローマ帝国成立後は、雄牛の供儀をともなう密儀宗教の神ミトラスとして流布し、キリスト教と競合した。

訳註25　文字として表現できない神の啓示を選ばれた参入者だけに直接伝授することを趣旨とする秘教的結社カバラを指している。最古のカバラでは、旧約聖書『エゼキエル書』にある幻視「神の玉座（戦車）」が追体験されたが、幻視のモティーフは、旧約聖書『ダニエル書』や旧約聖書偽典『エノク書』といった黙示文学において繰り返された。

訳註26　「プラトンの洞窟の比喩」42～43頁を参照せよ。

ウィリアム・ブレイク《ダンテとその案内者ウェルギリウスを最後の地獄圏に降ろすアンタイオス》（ダンテ『神曲』の一場面）1824～27年、オーストラリア、メルボルン、ヴィクトリア州立美術館。
ダンテの『神曲（神聖喜劇《ディヴィーナ・コメディア》）』は、墜落と昇天、すなわち地獄巡りと彼岸旅行を描いている。道程は、永劫の罰を受けた者たちの国である地獄《インフェルノ》、救済されることができる改悛者たちの国である煉獄《プルガトリオ》、聖者たちの国である天国《パラディーゾ》をそれぞれ九つの段階を経て続く。九つの地獄圏は、巨大な漏斗状の大地の穴をかたちづくっており、魔王《ルチフェロ》が座する地球の中心に通じている。そこから、地球の反対側へとくぐり抜け、煉獄山の段丘を越え、ついに天国に到達する。

う神秘的な体験として、人生のさなかにも起こりうる。
グノーシス的観念は、哲学のいたるところに見出される。たとえば、ヘーゲルの『精神現象学』における仲介者として役目を果たすために登場する救い主（神の子）は、グノーシス的神話の中心的人物である。その仲介者は、ヘーゲルのいう「不幸な意識」を理性へと移行させることで、その意識を救済する。疎外された実存についてのハイデガーの分析と、頽落《たいらく》した非本来性から本来性へと転回するという彼の教説もまた、グノーシス的観念に対応しているといえる。

中世とルネサンスの哲学

中世とは、西ローマ帝国の滅亡（四七六年）と東ローマ帝国の滅亡（一四五三年）とのあいだの一〇〇〇年間である。古代と近代のあいだのこの時代を特徴づけるものはなにか？　また、こうした時代区分を正当化するものはなにか？

——さしあたり、ローマ帝国の危機があった。はやくも三二四年に、ローマのコンスタンティヌス大帝は、彼が築いたコンスタンティノポリスに首都を遷《うつ》しており、それとともに、西ローマ帝国の東ローマ帝国からの分裂を引き起こした。東ローマで遠隔地貿易と諸都市がまだ繁栄していたとき、西ローマの諸都市は帝国に対して魅力を覚えなくなった。西ローマの市民は、地方へと引きこもり、古代後期の文明は、鄙《ひな》びてしまった。同時に農業からの収穫量が落ち込んだ。官僚機構が拡大し、軍事費が上昇し、奴隷——軍事的成果が乏しいため戦争捕虜から補充することがますます難しくなった——の市場価格が高騰し、税金が上昇した。高い税金のために、すすんで公職に就こうと努力する者はもはやいなかった。ひとびとにとって、国家への帰属意識を保つことは、ますます困難になった。理性的な自己意識は、とくに西ローマでは、不条理な歴史の成り行きとの矛盾にぶつかった。もし理性的で真実の生というものがあるとするならば、それはあの世においてでしかないだろう。その後、ゲルマン民族が、民族大移動（四～六世紀）の流れのなかで、とくにイタリアの都市と交通網とを荒廃させたとき、農民たちは、大土地経営主《ラティフンディウム》のもとで保護を求めていたが、その経営主のせいで奴隷に近い身分に零落した。その結果、農民たちの蜂起が起こり、軍事的崩壊が早められることになった。

歴史の転機をもたらしたもうひとつの原因は、イスラム教の地中海世界への侵入にある。それは、地中海地域の古

中世初期（五〇〇〜一〇〇〇年）

五二九年	ベネディクト修道会設立、その後修道院付属学校成立
	東ローマ帝国ユスティニアヌス帝による『ローマ法大全』編纂
五九五年頃	ローマを支配するのは教皇であり、それに比して東ローマ皇帝下にある属州指揮官《ドゥクス》は重要性を失う
六一〇年頃	ムハンマドによりイスラム教おこる
六四一年	アラビアによるアレクサンドリア制圧
七三二年	カール・マルテルによるアラビア撃退［トゥール・ポワティエの戦い］（現在のエジプトの首都カイロはアラビア人により建てられた）
七四四年頃	ドイツ諸部族のキリスト教への改宗
七五〇年頃	ランゴバルト領とビザンツ領へのイタリアの分割
七五一年	サマルカンド近くでアラビア人が中国人に勝利する→中国人の捕虜が作陶法と製紙法の知識をヨーロッパに持ち込む
八〇〇年	フランク王国およびランゴバルド王国の大帝カールⅠ世が教皇レオⅢ世により皇帝としての戴冠をローマで受ける
八一四年頃	インドの数字とゼロのアラビアでの受容
九二五年	東ローマ帝国の一時崩落［ブルガリア帝国王シメオンの侵攻による］

代の統一性を打ち壊した。それから八世紀中頃までに、この地域では、東ローマ（ビザンツ）帝国、預言者代理人《カリフ》たちによるイスラム帝国、フランク王国という三つの強大な勢力による体制がつくりあげられた。キリスト教会も、最終的に東教会と西教会とに分裂した（一〇五四年）が、すでにそれは、フランク王国カール大帝のローマでの戴冠（八〇〇年）に端を発していた。この戴冠式のおかげで、ローマ教皇は西ヨーロッパの帝国と結びつけられたのである。

　中世盛期といわれる時期は、この新たな西暦一〇〇〇年代に入って、教会権力［ローマ教皇］と世俗権力［神聖ローマ帝国］とのそれまで保たれていた均衡が崩壊するとともにはじまる。教会は、世俗の問題に巻き込まれることから、また世俗の支配から解放されることを望み、ついには教会の世界支配という要求（教皇グレゴリウスⅦ世による）に行きついた。それに対して一方、世俗のホーエンシュ

九二七年　クリュニー修道院長による修道院改革
九三〇年頃　ロマネスク聖堂と城塞の建造
［アッバース朝、ファーティマ朝とならんで］第三の預言者代理人《カリフ》としてのスペイン
九六二年　オットー大帝がハンガリーに勝利後ローマ皇帝(Imperator Romanorum《インペラトル・ロマノルム》)になる
→ドイツ民族による神聖ローマ帝国のはじまり
九八八年　ロシアのキリスト教への改宗
一〇〇〇年　グリーンランド居住のヴァイキング、レイフ・エリクソンによるアメリカ大陸発見、ヴィンランド［「ブドウの地」を意味する］と命名

［父と子と聖霊との］三位一体の神が全世界を永遠に支配することを表わすシンボル

タウフェン家の世界帝国は、（一二六八年ナポリでのコンラディンの処刑により）没落した。修道院改革運動は、この間、新しい修道会[訳註27]と司教座聖堂参事会[訳註28]により維持された。
　中世後期といわれるこの時代の終末期を特徴づけるのは、全ヨーロッパ的な危機意識である。貧民暴動、鞭打苦行者によるような急進的な運動、ユダヤ人迫害、農民一揆といったことが起こった。壊滅的なペストの流行や戦争の混乱、なかでも大飢饉と大恐慌が、全ヨーロッパ的に繁栄を享受していたはずの一四世紀に人口を激減させる。中世の終末である一五世紀は、ハプスブルク家とフランス王国との対立、さらに一四五三年のオスマン・トルコによる東ローマ帝国制圧後のトルコの脅威、最後にアメリカ大陸発見で締めく

訳註27　主にフランシスコ会（以下に登場するロジャー・ベーコン、ドゥンス・スコトゥス、オッカムのウイリアムらがその会士として挙げられる）とドミニコ会（以下に登場するアルベルトゥス・マグヌス、トマス・アクィナス、マイスター・エックハルトらがその会士として挙げられる）を指す。
訳註28　司教の座する司教座聖堂《カテドラル》（大聖堂）において修道生活を送り、司教を補佐した司祭の団体を指す。

くられ、次の時代がはじまる。

中世の哲学

ヨーロッパでこうして一〇〇〇年間続いた中世の哲学は、宗教哲学であり、とくに（三一三年に公認され、三四五年に唯一のものとされて以来）ローマ帝国の国家宗教としてのキリスト教哲学である。哲学における場合と比較して、宗教において問題となるのは、知ではなく、信仰であり、原理的に証明が可能とされる真理ではなく、証明にいかなる価値も置かれない教義や啓示の真理である。宗教において明らかにされる諸真理とは、神の指図であり、「神が話されたそのとき、事は果たされていた」のである。そして、宗教的真理は、人間理性によって明らかにされる諸真理以上の価値がある。というのも、宗教的真理だけが、救済、解放、生の意味、生まれ変わった人間をもたらすからである。魂は、信仰をつうじて変容され、神の恩寵を受けて天国に入ることができる。

そうだとすると、なぜそもそもそれはまだ哲学といえるのだろうか？　アリストテレスとともに答えるならば、人間はその本性からして知を求めるからである。解放を求めるばかりではなく、と付け加えることもできよう。宗教的真理は、不合理なものとして啓示されて、合理的なものになることを目指す、と啓蒙主義者ゴットホルト・E・レッシング（一七八一年に没した）とともに答えることもできよう。そうだとすると、哲学は、宗教的真理を事後的に合理化する、いいかえれば、宗教的真理を根拠づけ、自然理性と一致するようにさせる試みになるであろう。すべてが、そのようにうまくいくとはかぎらない。たとえば奇蹟、つまり自然法則の破綻を、どのようにして理性的に可能なものとみなせるのだろうか？　教父アウグスティヌスなどのキリスト教哲学者たちは、合理化しうるような教義を聖書から選び出し、それができない場合は聖書を寓意として解釈するという手管に長けていた。

理性と信仰との調和に取りかかったアレクサンドリアのクレメンス以降、キリスト教思想にとって二つの『旧約』、すなわち旧約聖書とギリシア哲学が存在する。そう述べられているのは、フランスの宗教哲学者エティエンヌ・ジルソン

ルイス・デ・モラレス《聖母子》1570年頃、マドリッド、プラド美術館。
教皇ヨハネ・パウロII世は、その回勅『信仰と理性《フィデス・エト・ラティオ》』(1998年)で次のように述べている。「私の究極の思想は、教会の祈禱が知の座として呼びたてるものに向けられる。」これは、聖霊によって身ごもったマリアのことを指している。「なぜならば、聖なる乙女の使命と真なる哲学の使命との間に、ひとつの深い調和が予感されるからである。乙女が、人として、そして女としてその全存在を捧げるべき使命を与えられているように、哲学は、神学が信仰の理解として実り豊かで、効力あるものになるように、批判的に理性を陶冶するべき使命を与えられている。……古代キリスト教の聖なる修道士たちが、マリアを霊的な祈禱台と名づけたときに、彼らは、このことを非常によく理解していた。彼らは、マリアを調和のとれた哲学の模像とみなし、マリアのうちに哲学しなければならないということを確信したのだった。」

の著書『中世哲学の精神』においてである。なぜ旧約聖書だけでは、十分ではないのか？　しかし、結局意見の一致を見ることになったのは、「神の言葉を守り、神の恩寵に浴して、天国に入ることが最重要であり、すべてはやはりそのことだけにかかっているのだ！」という点である。そればかりか、デルフォイの神託「なんじ自身を知れ」を神に啓示され、天から賜わったプログラムとみなすことによって、ギリシア哲学を一種の啓示に関する知と見立てるにまでおよんだ。では、たとえ哲学が宗教や神学のために奉仕させられ、自由に考える自立性が哲学から奪われたとしても、哲学と手を切ることができないその魅力とはなにであろうか？　イェルサレム（信仰あるいは聖書）はアテナイ（理性あるいはギリシア哲学）となんの関わりもないという、テルトゥリアヌスの格言にいわれたような意味で、両者を別個にならばせることもひょっとしたらできたのかもしれない。ルターも、こうした信仰と理性の分離に賛同していた。彼は、たとえばアリストテレスの倫理学のなかに、「恩寵の不倶戴天の敵」を見出していた。

プラトン哲学化した教父神学に関して、すなわち二世紀からスコラ神学にいたるまでの中世の時期に関していえば、哲学に固執する動機となっているのは、魂とか、永遠なるものや神的なるものへの魂の関係とかいった、プラトン哲学の主要テーマに対する関心であ

《カロル・ヴォイティワ、教皇ヨハネ・パウロⅡ世》

彼の回勅『信仰と理性《フィデス・エト・ラティオ》』(1998年)より。「とりわけ西欧の思考の歴史に目をやるならば、哲学と神学のあいだの出会いから、またそれぞれの成果の交換から、人類の進歩のためのどんな富が生まれたかが、容易に認められる。神学が信仰の学問としてその存在を正当化されたのは、神学が開かれた態度と独自の新しさとを授かっているおかげであった。そうした神学の開かれと新しさが、理性をして、新奇なものに向かって確信をもって目を開かせ、神の啓示を叙述するようにまで動機づけたのである。このことは、疑いもなく哲学にとって有益だった。というのも、理性を深化させるという使命を与えられている哲学は、こうした方法で、さらなる意義へと越えてゆくための新たな地平が開かれるという体験を得たからである。」

る。宗教においても問題であるのは、魂の神への関係であり、神への帰還をつうじた魂の解放であり、魂の救済であることに変わりはない。それでは、魂となにか？　魂の性質とはどんなものか？　これが、プラトンの問いであり、しかもキリスト教における問いである。それゆえに、ギリシアの「なんじ自身を知れ」が、キリスト教哲学のために受け継がれ、引き続き遵守される。——宗教から自由となった魂の哲学がはじめて発見されることになるのは、ジークムント・フロイトにおいてである。

アリストテレスを助けとして、信仰のために哲学を学校として組織化したスコラ神学の時期に対して、エティエンヌ・ジルソンは、ひとつの解答を与えている。彼によれば、キリスト教の哲学は避けられないものであったし、また避けられないものである。なぜならば、キリスト教の本質が、神の恩寵にあるならば、恩寵は、やはり自然という前提と根拠をもつからである。そして自然は、哲学にとって、とくにアリストテレス哲学にとって格別の対象である。「キリスト教徒が、恩寵がそこに基づいているところの自然について省察するやいなや、彼は、哲学者になる」とジルソンはいっている。中世のキリスト教は、その後の宗教改革者たちによるキリスト教とは違って、恩寵による人間の救済を人間と自然の変容に関連づけた。もし自然が、ルターが後世においてそうしたように、原則的で変更できないほどに堕落したものとみなされたならば、どの中世の哲学者も、アリストテレスの自然学に取り組むことはなかったであろう。アリストテレスの自然学を含むギリシア哲学は、禁じられていた。とはいえその一方で、罪びととみなされ、永劫の罰に値するとみなされる人間のキリスト教的救済は、自然にも関係してくる。福音は、世界全体を救うことを予定しているからである。しかしながら、世界についての知を与えてくれるのは、まったく知を対象としない聖書ではなくて、ギリシア哲学である。そこで、ギリシア哲学の育成と錬成が、中世のキリスト教哲学のなかで必要とされることになる。

哲学のなかを進み、結局のところ一貫してスコラ神学のなかを進む中世は、註釈者たち、とりわけアリストテレスの註釈者たちの時代である。註釈は、直接的ではなくとも是認されるべき、異教的な哲学に対するアリバイである。註釈者たちは、福音にしたがうかぎり解放されるはずの世界の知をギリシア哲学のなかに求める。それとも、世界の解放という動機は、口実にされているにすぎないのであろうか？　それともやはり、アリストテレスがいうところの知覚に対する歓びとか知を追究する本性的な傾向とかいう意味で、世界そのものに関心が抱かれていたのか？　そのとき、なぜ自然研究がすぐさま促進されなかったのか？　――自然科学の勃発は、中世が終わってはじめて、徹底して神学的な自然観と結びついたアリストテレスから解き放たれてはじめて起こった。というのも、アリストテレスの自然学にそなわるこうした神学的な性格は、キリスト教の恩寵論に、そしてその恩寵の前提である、目的因を神とする自然に見合っているものであったからである。デカルトとニュートンをともなったルネサンス以降の機械論的な自然観は、こうしたキリスト教の自然哲学についてなにも変えることができなかった――とりわけ、物事のはじめに神の理性があるという点については。やがてその後、ヘーゲルが、絶対的理性を神と同一視することができたのであるが、その場合の神とは、論理的推論の形式にしたがった自然と人間の歴史の過程において、自己自身に回帰するものとなる。

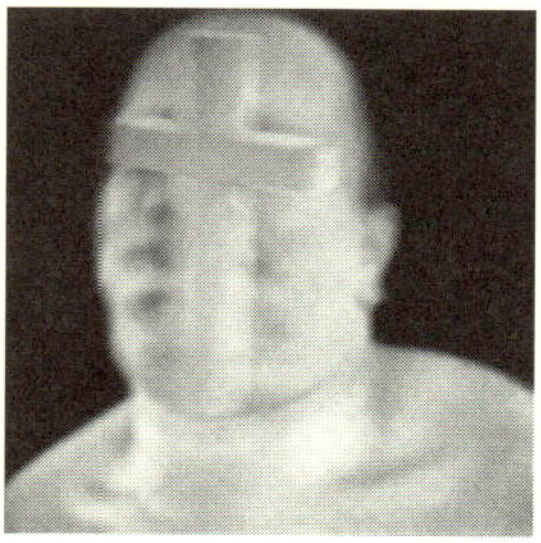

ベルンハルト・ヨハネス・ブルーメ《神》日付不明。

中世哲学の全体をとおして、信仰の真理を配慮することから自由になった思考はありえない。信仰の真理を疑う者は、教会や僧侶階級に拘束され、就業禁止や出版禁止を受けるか、あるいは投獄されたり、しまいには抹殺されたりする。だから、彼より生き長らえる弟子や文献がなければ、彼は、思考の歴史からも消え失せてしまう。もちろん思考者たちは、ときとしておのれを取り戻した——がそれは、テルトゥリアヌス派やペトルス・ダミアニのように信仰の非合理性を受容したり承認したりする代わりに、理性でもって信仰にしたがうという見解をもつかぎりにおいてである。しかし、理性にしたがったところで、死を前にしてのいかなる救いも、いかなる不死の魂も、いかなる肉体の復活も与えられない。では、理性にしたがわないとすれば、どうなるのか？　——それでも、救いや不死や復活は信じられるのである。

教父神学

ローマ帝国の支配権が衰退した二〇〇年頃、ローマ教会は、その組織化された教団とともに、国家のなかにある種の国を築いた。教団の指導者たちは、イエスの十二使徒の後継者として精神的かつ政治的権威を手中にした。そのうちのいくにんかは、たとえば後にガリアの司教となった小アジアのエイレナイオスや、さらに先に述べたテルトゥリアヌス、またカルタゴの司教キュプリアヌスは、[訳註29]教父として任命された。彼らは、ローマ‐キリスト教会の統一を擁護して、とくにグノーシス派の教説のような異教と戦った。グノーシス派は、世界に悪が存在するということを根拠として、（悪しき）世界創造主（デミウルゴス）を世界救世主から区別した。グノーシス主義は、信仰の代わりに知（ギリシア語の gnosis《グノーシス》にあたる）を、ただしプロティノスの場合のように、神秘主義的《ミュスティシュ》な（ギリシア語の myein《ミュエイン》には、「眼を閉じる」という意味がある）知を据える。そこには、全世界を包括する善と悪との闘いを自己自身のなかに観るということが含蓄されている。

教父神学に関して哲学的に意義のあるものは、**アウグスティヌス**（三五四〜四三〇年）に由来している。彼にとってプラトンは、スコラ神学にとって標準となっているアリストテレス以上に近しい位置にある。アウグスティヌスのテーマは、神と魂、神の認識と神の体験といった宗教的な領域であり、自然ではない。ギリシア哲学が、「なんじ自身を知れ」というデルフォイの預言《プログラム》のもとに立ち、魂が神的なものへと帰還するというプラトンの教説において頂点に達するか

サルヴァドール・ダリ《記憶の固執》1931年、ニューヨーク、近代美術館。
アウグスティヌスは、『告白』のなかで次のように述べている。「いったい時間とはなにか？　誰もわたしに問わないかぎり、わたしはそれを知っている。わたしが誰か問う者に向かってそれを説明しようとすれば、わたしはそれを知らない。……もしかしたら、わたしは、自分の知っていることを言い表わすすべを知らないだけなのだろうか？　悲しいかな、わたしは、なにを知らないかをさえ知らないのである！
見たまえ、わたしの神よ。わたしは、あなたの前で嘘をつくことはもちろんないし、わたしの心は、わたしが語るとおりにある。」

ぎりにおいて、彼は、ギリシア哲学を引き合いに出す。ただし、みずからの自己省察と自己批判において抑制が欠けているという点で、彼は、あまりギリシア的とはいえない。有名な『告白』は、フロイトの精神分析に通じるような傾向を示している。

プラトン（洞窟の比喩における）の場合、魂を不死なるものに方向づけるのが理性であり、その帰郷を導くのが哲学者であるとするならば、アウグスティヌスの場合、魂を神へと方向づけるのは後悔に打ちひしがれることであり、帰郷の世話をするのは罪汚れのない教会である。教会は、アウグスティヌスの主著『神の国』に相当し、魂は、もうひとつの主著『告白』に相当する。教会は、神の意志にしたがい救いに召された者たちを集めることによって、神の国を準備する。教会の外では、いかなる救いもない。洗礼を受けずに死した者は、たとえ子どもであっても、地獄に堕ちることになる。アウグスティヌスにとって、歴史は救済の歴史であり、そこには、神の国と地上の国との対決があり、［神の国における］自己に対する軽蔑にまでいたる神への愛と［地上の国における］神に対する軽蔑にまでいたる自己への愛という、二つの

訳註29　一世紀末から八世紀頃までの古代・中世キリスト教会において正統的信仰を伝え遺し、みずからも聖なる生活を生きたと認められたひとびとを指す。十二使徒に直接関わった使徒教父の後に護教教父（護教家）が続く。また著作上の言語により、ギリシア教父（エイレナイオス、アレクサンドリアのクレメンスなど）とラテン教父（テルトゥリアヌス、キュプリアヌス、アウグスティヌスなど）とに区別される。

中世盛期（一〇〇〇～一三〇〇年）

一〇六六年　ノルマン人によるイングランド征服
一〇七〇年頃　アラビア人由来の錬金術が中央ヨーロッパにも伝播
一〇八八年　ボローニャ大学設立
一〇九九年　十字軍士が六三八年イスラム教徒に占領されたイェルサレムを征服する
一一五〇年　パリ大学成立
一一六二年　ドイツ皇帝フリードリヒⅠ世（赤髭《バルバロッサ》王）によるミラノ破壊
一一八六年　教皇によるドイツ皇帝の統治権認可
一一八九年　イギリス王ヘンリーⅡ世没、彼は陪審裁判所を開設し、神判の悪習を断罪した
一二二九年　ドイツ皇帝フリードリヒⅡ世が聖都イェルサレム占拠後にイェルサレム王になる［第六回十字軍］
一二三一年　教皇によるパリ大学のアリストテレス研究禁止の解除
一二三四年　ドイツでも教皇による異端審問と異端者迫害
一二七〇年頃　西ヨーロッパの各大都市にユダヤ人ゲットー
一二九二年　マルコ・ポーロの中国からの帰還
一三〇六年　フィリップⅣ世によるフランスでのユダヤ人迫害

《聖アウグスティヌスの召命》（部分）グアリエントによるフレスコ画、14世紀、パドゥア、エレミターニ聖堂。
アウグスティヌスは、『告白』のなかで、近隣の庭の西洋ナシを盗むという、16歳のときに犯した夜中の罪について書き記している。「神よ、わたしの心を見たまえ。奈落の底に落ち込んだとき、あなたが憐れみたもうたわたしの心を見たまえ。わたしの心がその奈落で求めていたものを、わたしの心は、いまあなたに告げようと欲している。わたしの悪事の原因は、悪事のほかにないのであって、ただいたずらに自分を邪悪にしようとしていた。悪事は、憎むべきものであったが、わたしはそれを愛した。わたしは破滅を愛し、わたしの堕落を愛した。わたしを堕落させた原因ではなく、わたしの堕落そのものを、わたしは愛した。汚れた魂、それは、あなたの支配から身を振りほどいて、自滅へと向かい、恥をさらしてなにかを得ようとするのではなく、恥そのものを得ようとするのである。」

愛の王国がある。たしかにアウグスティヌスは、ここで［神の国を準備する］教会と［地上の国としての］国家を区別するが、それでも国家は、ありとあらゆる宗教的な問題に関して教会に服するときにのみ、神の国に参与することができる。直線的に進行する歴史的時間という彼の観念は、後世のあらゆる歴史哲学に影響をおよぼした。

哲学は、本来からいえば、1. 自己意識の分析において、2. 時間意識の分析において存立するものである。これらの分析は、神への道のりが個々人の内面をくぐり抜けてゆくものであるがゆえに、神の認識に役立つのである。――アウグスティヌスは、懐疑主義を克服しようとする試みのなかで、おのれ固有の自我を知の基礎として発見する。これは、その一二〇〇年後にデカルトの「わたしは考える、ゆえにわたしは存在する」(cogito, ergo sum《コギト、エルゴ・スム》)においてようやく再発見されたものである。『神の国』でそれは、「もしわたしが欺かれるならば、わたしは存在する」(si enim fallor, sum《シ・エニム・ファロル、スム》)といわれており、アウグスティヌスは、すぐさまそれに、「存在すること」はまた「知ること」も「愛すること」も意味すると付け加えている。「なぜ〈わたし〉は、考え、知り、愛することを引き受けるところのものなのか?」という自己責任に対して問いをはじめて立てるのは、フィヒテである（一八〇〇年頃）。この問いは、ショーペンハウアー（その著作『意志の自由について』）やヘルマン・シュミッツ（その著作『哲学の体系』）の場合にあるような、自己責任をともなわない情動的かつ前反省的な自己意識へと自己意識を深層化させるといった論点にまで影響をおよぼしている。

アウグスティヌスの『告白』における時間の分析は、みずからは時間に関わることなく――永遠の現在に――存在する神が無から世界を創造したという教義から出発している。このとき、時間はなんら神的なものではなく、むしろ人間的ななにかである――主観的に、人間の精神にのみ存在するにすぎない「なにか」という意味で。時間は、〈わたし〉の心理的な構築物である。一方〈わたし〉は、それ自体、現在においてのみある。過去は、記憶としての現在であり、未来は、予期としての現在である。――一四〇〇年後にカントは、『純粋理性批判』において、こうした主観的な時間論を再び取り上げることになる。カントは、時間と空間を、認識する主観の直観的形式として規定する。このことはすなわち、空間と時間が事物自体の属性ではないことを意味している。またフッサールとハイデガーは、アウグスティヌスに言及しながら、内的な時間意識の分析を発展させることになる。

アラビアの哲学

ユダヤ教およびイスラム教哲学における信仰と知の調和は、キリスト教哲学における場合と異なっている。ユダヤ教およびイスラム教哲学は、アラビア哲学と呼ばれる。それは、その典型的な哲学者、とりわけブハラ出身の**アヴィケンナ**［**イブン・スィーナー**］（九八〇～一〇三七年）とコルドバ出身の**マイモニデス**［**モーシェ・ベン・マイモーン**］（一一三五～一二〇四年）が、アラビア語で著述し（ただしマイモニデスについては、ヘブライ文字で遺されている）、アラブ帝国［イスラム帝国］のなかで生きたからである。その帝国は、ムハンマドによるイスラム教創始後の一〇〇年間で築き上げられ、スペインからペルシアにまで拡大された。イスラム教およびユダヤ教の哲学でも、聖典コーランおよび聖書における信仰上の真理と理性的な認識とが、原則的に一致するものと信じられた。しかしながら、疑わしい場合に陥ったときには、理性を優先し、聖典を寓意として解釈することにより理性に合致させようと試みる。キリスト教哲学では、こうしたことは例外にすぎない——たとえばアイルランドの自由思想家ヨハネス・スコトゥス・エリウゲナの場合がそうである。彼は、汎神論者[訳註30]として教会から弾劾された。さらにマイモニデスも、スピノザにおいて繰り返されるように、ユダヤ教の同志から異端者とみなされた。コルドバの**アヴェロエス**［**イブン・ルシュド**］（一一二六～一一九八年）についても事情は変わらなかった。彼は、イスラム教の僧侶階級を前にして、その身を安全な場所に移されなければならなかった。そうはいっても、イスラム教徒たちは、異教徒に対しても哲学者に対しても、キリスト教徒たちよりも寛容であった。

《マイモニデス（モーシェ・ベン・マイモーン）》彼の生誕地コルドバのフディオス通りにあるブロンズ記念像。

信仰と知との調和に関して、キリスト教哲学とアラビア哲学との傾向の相違は、ど

アヴェロエスは、アリストテレスに神の使者を見た。「ひとは、永遠なる真理にいたる二つの道を得ることができる。コーランを通じて、そしてアリストテレスを通じて。」と彼は説明した。

こから来るのか？　おそらくそれは、アラビア哲学者が聖職者とか修道士とかではなくて、医師や自然学者であったということから来るのであろう。加えて、アラブ帝国では、はやくも、コルドバとバグダードという両大都市を文化の中心としてもつ前市民社会が成立していたことが挙げられる。そのとき、ギリシア哲学と独自の宗教の教義との融合は、キリスト教哲学の場合と同様の段階を踏みながら、まずプラトンと新プラトン主義が注目され、それからアリストテレスという具合に推移した。アラビア地域とキリスト教地域との傾向の相違にとって決定的となったのは、アリストテレスの受容にあり、しかもとりわけ質料と形相というアリストテレスの議論の受容にある。訳註31 この議論の受容は、アリストテレスの逍遙学派《ペリパトス》の三代目学頭である医師ストラトンの影響を受けている。ストラトンは、アリストテレス主義に自然主義的な歪曲を施した。エルンスト・ブロッホは、アヴィケンナに関するその著書のなかで「アリストテレス左派」について述べており、ストラトンからアヴィケンナ、アヴェロエスを経てジョルダーノ・ブルーノにいたる一系譜を引き出している。この四人に共通しているのは、産み出しつつ産み出される普遍的生命（natura naturans《ナトゥラ・ナトゥランス》）として質料を把握する点である。アリストテレス自身がいうところの、質料や素材のなかにただ可能性（potentia《ポテンティア》）としてのみ存在するもろもろの形相を、能動的に駆り立てるのは、こうした質料それ自身である。形相は、素材の「火として燃え立つ真理」なのである。――トマス・アクィナスは、アリストテレスの正統派の理論にとどまり（したがって「アリストテレス右派」に属し）、はじめにアヴェロ

訳註30　「汎神論」（Pantheismus《パンテイスムス》）とは、森羅万象は神の顕現であり、あるいは神そのものであるとする考え方であり、あらゆる事物に神性が宿っているとする内在神論でもある。一神論や超越神論の立場をとるカトリック正統教会からは異端とされる。本書では、すぐあとに登場する「アリストテレス左派」がその典型である。

訳註31　アリストテレスの「質料」と「形相」については、本書56～58頁を参照せよ。

エスの立場をとっていたパリ大学で「アリストテレス左派」に対して勝利を収めることになる。トマスにとって、質料や素材はたんなる可能態にすぎず、それ自体は能動的ではない。素材に対して、質料的世界を超越した玉座に創造神としての精神が君臨している。――アリストテレスにさかのぼるべき普遍問題も、アラビア哲学において一定の役割を演じた。アヴィケンナは、「思考は、形相における普遍を現実化する」という標語を見出し、それは、アルベルトゥス・マグヌスやトマス・アクィナスに受け継がれた。

一二世紀にプラトンとアリストテレスのテクストがキリスト教世界に完全に知られるようになったのは、アラビア哲学のおかげとしなければならない。アラビア人たちは、また自然学上の実験の考案者としても知られている。そして、西欧世界にアラビア数字がもたらされたのは、彼らのおかげであるのはいうまでもない。ただし、アル・フワーリズミーによってアラビア語に翻訳された『インドの数の計算法』という書が、一二世紀にラテン語で刊行されたという経緯を踏まえると、本来はインド数字と称されなければならなかった。――東方から西方への知の連絡路は、［北アフリカを経て］スペインを越え、さらにシャルトル学派［パリ南西にあるシャルトル大聖堂付属学校］にまで伸びていったのだが、アラブ帝国が解体され、またスペインでのアラビアとユダヤの共生が解体された中世末期になると、とくにスコラ神学がみずからの命脈を保ったアリストテレス連絡路は、実質的に閉ざされた。

スコラ神学

スコラ神学は、二人の「父」をもつ。第一の父は、先に述べたアイルランドの修道僧**ヨハネス・スコトゥス・エリウゲナ**（八一〇〜八七七年）である。彼は、思考を信仰に従属させることを拒否したため、教会の不興を買った。第二の父は、アオスタ出身でカンタベリー大司教となった**アンセルムス**（一〇三三〜一一〇九年）である。彼は、思考を信仰に無条件的に従属させることを要求する。とりわけ彼が有名なのは、彼が取り組んだ、本体論的《オントローギシュ》と呼ばれる神の存在証明をつうじてであり、それは、どれほどアンセルムスがプラトン主義的な実在論者であったか、いいかえれば、概念を実在する存

レオナルド・ダ・ヴィンチ《モナ・リザ》
1500年頃、パリ、ルーヴル美術館。
女神に対する存在証明は、行なわれていない。父（または男神）は、母（または女神）に比べてその存在が不確かである。神の母である聖母にあっては、それが存在しているかいないかは、いうまでもないであろう。彼女は、（「人の子」の父や聖霊のように）不可視的な存在ではまったくありえない。したがって、男神である父なる神だけが、構想されたうえで、その存在証明が求められるのである。

在者とみなしていたかを証言するものである。それによると、1．神は、それと比較して、いかなるそれ以上大きいものも考えられないものとして考えられる。2．そのように考えられた神が、実在しないと仮定する。3．すると、実在していないと考えられた神よりも、実在しているとして考えられた神の方が［実在している分だけ］大きいことになる。4．したがって、神は実在する。なぜならば、神は、それと比較して、より大きななにものも考えられることができないものだからである。——この「証明」の場合には、ある事柄について考えられた概念から、その事柄の実在が導き出されるが、これは、うまくいっているとはいえない。というのも、カントがいうように、「実在」（存在）は、概念を規定する述語（属性）［ある事柄の概念に付け加えられるようなある事柄の概念］ではまったくないからである。「［対象として実在する］現実の一〇〇ターレルは、［概念として考えられた］可能的な一〇〇ターレルよりも多くのものをすこしも含むものではない！」[訳注32]

隠修士であり教会博士であった、ラヴェンナ出身の**ペトルス・ダミアニ**（一〇〇七〜一〇七二年）を第三の父として認めることはできない。と

訳注32　たしかに、「現実の一〇〇ターレル（または神）」は「可能的な一〇〇ターレル（または神）」よりも多くのものを含んでいる（または、大きいものである）といえるかもしれないが、それは、後者（可能的な対象の概念）に前者（現実に実在する対象）が感覚的経験を通して総合的に付け加えられたからであって、たんに後者の概念だけを分析的に考察したところで、前者の実在を導き出すことはできない。なおターレルは、当時の銀貨の名称。

中世後期（一三〇〇〜一五〇〇年）

一三〇二年　ダンテがフィレンツェで実権を握る教皇派により欠席裁判のもとで死刑判決を受ける
一三〇四〜二一年　ダンテ『神曲』の執筆
一三二一年　フィレンツェ大学創立
一三三九年　百年戦争のはじまり
一三四〇年頃　ピサ、グルノーブルでの大学設立
一三四一年　ペトラルカがローマより桂冠詩人を授けられる
一三五〇年頃　ヨーロッパで二五〇〇万人がペストで死亡、ユダヤ人が主因であるとみなされる、教会は死体の解剖を罪として拒否する
一三五三年　ボッカッチョ『デカメロン』
一三七八年　教会大分裂《シスマ》のはじまり（ローマとアヴィニョンに別々の教皇）
一三八〇年　ウィクリフが聖書を英訳、ローマから独立した国教会を要求、教会の世俗的支配権を批判、聖餐を比喩にすぎないとする
一三八一年　イングランドの農民一揆失敗、暴徒七〇〇〇人の絞首刑
一四〇〇年頃　ヨハン・フォン・ザーツ［ヨハネス・フォン・テープル］による人間と死との論争の書『ボヘミアの農夫』のドイツ語での刊行
ジェフリー・チョーサーによるイングランドでの――ボ

いうのも、彼が、信仰上の真理が理性に反するという観点に立っているのに対して、スコラ神学者たちは、すべて残らず、教義の合理性、いやそれどころか超合理性の観点に立っているからである。信仰上の真理は、非合理であるというのか！

　いやそういうわけではない。しかしながら、ダミアニは、神はすべてでありえて、それればかりか過去を変えることもできるということを、聖書から学んでいる。また、認識の果実を食べたことに、原罪があるとみなしている。彼にしてみれば、知への欲望は、あらゆる悪徳へと引き連れてゆく女である[訳註33]。救済への信仰――その実質は、たとえば復活といったようなものへの信仰であるかぎり――を妨げるのは、もはや理性以外にはないのだから、もちろんその点では、彼は正しいといえる。こうした信仰が、どうして理性にかなっているはずがあろう？　奇妙なこと

ッカッチョにならって――『カンタベリー物語』の執筆
一四三一年　ヨハンナ・フォン・オルレアン［ジャンヌ・ダルク］の火刑
一四三六年　プラハ大学学長フス（ウィクリフの教義の後継者）支持派の敗退
一四四五年　グーテンベルクによる活版印刷術発明
一四五三年　トルコによるコンスタンティノポリス陥落

に、ひとは、この復活を［理性的に］理解することなく、それにもかかわらずこの復活を――それがいかなるものであろうが――［信仰として］期待するのである。二〇世紀の宗教哲学者レフ・シェストフは、ダミアニの影響を受けることになる。

アベラール（一〇七九～一一四二年）は、エロイーズへの愛と彼女の叔父による去勢という運命で知られているが、彼の場合、事態はまったく異なっている。偉大なフランスのスコラ神学者であった彼は、アンセルムスに対立して、いやむしろまさしくダミアニに対立して、「知解するために、わたしは信じる」（credo《クレド》, ut intelligam《ウト・インテリガム》）と説いた。[訳註34] 彼の主著は、デルフォイの訓示である「なんじ自身を知れ」というタイトルを掲げている。彼は、アリストテレスにさかのぼるべき普遍問

パリのペール・ラシェーズ墓地にある**《アベラールとエロイーズの墓碑》**。
2人の遺骨は、19世紀初めになってようやくシャンパーニュのパラクレからパリに移され、この墓碑が建てられた。

訳註33　『創世記』において認識の果実を「男」（アダム）に勧めた「女」（エバ）を示唆しているが、ラテン語では「理性」（ratio《ラティオ》）や「哲学」（philosophia《フィロソフィア》）も女性名詞として示される。

フランチェスコ・トライーニ《聖トマスの勝利》ピサ、サンタ・カテリーナ聖堂。
トマス・アクィナスは、自然の把握をめぐる論争において、足下に横たわるアヴェロエスに勝利する。トマスが見せる開かれた書物には、ラテン語で「わたしの喉は、真理を実現させるだろうし、わたしの唇は、神を信じない者を呪うであろう。」(Veritatem《ウェリタテム》 medicabitur《メディカビトゥル》 guttur《グットゥル》 meum《メウム》 et《エト》 labia《ラビア》 mea《メア》 detestabuntur《デテスタブントゥル》 impiu.《イムピウ》) と記されている。

《アルベルトゥス・マグヌス》ケルン大学の前にある、ゲルハルト・マルクスによるブロンズ像。

題を解いた。普遍（一般概念、イデア）は、事物自体にあるのか、事物以前にあるのか、事物以後にあるのか？　その答えは、次のことについての決定を与える。すなわち、事物に対するわれわれの認識は、その事物（事物それ自体《ディング・アン・ジッヒ》）の認識なのか、それともその認識は、事物の原像としてのイデアの認識なのか、それともその認識は、理性もしくは言語にしたがって現われる、事物の現象の認識にすぎないのかということについての決定を与える。いま挙げられた、事物自体に、以前に、以後にという三様の可能な答えは、アリストテレス、プラトン、カントという三大哲学者に割り当てられることができよう。アベラールによれば、実際には普遍は事物自体にあるのだが、神にとってはその精神の原像として事物以前にあり、人間精神にとっては抽象化をつうじて得られた概念として事物以後にあることになる。また別に、二人の偉大なスコラ神学者がおり、その一方はドイツ出身のアルベルト・フォン・ボルシュテット（アルベルトゥス・マグヌス）であり、他方はイタリア出身のトマス・アクィナスである。

　ドミニコ会士であり、後に司教となった**アルベルトゥス・マグヌス**（一二〇六／七～一二八〇年頃）は、パドヴァとボローニャでアラビア－ユダヤ哲学を学んだが、それは、アヴィケンナとアヴェロエスの方法にしたがったアリストテレスであり、またマイモニデスの自然学と宇宙論であった。そのとき彼は、科学的な実験方法に通じるようになり、やがて自然研究者としてそれをみずから取り入れた。彼の弟子である**トマス・アクィナス**（一二二五〜一二七四年）は、「天使博士」（Doktor Angelicus《ドクトル・アンゲリクス》）と呼ばれており、誰もが知るカトリック教会の哲学者となった。一八七九年の教皇の回勅は、彼の教説は全教会に対して拘束的かつ規範的であると宣言した！　すでに教皇たちによる神学上の庇護を与えられているうちに、トマスは、経験論者であるにもかかわらず、哲学を神学の下位に位置づけた。彼は、感性的世界から神へといたるまさにすべての道筋を知り尽くしていたが、そのことは、なにおいても自然から、いや自然の属性から出発する、以下に示すような五つの「神の存在証明」に反映されている。神の概念そのものから出発する、アンセルムス流の本体論的《オントローギシュ》証明はしりぞけられた。とはいえ、その後にカントは、トマスの神の存在証明が（そもそもあらゆる神の存在証明と同様に）変装した本体論的《オントローギシュ》証明にすぎないことを示した。トマスは、みずからは動かずして、いっさいを動かす第一の者というアリストテレス流の議論と、始動点のない系列は不可能であるという誤った議論を利用している。その推論（むろん誤っているものだが）は、1．世界内の動かされるものから第一の動かすものへ、2．世界内の原因づけられているものから第一の原因へ、3．世界内の偶然者から必然的な存在者へ、4．世界内の調和（合目的性）から神の知性へ、5．世界内の完全性の諸段階から完全な存在者へと進む。——カトリック教会は、今日にいたるまでこうした神の存在証明を固持している。

『西洋哲学史』におけるトマスに対するラッセルの次のような見解に、筆者は同調したい。すなわち、トマスは、たとえばソクラテスとは違って、議論が目指している到達点についてまったく疑うことなく、その到達点への思考プロセスを一途にたどっているため、彼には真の哲学者の精神が認められない。彼は、前もって真理を知っている。真理とは、カトリックの信仰において啓示されるものである。こうした所与の結論のために証明を求めることは、どうしても哲学

訳註34　アンセルムスの主知主義的な神の存在証明を表わすスローガンであるが、アウグスティヌスの「信じるために、なんじは知解せよ。知解するために、なんじは信じよ。」に由来している。

トマス・アクィナスの著作

1. 『存在者と本質』：神においては、存在（現実態 actus《アクトゥス》）と本質（可能態 potentia《ポテンティア》）とは同一であり、神に依拠し、神に由来するあらゆる事物においては、そうではない。
2. 『アヴェロエス派に対する知性の単一性について』：信仰と経験は、人間はすべて同一の理性（可能知性 intellectus《インテレクトゥス・》 possibilis《ポシビリス》）を有するというアヴェロエス派の説と矛盾する。
3. 『悪論』
4. 『能力論』
5. 『真理論』：（「存在する」という概念がまさしくそうであるように）もろもろの範疇《カテゴリ》をさらに踏み越える超越者の議論を含む。したがって、「存在する」という意味を限定することなく、存在者にその全範囲にわたって割り当てられることができる諸概念の議論を含む。それらは、「存在する」と同等の範囲にわたっているが、一方で各存在者がそのもとで考察されることができる特定の相を示す。トマスは、こうした六つの相を（「存在する」を含めて）区別する。なにものであれ、それが存在（ens《エンス》）として、一者（unum《ウヌム》）として、真（verum《ウェルム》）として、善（bonum《ボヌム》）として、なにか（aliquid《アリクィド》）として、事物（res《レス》）としてある、という相のもとに考察されることができる。
6. 『（アリストテレスの）霊魂論《デ・アニマ》註解』
7. 『（アリストテレスの）ニコマコス倫理学註解』
8. 『（アリストテレスの）形而上学《メタフィジカ》註解』
9. 『（アリストテレスの）命題論註解』
10. 『（アリストテレスの）自然学《フィジカ》註解』
11. 『対異教徒大全』
12. 『神学大全』：学問としての神学について・自己原因かつ最高目的因としての神について・天使、倫理、秘蹟について

13.『思弁的文法の意味論についての論考』：文法の原文法への論理学化

「性的不道徳」、『魔女に与える鉄槌』のなかで死刑に値するとされた、七つの邪悪な魔女のわざの第一のもの（一五世紀の祈禱書から）。

トマス・アクィナス（『ペトルス・ロンバルドゥス（一一〇〇～一一六〇年）命題集註解』において）によれば、悪魔との情事や悪魔との契約（ラテン語では maleficium《マレフィキウム》、「悪事をなす」という意味の malum facere《マルム・ファケレ》に由来する）が現実にあることに疑いを抱くのは、あるいは、その契約を介して魔女の妖術（maleficae《マレフィカエ》）をかけられうることに疑いを抱くのは、堕天使が実在するという教えに反する。堕天使たちは、女の姿で男たちの「下になる」（succubus《スックブス》）ことができ、受胎することなく、その精液を受け入れることができたし、また妊娠させることなく、男の姿で女たちの「上になる」（incubus《インクブス》）ことができた。――これは、一四八七年ケルンで出版された『魔女に与える鉄槌』（Malleus maleficarum《マレウス・マレフィカルム》）のための神学的な前提である。この書は、近代にはいるまで、出産をともなわない性技の専門家としての、避妊の専門家としての魔女を殲滅《せんめつ》するための標準的な手引き書であり続けた。

と呼ばれるはずがなく、特殊な性格をもつ擁護論にすぎないのである。

実験的な学問を宣伝したことが、イギリスのフランシスコ会士である**ロジャー・ベーコン**（一二一四～一二九二年）に、一四年間の幽閉と病気とそれに引き続く死をもたらした。彼は、ボナヴェントゥラが指揮したフランシスコ会から執筆禁止令をあらかじめ課せられていたのだが、彼の新しい発想に興味を寄せていた教皇クレメンスⅣ世がやがて一二六八年に没すると、投獄され、不屈を貫いて死去した。

「信仰は善きものであり、知はさらに善きものである」とは、**ドゥンス・スコトゥス**（一二六五～一三〇八年）の標語でもあった。彼の墓は、ケルンのフランシスコ聖堂にある。彼は、数世紀にわたって教師として仰がれ続けた。一七世紀にいたるまで、トマス以上に哲学者たちのあいだで信奉者を集め、「精妙博士」（Doktor Subtilis《ドクトル・スブティリス》）と呼ばれた。ドゥンス・スコトゥスは、哲学による理性批判を持ち出したが、それは、人間がおのれの生の目標と生の意味を明晰《めいせき》に照らし出してくれるものを必要としているからである。哲学は、その明晰さを中立性や懐疑でもって果たすことはできない。感性的な認識に哲学の拠りどころを置かねばならない。トマスによる神の存在証明1に言及されるところの「みずからは動かずして、いっさいを動かす者」といったような、非‐感性的な根拠に基づいて推論することはできない。したがって、人間は、なにをどのように愛さなければならないかを告げてくれる神学を必要としているのである。さらにドゥンス・スコトゥスは、神学を制限し、しかも厳密に聖書に方向づけられた神学に制限するのであるが、そのときそれは、いかなる神自身の神学でもありえない。彼の弟子のひとりに、当時の最大の論理学者である**オッカムのウィリアム**（一二八五～一三四九頃年）がいた。彼は、形而上学や神学に依存することなく、論理学と認識論を研究できるということを主張した。オッカムは、さまざまな見解について教皇に同調することはせず、ましてや教会に世俗権力をもつべきと要求することもなく、破門されるにいたった。

最大の影響力をもつドイツの思想家**マイスター・エックハルト**（一二六〇～一三二七年）は、異端の嫌疑をかけられ、その審問中に没した。彼は、神を観るという神秘主義的な実践を究め、それについての説教を遺した。彼とともに「疎遠な神という観念が氷解する」、とルートヴィヒ・マルクーゼは『ヨーロッパ精神の展望』で書いている。神、すなわち父と子と聖霊は、人間以外の領域に生きることはない、とエックハルトは説いた。それは、人間の目的地であり、人間の憧憬であり、人間の投影である。それゆえに、教会が彼を告発したのは、教会の側から見れば、おそらく正当なことであった。——一九世紀にフォイエルバッハは、神を人間の投影であるとみなしたこの洞察を再び取り上げ、自由な哲学

サルヴァドール・ダリ《生きている静物》（部分）1959年、セントピーターズバーグ（アメリカ）、ダリ美術館。

いわゆる「オッカムの剃刀《かみそり》」が、その語義通りに、不必要なものを切り払っている。「必要なしに多数のものを定立するべきではない」（pluralitas non est《プルラリタス・ノン・エスト・》 ponenda sine necessitate《ポネンダ・シネ・ネケッシタテ》）とオッカムは述べている。つまり、ある事柄の説明にとって余計な論理は、たとえばアリストテレスの自然学でいわれる「隠れた」質とか力とかは、すべて省かれるべきである。オッカムの剃刀は、本質を問うことから解放された自然科学への道を開く。

オッカムのウィリアムによる三つの研究原則

これにしたがえば、神学は厳密な意味での学問ではなくなる。

1. 説明根拠は、不必要に増やされてはならない。（「オッカムの剃刀《かみそり》」）
2. いかなる観念についても、それがそれ自体で自明なのか、それとも経験から明白なのかを検査せよ。さらに後者の場合は、対象として直接的に経験したことから明白なのかどうかを検査せよ。
3. ある結合が、原因と結果の結合のように、必然的かどうかを、すなわち、その分離が矛盾を含むかどうかを吟味せよ。（ほとんどの場合が否定的である。自然と社会についての人間の経験は、例外なく必然的ではない、もしくは偶然的であるという性格をもっている。）

的思考のための道を切り開くことになる。

ルネサンスの哲学

ルネサンスとは、「再生」を意味する。それは、近代初期にあてられた時代概念として、古代の精神に基づいた人間の再生を意味している。哲学においてこの精神は、とりわけプラトンの精神であり、まさしくプラトンの精神のもとでは、哲学それ自体が、――洞窟の比喩のことを念頭に置くならば――人間の再生という意味をもっていた。ルネサンスを準備し、そしてまたそれに平行したのは、人文主義《ユマニスム》であるが、それは、古代を教養の財産とする一種の教養哲学であり、その財産なくしては、人間は完全に人間であることができない。教養哲学は、一四世紀の中頃、**フランチェスコ・ペトラルカ**（一三〇四～一三七四年）をもって嚆矢《こうし》とする。彼は、ビザンツ帝国のある修道士によりギリシア語とプラトン哲学の手ほどきを受け、またキケロとウェルギリウスを再発見し、古代の人間像に魅了された。一方ビザンツ帝国の修道士たちも、東教会と西教会の再統合に関わる一四三八年のフェラーラ公会議で、ひさしく教会哲学者として持ち上げられてきたアリストテレスよりもやはりプラトンの方が、本当は優先されるべきなのではないかという議論を交わしていた。そして一四五三年、コンスタンティノポリスがトルコ人により征服された後に、ギリシア人の学者たちが、イタリアへ移住して、プラトンについて熱狂するようになると、コジモ・デ・メディチ[訳註35]も、プラトンに心酔するようになり、一四五九年フィレンツェに、プラトンのアカデメイアにならったアカデミア・プラトニカを創立した。そこから輩出した**マルシリオ・フィチーノ**（一四三三～一四九九年）は、プラトンとプロティノスの著作をラテン語に翻訳した。アリストテレスとアヴェロエスによって非人格的な精神の魂に還元されていた魂の不死性が、彼の中心的命題であった。彼の弟子にあたる**ジョヴァンニ・ピコ・デッラ・ミランドラ**（一四六三～一四九四年）は、『人間の尊厳について』を著わして、人間の自由を強調した。**ジョルダーノ・ブルーノ**（一五四八～一六〇〇年）は、コペルニクスとニコラウス・クザーヌスの影響を受け、地動説の宇宙像と、みずからおのれを展開する質料をそなえた（「アリストテレス左派」の意味での［本書85

ニコラウス・コペルニクス（1473～1543年）が、太陽系の模型を手にしている。1543年、彼の画期的な著作『天球の回転について』が出版された。
天動説から地動説へのコペルニクス的転回は、カントの哲学と対応している。カントは、見かけに対して異を唱える。太陽が、地球のまわりを回転しているのではないのと同様に、認識が、「事物それ自体《ディング・アン・ジッヒ》」のまわりを巡っているのではない。事態は逆であり、地球が、太陽のまわりを回転し、事物が、理性のまわりを巡っているのである。

頁を参照せよ」）無限なる自然世界という思想とを主張した。異端審問所は、彼の汎神論的な自然宗教に有罪判決を下した。一六〇〇年、ローマのカンポ・デイ・フィオリで、彼は生きたまま火刑に処せられた。また**ジュリオ・C・ヴァニーニ**も、自然主義的な無神論を主張する者として一六一九年トゥルーズで焚刑《ふんけい》に死した。彼は、沈黙させられるために、舌を切り取られた。

ジョルダーノ・ブルーノは、**ニコラウス・クザーヌス**〔**ニコラウス・フォン・クエス**〕（一四〇一～一四六四年）を「神々しきクザーヌス」と呼んだが、それは、クザーヌスによる無限なる神という観念から、「神」を「自然」に取り替えて、無限なる自然という観念を得ていたからである。クザーヌスは、まったく中世にも近代にも帰属しない時期の思想家であった。一四三七年、コンスタンティノポリスでの東西の教会を統一する交渉に参加し、その帰途で船上にあったとき、彼は啓示を受けた。それは、神という把握されえないものを把握することに関わる「知ある無知」といわれる。これによって、「わたしは、わたしが無知であることを知っている」というソクラテスの命題が、積極的にかつ理性批判的に拡張された。「ひとは、このことを知ることはできないとより知れば知るほど、よりいっそう知ある者になるだろう」とクザーヌスは説いた。神においては、対立者が一致するとされる。スコラ神学が依然として固持していたアリストテレスの矛盾律は、神を認識するにあたって無効とされなければならない。し

訳註35　一五～一八世紀にフィレンツェに繁栄し、その後君主や教皇を輩出した財閥メディチの家系にあるコジモ・デ・メディチ（一八三九～一四六四年）は、メディチ家のフィレンツェ支配の基礎を築いた。学問・学芸の保護者《パトロン》としても知られ、亡命してきたギリシア学者たちを庇護した。

ルネサンス

一四五〇年　バルセロナ大学創立
一四六二年　フィチーノがコジモ・デ・メディチにより創立されたアカデミア・プラトニカ代表を引き継ぎ、『プラトン神学』（一四八二年）を著わす
一四七八～一五一八年頃　レオナルド・ダ・ヴィンチによる理論的・経験的研究
一四九二年　コロンブスがインドと思い誤ったまま中米に上陸する
一四九七年　スペインでのユダヤ人追放
一五〇〇年頃　ロッテルダムのエラスムスが三年間イタリアに滞在し、その後トマス・モアにイングランドへ招かれる（一五一六年にモア『ユートピア』の出版）
一五一七年　贖宥状販売に抗議するルターの『九五箇条の論題』
一五二一年　『九五箇条の論題』が国家と教会からの追放と破門を引き起こす
コルテスによるアステカ帝国征服
フィリピンでマゼランの世界一周終結
一五二二年　ルターによるギリシア語からドイツ語への新約聖書の翻訳
一五二四年　エラスムスが『自由意志論』を著わし、ルターがそれに対して『奴隷意志論』を著わす
一五三三年　聖書の扱い方を知らず、地面に放り捨てたインカ皇帝アタワルパをピサロが絞首刑に処する

かし、それは、神秘主義的な直観のためではなく、後にヘーゲルによって仕上げられることになるような、対立者の弁証法《ディアレクティク》のためである。

総じてルネサンスは、その後の一七世紀のような意義深い哲学が現われた時期とはいえない。もっとも重要といえるのは、**ジャン・ボダン**（一五三〇～一五九六年）、**フーゴ・グロティウス**（一五八三～一六四五年）、**ニッコロ・マキャベリ**（一四六九～一五二七年）による、国家や法律や政治についての哲学である。マキャベリは、その著作『君主論』において、後にニーチェが「超人」として称賛したチェーザレ・ボルジア[訳註36]を「善悪の彼岸」にある政治家の典型としている。その道徳は、キリスト教的な隣人愛ではなく、反社会的な「力への意志」にふさわしい。

ルネサンスは、あらゆる領域において目覚めと変革と動揺の起こった時期であ

一五三六年	パラケルスス『大外科術』の刊行
一五四三年	ニコラウス・コペルニクスがすでにピュタゴラスとヘラクレイトスが着想していた地動説を表明する
一五四七年	ローマと絶縁しイギリス国教会を設立したヘンリーⅧ世死去（一五三五年にトマス・モアの処刑執行）
一五五七年	教皇による禁書目録の採用
一五七二年	サン・バルテルミの夜にパリでユグノー派二〇〇〇人の殺害
一五八二年	中国でのイエズス会宣教
一五八五年	エスパニュラ島（ハイチ）の原住民が過酷な労働と天然痘の流行のために絶滅する、その後アフリカ奴隷が輸入される
一五八七年	メアリ・スチュアートの斬首刑 日本での再三のキリスト教禁令
一五八八年	モンテーニュ『エセー』の増補版出版 アルマダ［スペイン無敵艦隊］の没落
一五九二年	ガリレイがパドヴァで数学教授になる
一六〇一年	ケプラーがプラハで宮廷天文学者になる

る。探検旅行、コペルニクスによる天動説から地動説への宇宙像の転回、印刷術の発明、ルターによる宗教改革、シェークスピアの戯曲――それに造形芸術を連想すればいいだろう！ しかしながらここで、この時期全体を特徴づけている重要な細部として、アルベルティとブルネレスキによる透視図法《パースペクティヴ》の発見が挙げられる。見られた対象の大きさが視角に比例するが、アルベルティが説くように観察者からの距離に反比例しない、角の公理としての古代の公理は、別れを告げられた。透視図法《パースペクティヴ》は、主観に中心を置いている。画家は、たとえばある場面の人物の大きさと配置を、もはやその人物の階級的な重要性（王侯であろうが僧侶であろうが職人であろうが）に合わせることはなく、観察者――それは同時にその絵画の

訳註36　バレンシア出身の貴族ボルジアの家系にあるチェーザレ・ボルジア（一四七五～一五〇七年）は、枢機卿を辞した後にロマーニャ公となり、イタリアにおける覇権を拡大しようと権謀術数をめぐらせた。その人格には、好色、強欲、残酷といった反道徳的なイメージがつきまとう。

アルブレヒト・デューラー《横たわる女を描く男》1538年
デューラーは、1538年見えるものの真理に科学的に肉薄したとき、その真理をバウボの位置に求めた（ニーチェは真理に対してそう名づけることを提案する。バウボは、ゲーテ『ファウスト』では、魔女たちの女首領であり、ギリシア神話では、デメテルを励まそうとして秘部をさらした下女である。）のであり、それで彼は、衣類の下に隠された女性の真理をのぞこうとしている。デューラーがそれを通して向こう側を見ている格子枠を介して、真理に忠実な透視図法《パースペクティヴ》の画像が成立する。彼は、この格子枠を「小門」と呼んだ。

鑑賞者でもある——によって事実上知覚されることができる場面に即して描く。観察者は、描かれる対象と同じ空間にあり、しかも消失点に対峙している。古代にもなかったし、異文化にもなかったような、絵画において統一された空間がはじめて成立する。（空虚な）空間が構成され、事物がそのなかに配置されるのである。

同時に絵画のなかには、人物の個性が際立たされ、肖像画、とくに自画像が成立する。こうした主観主義は、西欧哲学の端緒にあるデルフォイの訓示「なんじ自身を知れ」に新たな意義を加える。つまり、その後にデカルトが果たしたように、世界に対する遠近法《パースペクティヴ》の起点をおのれのなかに認めよということである。たとえ**ミシェル・ド・モンテーニュ**（一五三三～一五九二年）が、ストア学派ピュロンの後継者として懐疑主義者であるとしても、デカルト的な遠近法《パースペクティヴ》を準備したのは、モンテーニュであった。彼は、『エセー』なかで理性そのものに疑問を投げかけるのであり、「わたしは考える《エゴ・コギト》」とその統一的な方法とによって理性を根拠づけ、保証するようにデカルトをしむけるのである。

ルネサンスのあいだに、量的関係に規制され、数学に導かれた、実験的で近代的な自然科学の方法論が次第に形成されたのだが、その一方で、ルネサンスは錬金術の時代でもあった。錬金術とは、不老不死をもたらす霊薬エリクシール、第五実体（quinta essentia《クィンタ・エッセンティア》）、賢者の石（lapis philosophorum《ラピス・フィロソフォルム》）と呼ばれる哲学的な金を（場合によっては、物質的な金をも）発見するという目標を掲げた実験的な物質探究のことである。ニュートンでさえ、自分が基礎づけた数学的物理学以上に、錬金術にたずさわっていた。ニュートン以降に、近代自然科学が錬金術や魔術や占星術から解き放たれてはじめて、自然研究はもはや救済の知を提供することはなくなった。人間は、近代物理学を手にして、無意味で無価値の自然を観察し、その一方で、価値づけと意味づけに対する審級である主観性の近代哲学を手にする。しかし人間は、なにを拠りどころにすることができるのであろう？——「コペルニクス以来、人間は、中心からxに転がってゆく」とニーチェはいっている。

寄り道　哲学と錬金術

錬金術にとって重要なのは、哲学的な金の精製である。それはなにか？　それは、金属やそのほかの素材を精錬（変成《トランスムタチオン》）するさいに、すなわちそれらを金へと変性させるさいに、精神的‐霊的精製物として生じるものであり、それとともに不老不死をもたらすものである。これを成功させることは、錬金術師たちにとって大いなる作業（opus《オプス・》 magnum《マグヌム》）といわれるべき意義をもつ。

ヨーロッパで広まった錬金術《アルケミー》（アラビア語の語源al-kimiya《アル・キミヤ》は化学を意味する。それはインドにも中国にも存在した）は、二世紀から三世紀までに、ギリシア語を話していたエジプト人たちによるヨーロッパ的地区（アレクサンドリア）で成立した。その理論的基盤は、ギリシアの自然学にあり、とりわけ万物に生気を与える火についてのヘラクレイトスの教説と、四元素について、および精神としての太陽と物質としての太陽という二つの太陽についてのエンペドクレスの教説にある。それが実践的な経験、冶金学的な技術、寓意的な観念に満ちているのは、アラビアでの展開に負っている。錬金術は、スペインでユダヤ教の秘教《カバラ》と接触し、スペインを越えて、一二ないし一三世紀にキリスト教の地であるヨーロッパに達し、ルネサンスのなかで新たな刺激を受けた。一七世紀になってようやく学問的・経験論的な化学が、錬金術を次第に駆逐し、物質との関わり合いは、その哲学的で心理療法的な意義を失った。**アイザック・ニュートン**（一六四二～一七二六年）は、なおまだ錬金術と自然学の両者に習熟していた。そればかりか彼は、みずからのPhilosophia naturalis principia《フィロソフィア・ナトゥラリス・プリンキピア・》

「ある作用物質の抽出にたずさわる化学者」
錬金術士は、霊的《スピリチュアル》な化学者である。賢者の石を目指す錬金術のための教本『賢者の薔薇園』（1550年）にはこう書かれている。「塩とその処方を知る者は、古代の賢者たちの隠された奥義を知る。それゆえに、なんじの精神を塩に向かわせよ。というのも、あらゆる古代の哲学者たちの学問と、そのもっとも高貴にしてもっとも隠匿された奥義とは、精神にとっては、ただ塩のなかにしか潜んでいないからである。」

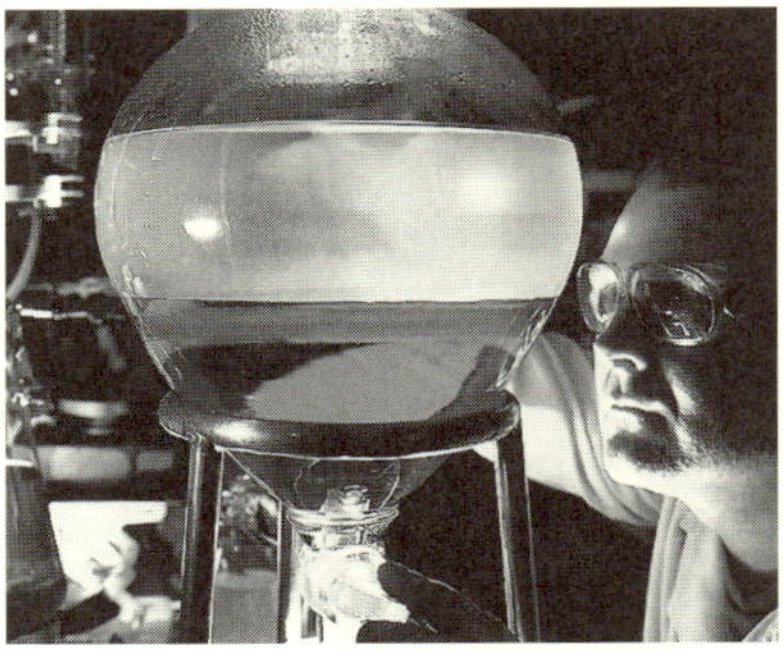

mathematica《マテマティカ》（それゆえ、彼の著書タイトルは、『自然哲学の数学的諸原理《プリンキピア》について』（一六八七年）という。）以上に錬金術にたずさわっていた。近代の数学的自然科学をともに基礎づけた**ヨハネス・ケプラー**（一五七一〜一六三〇年）にとっても、数と幾何学的図形は、いつも無条件的にとまではいえないとしても、寓意的な（象徴的な）性格をもっていた。彼の惑星軌道論は、なおまだ数学的な神秘主義の影響をまぬがれず、五種類のプラトン立体［本書29頁を参照せよ］を引き合いに出している。ところが一方、一六〇八年に記されたケプラーによる一通の書簡には、おそらくわれわれの文明史のなかではじめてといえるのだが、象徴的なものと合理的なものとの境域が明示されている。「たしかにわたしは、象徴と戯れ、幾何学における自然の観念を取り扱った『幾何学的カバラ』という小著を作成した。とはいえそのさい、戯れているのだということを決して忘れないようにして、戯れているのである。というのも、象徴でもっては、なにごとも証明されないからである。」と彼は書いている。

しかしながら、こうした戯れではなにも得るところがないのであろうか？　まさしく遊戯とは、一種の方向感覚をそなえている。それは、投影を介して心理的な全体性、統合、中心化を可能にする。**カール・G・ユング**（その著書『心理学と錬金術』（一九四四年））によれば、錬金術師は、おのれの個人的覚醒のプロセスを、破壊と解体と再形成の象徴化を介して、化学的変性のプロセスに投影する。おもにその変性とは、硫黄鉱と黄銅鉱から、水銀の媒介による抽出を経て、金を獲得するというプロセスであった。非金属から貴金属への変成《トランスムタチオン》は、三段階ないし四段階の相において可能となるはずであった。それらは、古代の色彩と四元素（土、水、空気、火）にしたがって次のように名づけられていた。1．黒化(nigredo《ニグレド》)、2．白化(albedo《アルベド》)、3．黄化(citrinitas《キトリニタス》)、4．赤化(rubedo《ルベド》)。化学の結婚といわれる、太陽と月との、白い妻と赤い夫との宇宙論的交合において、水銀（受胎する極）は、硫黄（形成するあるいは着色する極）と化合して最終的に金になった。そこに、太陽の息子である賢者の石(lapis philosophorum《ラピス・フィロソフォルム》)が産出された。

錬金術は、深い起源を無意識においてもっているにちがいない、と**ガストン・バシュラール**は、その著書『科学的精神の形成　客観的認識の精神分析のために』（一九三八年）で述べている。錬金術の段階的進行は、内的な省察を組織立てるための備忘録《メメント》である。鉛、土、金、塩、または黒、白、黄、緑は、悪徳と美徳を象徴している。錬金術師が、おのれの実体の内面と思われるものを発掘するとき、このことは、おのれ自身の魂を抽出し放射させることを意味する。錬金術は、無意識的な精神分析なのである。その中心は、性の問題にある。つまり、化学的プロセスは、すべて性的なニュアンスを帯びている。バシュラールは、次のように述べている。「リビドーは、神秘的であるために、神秘的なものすべてが、リビドーを覚醒させる。そうなるやいなや、ひとは神秘を愛し、神秘を必要とする……錬金術のもろもろの象徴は、それらが体系として把握されるならば、究極的には統一性をもつ不条理以外のなにものでもない。それらは、神秘を移し換えることを、あるいはもしこういってよければ、神秘と戯れることを手助けする。結局のところ、錬金術の奥義とは、秘儀が集約されたものであり、生と金、所有と生成は、同じレトルトのなかで融合されるのである。」

近代の哲学

近代、それは、貴族階級に対して市民階級が政治的に解放され台頭する時代であり、したがって国民国家という体制のなかで市民社会が成立する時代である。この時代の特徴は、生活世界の現世化（世俗化）・合理化であり、文化の活字化・学問化である。この時代の入り口には、精神世界および空間世界の途方もない拡大がある。一五世紀中頃に起こった二つの出来事が、このことにとって大きな意味をもっている。

1．一四五〇年頃、活版印刷術の起こり。いまや知識は、といってもさしあたり一四五五年の『グーテンベルク聖書』による聖書に関する知識ではあるが、これまでよりずっと速くしかも広く行きわたり、増やされることができるようになった。（もちろんヨハネス・ゲントフライシュ・ツム・グーテンベルクは知らなかったことだが、中国人畢昇《ビー・シェン》がすでに一〇四〇年頃にこれを発明していた。しかし、活字箱に蓄えられていた中国文字があまりに多かったため、この発明は、長い間成果を収めることができず、ヨーロッパで知られることはなかった。）

2．一四五三年、オスマン人（トルコ人）によるコンスタンティノポリスの征服。オスマン人が、インド貿易のための陸路を遮断したため、海路が探し求められ、また見つけ出された。このとき、コロンブスはアメリカ大陸を発見した。さらにコンスタンティノポリスの陥落は、多くのギリシア人学者たちをイタリアへと追いやることになり、彼らはその地でアリストテレスに優先されるべしという、プラトンの「布教活動」を継続した。これは、ビザンチンの哲学者**ゲオルギオス・ゲミストス・プレトン**（一三五五〜一四五二年）が一四三九年のフィレンツェ公会議上で開始したものである。

一七世紀

一六一四年　教皇がコペルニクスの学説を禁じ、ガリレイに訓戒を与える
一六一五年　ミゲル・デ・セルバンテス『ドン・キホーテ』第二部
一六一九年　ケプラーによる惑星運動法則に関する著作の刊行［『世界の調和』］
一六二〇年　ヤーコプ・ベーメ『神的本質の三原理』
　　　　　　フランシス・ベーコン『ノヴム・オルガヌム』
　　　　　　清教徒たちがメイフラワー号でアメリカに移民する
一六二八年　ハーヴェイによる血液循環の発見
一六三三年　異端審問所がガリレイを無期拘留刑と判決する
　　　　　　↓デカルトがその著書『世界論』の刊行を取りやめる
一六三五年　カルデロン『人生は夢』
一六四二年　レンブラント《夜警》の製作
一六四八年　三〇年戦争の終結
一六四九年　クロムウェルによるチャールズⅠ世の斬首刑［清教徒革命］
一六五四年　真空は存在しないというアリストテレス–スコラ学派による命題が、マグデブルクの半球を使ったゲーリケの実験により反駁される
一六八八年　オラニエ公ヴィレムⅢ世がイングランド王として即位［名誉革命］
　　　　　　ピョートルⅠ世のロシア単独統治
一六八九年　ルイⅩⅣ世のハイデルベルク破壊［プファルツ継承戦争］

カミーユ・フラマリオン『気圏、通説気象学』（パリ、1888年）からのルネサンス様式多色刷り木版画。
中世の宇宙像は打ち壊される。コペルニクスは、太陽中心の宇宙像を説き、ブルーノは、無限の宇宙における無数の世界を説く。

一五世紀の中頃に点火された精神的、社会解放的、国民国家的関心は、フランス革命においてついに全面的に爆発した。近代のこの頂点は、イギリスに由来する産業革命の時期にあたり、それから一八〇〇年頃、フランスの時代（一六五〇年頃のフランス王国のヨーロッパ支配にはじまった）の後にイギリスの時代が続く。

ルネサンスとフランス革命とのあいだの時期とされる、比較的狭い意味での近代の哲学は、市民社会の哲学としての理性の哲学といえる。理性は、人間の正義と自由と平等を保証する。信仰（啓示）と理性（推論的思考）との宥和《ゆうわ》は、アレクサンドリアのフィロンにまでさかのぼるパラダイムであり、その場合結局は、啓示が真理の源泉となるのであるが、そうしたパラダイムは失効する。啓示宗教に代わって、理性宗教が成立するのである。実験的・学問的経験が、真理の源泉となるということを、**フランシス・ベーコン**（一五六一～一六二六年）はその著書『学問の進歩』（一六〇五年）で支持した。彼は、みずからのユートピアである『ニューアトランティス』で、いかにして人間の幸福が科学技術的進歩からもたらされうるのかを示している。

「フランシス・ベーコン」

主としてデカルト、スピノザ、ライプニッツといった大陸合理論者たちに、またはホッブズ、ロック、ヒュームといったイギリス経験論者たちに代表される、一六〇〇年から一八〇〇年のあいだの哲学は、理性と信仰を対立させたうえで、もっぱら理性だけで対処していこうとする。キリスト教会が、以前より寛容になったというわけではない。しかしそれにしても、宗教改革以降、ヨーロッパには数多くの宗派が存在している。たとえば、キリスト信仰に代わるものであるとか、聖餐《せいさん》[訳註37]などの特定

訳註37　「聖餐」は、キリスト者が聖別されたパンとぶどう酒を共に食する聖体拝領によって、キリストの死と復活を記念する儀式《ミサ》。みずからの死を予感したイエスは、弟子たちと別れの食事をしたとき、パンを自分の肉として、ぶどう酒を自分の血として示し（『マルコ伝』第一四章二二～二四）、弟子たちの共同体が存続するために聖餐式を制定したとされる。

ジョセフ・ライト・オブ・ダービー《講義する哲学者》1766年頃、ダービー、ダービー美術館。
哲学的思考に対する自然科学の影響が画中に示されている。あらゆる学問の基礎は、客観的・実験的な経験にある。それは、世界を照らす霊的《スピリチュアル》な光として表現されている――ベツレヘムでのキリスト降誕像《クリッペ》の構図にならっている。

の教義に関して別の形式をとるものであるとか、さまざまな程度の差異をもつ信仰が存在している。「聖体拝領においてカニバリズム的に食されるために、司祭がパンとぶどう酒から聖体変化させたものは、はたして実際に主の肉と血であるのか、それともパンとぶどう酒は、肉と血を意味するにすぎないのか？」――デカルト、スピノザ、ヒュームなどは、事実また無神論の嫌疑をかけられた。著名な哲学者たちが、もはや大学教師でも聖職者（バークリーを除いて）でもないというのは、はじめてのことである。哲学は、互いに依存しつつ、伝統に拘束された思想家たちの産物でも、多少の差はあるとしても、例外なくプラトンやアリストテレスを註釈する思想家たちの産物でも、もはやない。近代の哲学は、個々の思想家により練り上げられた個々の体系において成り立っている。哲学者は、次第に自著をもつ個人として知られるようになる。カント以降、一九世紀の哲学者の著作は、「哲学としての自己表明」となる（それは、ヘルマン・シュミッツの著書タイトルでもある）。著作の言語は、もはやラテン語だけに限られず、それぞれの国語も用いられて、カント以降は、それぞれの国語だけが用いられる。

ルネ・デカルト

デカルトは、数学、法学、医学、スコラ哲学、ガリレイ物理学の修得後、兵役に就き（俸給なしに、というのも、彼には遺産による十分な金があったため）、三〇年戦争に参加した。一六一九年一一月一〇日、ウルム郊外の冬営地にあって、デカルトは、三つの夢のなかにひとつの啓示を得た。[訳註38] 彼は、自分の人生が統一的な数学的自然学を、しかもルネサンスの

《ルネ・デカルト》フランス・ハルスによって描かれた肖像画、1640年頃、パリ、ルーブル美術館

《ファルネーゼのアトラス》紀元後1世紀、ナポリ、国立博物館。
アルキメデス（紀元前287～212年）は、「わたしが立っていられる場所を与えてくれれば、世界を動かして見せよう」と叫ぶ。デカルトは、『省察』のなかで「アルキメデスは、地球全体をその場所から動かすために、不動の支点以外のなにものも要求しなかった。それならば、わたしも、最低限のものであれ、確かで揺るぎないものを見出すときには、大きな希望をもってよいだろう。」と述べている。——彼は、それを自己意識のうちに見出す。

デカルトの年表

一五九六年：ラ・エで生まれる
一六〇六年：イエズス会の学院に入学
一六一四年：ポワティエ大学での研究、遺産相続
一六一八年：軍隊での修業
一六一九年：「従軍旅行」
一六二二年：パリ
一六二三年：イタリア
一六二五年：パリ
一六二八年：オランダ
一六三五年：娘の誕生（一六四〇年に死去）
一六四四年：フランスへの三度の旅行
一六四九年：ストックホルム
一六五〇年：ストックホルムで没する

訳注38　デカルトの手記には「一六一九年一一月一〇日、霊感に満たされて、驚くべき学問の基礎を見出した」とあり、そのとき三つの夢を見たとされる。第一の夢——恐ろしい幻を見たあと、大風に吹きつけられながら母校の神学校の礼拝堂に向かった。第二の夢——雷鳴に驚いて目覚めると、部屋のなかに多数の光が飛び交っており、それを観察し、ある結論を導き出した。第三の夢——辞書と詩集が机上に示されたとき、詩集のなかに「然りと否」と「わが生の道はいずれに従うべきか」ではじまる詩編を探した。それぞれは、悪霊に追われ（第一の夢）、真理の霊により罪が許され（第二の夢）、真の知識を選び取った（第三の夢）、とデカルト自身に解釈されている。

デカルトの著作

一六二八年：『精神指導の規則』
一六三七年：『（正しい理性使用と学問における真理探究とのための）方法叙説（およびその哲学的試論）』
一六四一年：『（第一哲学についての）省察』
一六四四年：『哲学原理』
一六四九年：『情念論』『平和の誕生』［バレエ脚本］
一六六四年：『人間論』

「デカルトの頭蓋骨」パリ、人類博物館

アニミズム的‐魔術的な自然哲学に対立するしかたで、樹立するように定められていることを知った。カトリックの神聖ローマ皇帝軍は、白山《ビーラー・ホラ》の戦いで、「冬王」と呼ばれるプロテスタントのボヘミア王、プファルツのフリードリヒV世に勝利する。デカルトは、神聖ローマ皇帝軍側に従軍した後、ヨーロッパ中を旅行し、パリに滞在し、オランダに落ち着いた。そこは、自由に思索に耽ることができる、一七世紀で唯一の土地であった。彼は、打倒された冬王の娘エリーザベトと親交をもち、彼女に自著『哲学原理』を献呈した。晩年には、彼は、スウェーデン王女クリスティーナからのストックホルムへの招きに応じた。彼女のもとで哲学の授業をはじめるためには、毎朝五時頃に冷たい部屋に入らねばならなかった。彼女のために一編のバレエ脚本を書き上げてから、突然の死を迎えた。たいがいの彼の伝記作者たちは、彼は風邪で亡くなったというが、またある者は、毒殺されたという。彼の遺骨は、スウェーデンにとどまっているが、その頭蓋骨は、パリ人類博物館にある。

デカルトは、「近代哲学の父」といわれる。事実、哲学は、自己を反省するという新しい次元を、彼をつうじて獲得する。デカルトは、「そもそもわたしは、なにを知ることができるのか？」と自問し、わたし自身がすでに知られているもののうちに入っていることに気づく。彼は、そのつど知る働きをするもの自体が、知られる対象すべての前提になっていることを発見する。それ以降、哲学は、世界や世界に帰属している人間を問うばかりではなく、同時に、そのつど問う働きをする自己自身をも問うのである。

新しい哲学の中心となるテクストを築き上げているのは、デカルトのもろもろの自己反省（『省察』）である。そのなかで、デカルトは、自分のもっているありとあらゆる思念――物体として対象が存在するとか、自分自身が身体をそなえているとか、意識をもつ他者（他我）が存在するとか、2に3を足すと5であるとか――に疑いを立てる。というのも、感覚は信用できないし、それらはすべて夢のなかの出来事なのかもしれないし、悪魔が理性を眩惑しようと謀ったのかもしれないからである。では、無条件的に確かなこととはなにか？　わたしが考えているということ、わたしが無知であるということ、わたしが疑っているということ、おそらくはこのことだけである。そのとき、やはりどうあっても現実に存在すると思われるものがある。それは、考えている、ないしは疑っている、その《自我》《わたし》の存在である。

以上のどこが、それほど新しいといえるであろうか？　1．すでにソクラテスは、おのれの無知を知っていなかったであろうか？　2．すでにアウグスティヌスは、疑いによっておのれが存在していることを見出していなかったであろうか？　――1に対しては、次のように答えられる。外界と呼ばれているものが自我の想像であるかもしれないという

アルキメデスの支点として見出された基礎を、デカルトは「わたしは考える、ゆえにわたしは存在する」と報告している。この命題のラテン語「cogito, ergo sum《コギト、エルゴ・スム》」が見つけられるのは、ラテン語で書かれた著作『理性の自然の光による真理の探究』のなかでのみである。そこには、「わたしは疑う、ゆえにわたしは存在する、あるいは同じことだが、わたしは考える、ゆえにわたしは存在する（dubito, ergo sum vel quod idem est, cogito, ergo sum《ドゥビト、エルゴ・スム・ウェル・クォド・イデム・エスト、コギト、エルゴ・スム》）とある。著作『哲学原理』では、「ego《エゴ》」［ラテン語の一人称単数主格代名詞］が付け加えられて、「ego cogito, ergo sum《エゴ・コギト、エルゴ・スム》」となっている。フランス語で執筆された『方法叙説』では、「je pense, donc je suis《ジュ・パンス、ドンク・ジュ・スイ》」となっている。

デカルト『省察』における二つの神の存在証明

1. 人間学的な（人間から出発する）証明：疑いをもち、万物を知ることのない〈わたし〉のような不完全な存在者は、神のような完全な存在者についての観念を自分自身からもつことはできない。この観念は、かの完全な存在者自身から不完全な存在者に吹き込まれなければならない。ゆえに、この完全な存在者、すなわち神は実在する。
2. 本体論的《オントローギシュ》な（実在から出発する）証明：実在は、完全な存在者の属性のなかに含まれている。神は、そのような完全な存在者として考えられる。したがって、神は実在する。

《ヴァニタス》フランスのもの、17世紀、パリ、ルーヴル美術館。
「われわれは、生まれると同時に死ぬ。終わりは、始まりとつながっている。」(Nascentes morimur, finisque《ネスケンテンス・モリムル、フィニスクェ・》 ab origine pendet《アブ・オリギネ・ペンデト》）とローマ人マンリウスの格言にある。ミシェル・ド・モンテーニュは、その有名な『エセー』（1580年）のなかの「哲学することは、死を学ぶことである」という章で、その格言を引用している。

こと、そして、この自我だけが疑いの余地のない現実であるということは、ソクラテスの自己思慮にはまだ思いつかれていない。2に対しては、次のように答えられる。独我論的《ソリプシスティッシュ》な（ラテン語の solus ipse《ソルス・イプセ》とは「唯一自己自身のみ」という意味である）[訳註39] 自己意識への転回は、キリスト教哲学を媒介している――アウグスティヌスの場合にはそうである。つまり、自己反省とは、キリスト教が差し出しているようなある経験を前提としていると考えられ、その経験とは、万物を掌握し、万物を自由にできる権威に対して無力であるという経験である。キリスト教では、その権威は神である（本来それは、すべてを破壊する死を意味する。もしなにものも存在しなければ、もし〈わたし〉が存在しなければ、どうだろう?）。しかしながら、アウグスティヌスの疑いについての考察は、デカルトのそれとは違って、懐疑主義に対する一般的な対抗措置として役立つにすぎず、自己意識がアルキメデスの支点となって、知の体系を基礎づけるために役立つわけではない。たしかにデカルトも、神を信仰するが、彼は、神の実在を証明によって保証する。知が自分の尺度を手中にしているのは、アウグスティヌスの場合は神のおかげであるが、デカルトの場合は人間の精神のおかげである。デカルトにおける内面ないしは自我の発見は、アウグスティヌスとは違って、キリスト教からの離反であると同時に古代の伝統からの離反を意味する。そして、これがおそらくもっとも重要なことであるが、自然的意識[訳註40]といわれる、日常的な常識が陥っている素朴実在論からの離反を意味する。自己自身が反省されるとき、世界は、意識内の現象となり、〈わたし〉の自己意識の舞台上での演劇となる。世界は、〈わたし〉の表象となる。[訳註41]世界は、〈わたし〉が存在するかぎり、存在するにすぎない。

デカルトからはじまって、哲学のなかに、そして哲学とともに、ひとつの亀裂が生じている！　哲学のなかには、一

訳註39　「独我論」（Solipsismus《ソリプシスムス》）とは、実在するのは唯一自己の自我だけであり、他者の自我や外界の事物はすべて、自己の自我の意識内容として存在するにすぎないとみなす立場をいう。

訳註40　「自然的」とは、哲学的な反省や批判がなされる以前の日常的ないしは常識的な立場を意味しており、「自然的意識」は、みずからが感覚した世界に対してそれが感覚されたとおりに実在し、また世界はみずからの意識から独立した外界としてそれ自体において存在するという信念（素朴実在論）をもつ。こうした自然的意識は、とりわけ以下に登場するバークリー、さらにフッサールにより反省され批判される。

訳註41　「表象」は、そのドイツ語 Vorstellung《フォアシュテルング》 の語義が示すように、「みずからの前に（Vor-）対象として立てる（stellen）こと」に由来しており、「思念（思い浮かべること）」「想像（イメージ）」「観念」といった意味で使用される。またラテン語 repraesentatio《レプラエセンタティオ》 の訳語として（フランス語では représentation《ルプレザンタシオン》）、「再現」「代置」といった意味も含む。「世界はわたしの表象である」という命題については、ライプニッツ、カント、ショーペンハウアーにより取り上げられる。

方に反省された自我の哲学があり、他方に健全な人間知性〔自然的意識〕の哲学がある。哲学とともに、ことごとく健全な人間知性が解体される。哲学のなかで、健全な人間知性は、自分がそもそもなにも理解していなかったのではないかと、みずからに告白させなければならないという危険を負わされる。ただし、神ないしは死を経験するときの無力感に動機づけられて――この無力感によって、〈わたし〉が自我となり、世界が意識内の現象となり、また世界に死の兆しといわれるものが現われる――、こうした自己自身への回心〔反省〕を理解しないかぎり、なにも理解したことにならないであろう。もしそうしなければ、哲学は、デカルトがはじまる前でほとんど終わってしまう。ここからは、デカルトとともに哲学を、近代の哲学として開始させよう。

合理論、経験論、啓蒙主義

合理論は、デカルトが一六一九年一一月一〇日の夢のなかで啓示を受けたように、数学的なしかたで統一された学問のプログラムを遂行することを任務としている。その原理は、理性（ラテン語ではratio《ラティオ》）による明晰かつ判明な認識である。明晰かつ判明に認識されるものだけが、真なるものとして認められることができる。その模範となるのは、数学である。数学の問題解決法が、道徳を含めたあらゆる認識可能な対象に適用される。その一般的な手続きは、分析と総合の両方から成り立っている。まず分析的方法にしたがって、直観的に認識可能な最小の構成要素にまで到達しなければならず、つぎにそこから、諸命題が演繹されることができる。デカルトは、こうしたことをその著書『方法叙説』で説明している。やがてその後、その著書『省察』において、この一種の真理発見法をさらに踏み込んで擁護した――ただしそれは、万能で悪意のある神に対してである。万能の神は、矛盾律のようないわゆる永遠の真理を、あるいはピュタゴラスの定理のような数学的真理を超越しているかもしれない。神は、われわれが明晰かつ判明に把握するものが、それにもかかわらず真理ではなく、現実ではないというふうに、われわれを欺くかもしれない。ところが一方、デカルトは、あらゆる欺きと惑わしの手口には、悪意なり短所なり、そのいずれにもなにか不完全なものがあるとも考えた。そ

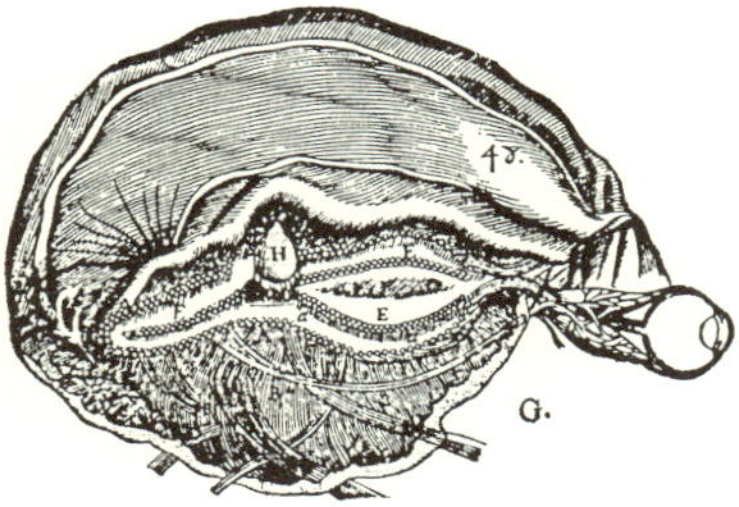

「人間の頭蓋の断面」デカルト『人間論』から。
松果腺あるいは脳下小体（H）は、脳室内の中央に浮かんでおり、その運動で動物精気の運動を制御し、動物精気は、神経管（その末端は、図上ではHの周囲に連なる小さな○印で示されている）をつうじて筋肉に送り込まれる。デカルトは、プファルツの王女エリーザベト宛てに、以下のように書き送っている。「魂と肉体との統一に関する事柄については、たんなる知性によればまったく曖昧にしか認識されないが、……しかし、感性によれば明晰に認識される。そのため、決して哲学することはなく、もっぱら感性のみを用いているひとびとは、魂が肉体を運動させ、肉体が魂に作用しているということになんら疑いを抱かないのである。」

のいずれもが、神という完全者にはあてはまらない、と『省察』のなかの第二省察でいわれている。神は、いかなる欺瞞者でもありえない。したがって、〈わたし〉は、なにかを明晰かつ判明に把握しているとき、なにか現実としてかつ真理としてあるものに関わっていると確信できるのである。

デカルト以後、もはやいかなる哲学者も科学論者も、またスピノザもライプニッツも、こうした神に対する擁護論を必要とはみなさなかった。彼らは、理性による「永遠の」真理の上位に神を立てることはなかった。彼らは、神を味方としていることが自明とされる理性を信用しており、その結果として、世界を認識するための基礎は、デカルト流の疑う自我ではなく――なお、疑う自我が基礎となる場合は、やはり二つの神の存在証明［本書112頁欄外を参照せよ］を自前で引き出すことになる――、数学的な方法論をあやつり、あらゆる物理的な関係を数量化する理性であるということになる。

ライプニッツとスピノザは、それぞれのしかたで、デカルトの体系を再構築した。デカルトにあっては、三つの実体が存在する。1．考える実体、魂もしくは理性（思惟するもの res cogitans《レス・コギタンス》）、2．延び広がる実体、物質もしくは物体の世界（延長するもの res extensa《レス・エクステンサ》）、3．神、以上の三実体である。人間は、肉体（物体）プラス魂（理性）というように、二重の存在者である。人間の肉体は、魂によって動かされる一個の機械仕掛け《メカニズム》であり、一個の機械である。魂のこの機械装置への干渉は、松果腺《しょうかせん》において引き起こされる（ところで、デカルトが知的交流をしていたプファルツの公女エリーザベトは、この説明が非常に滑稽であることに気づいていた）。人

《**ライプニッツの四則演算用計算機**》ハノーヴァ、ニーダーザクセン州立図書館。

その計算機は、後世の複製により証明されたように、計算上のミスを犯さないように設計されていたのだが、ある小さな製作上のミスのせいで、一度も正しくは機能しなかった。

ライプツィヒ出身の大学教師であるゴットフリート・ヴィルヘルム・ライプニッツは、パリ、ヴェルサイユ、ロンドンで外交官であり、ハノーヴァの顧問官であり、ベルリン科学協会の会長であった。彼は、一五〇〇〇通の書簡を一〇〇〇箇所の住所に宛て、四〇巻にのぼる著作を遺した。

間は、一方で一個の機械（その後ラ・メトリが、その著書のタイトルに『人間機械論』（一七四八年）とつけたように）として自然法則にしたがうのであり、他方でその理性ないし魂によって自己を規定する能力をもち、それゆえに自由をもつのである。この二元論は、肉体と精神との統一を想定する理念によって除去されうるようなものではない。なぜならば、もしそうされれば矛盾をきたすからである。肉体と精神は、存在論的に相違するものであり、二つの相異なる存在のありかたである。もし、物体を精神の次元に取り込むならば、物体はたんなる現象になってしまうであろう。ライプニッツは、そのような方法をとった。

ゴットフリート・ヴィルヘルム・ライプニッツ（一六四六〜一七一六年）は、『単子論《モナドロジー》』において、そもそも主観しか存在しない、魂あるいは意識しか存在しないと説く。万物は、延長するもの《レス・エクステンサ》も神も含めて、〈わたし〉の表象なのであるから、このとき魂や意識とは、〈わたし〉の魂であるはずである。〈わたし〉とは、ひとつの閉じられた意識野であり、ライプニッツの表現によれば、「窓のない単子monade《モナド》」（ギリシア語のmonas《モナス》は「単一性」の意味である）である。しかし、彼は、あまり首尾一貫しているとはいえない。デカルトは、（欺かない神は存在しないと仮定するかぎりで）世界の実在性を疑い、世界を無に帰する実体として自我を発見したが、ライプニッツは、この発見をまったく受け入れなかったからである。宇宙を包摂する単子《モナド》としてみなされるのは、（〈わたし〉自身の）自我ではなく、神である。こうして、再び自我の代わりに神が置かれ、この超単子《モナド》以外に、そのほかなお多数の単子《モナド》が存在し、それらすべてが、それ自身において閉ざされた意識野（[無意

「理性の威厳を侵す者に、どのような祭壇が築かれるというのか？」
「嘲笑するのでも、嘆き悲しむのでも、呪うのでもなく、理解すること！」
バールーフ・デ・スピノザ

《バールーフ・デ・スピノザ》ヴォルフェンビュッテル図書館内の肖像画、1670年頃。アムステルダム出身のユダヤ人哲学者スピノザは、彼の属するユダヤ教会《シナゴーグ》から破門され、アムステルダムから追放され、ライデンやハーグでレンズ研磨工となった。神学と哲学の統一は、アレクサンドリアのフィロン以来の懸案だが、スピノザは、両者を分離することを要求した。

識的生命から理性的精神にいたるまで、」表象能力と知覚をそれぞれの程度においてそなえている）であり、相互に連絡をもたないながらも、それぞれの単子《モナド》が全体の鏡となっているというように構想される。全体は、神によって統一されている。神は、精神的な本質として永遠不変に存在するもろもろの単子《モナド》の相互関係を予定し、それら単子《モナド》の調和をあらかじめ割り当てている。そうした予定調和において、まさしく宇宙は、それがあるとおり、「あらゆる世界のうちで最善である世界」として造られているのである。――二〇世紀末の構成主義（マトゥラーナやルーマン）はこれにつながっている。いまや単子《モナド》は、認知（表象）から構成される――ただし物理的基礎のある――オートポイエーシス・システム（みずからそれ自身を創出してゆく機能的システム）と呼ばれる。いまや神の代わりに、構成的カップリング（ライプニッツの場合は、予定調和）を配慮する進化が置かれるのである。

　デカルトの三実体論を別のかたちで進展させることを提起するのは、**バールーフ・デ・スピノザ**（一六三二～一六七七年）である。スピノザにとって存在するのは、唯一の実体である神だけである。思惟と延長は、神の属性であり、したがって万物であり全体である神の二つの側面、位相である。こうした汎神論のために、スピノザは破門された。その死後一〇〇年経って、ようやく彼は、ドイツで受容され、そのテクストを出版すること、読むことが許された。全体としての神は、彼にとって唯一無比の機械装置である。すべては、必然性に基づいて生起するがゆえに、自由の意識は、そのことに矛盾する。石は、もしそれが意識をもっているとするならば、「自由」落下においても自由であるとみなされることになるだろう。人間は理性的存在者であり、たとえば、人間は認識活動をおこない、事物をそれの必然性において把握することによって、事物をそれとして認める。必然性にしたがうことは、スピノザにとって至福と同時に徳を意味し、それはすなわち神の愛［神への愛であると同時に神による愛］、または必然性への愛である運命愛（amor fati《アモル・ファティ》）を意味する。世界は、永遠の相のもとに（sub specie aeternitatis《スブ・スペキエ・アエテルニタティス》）という神の遠近法《パースペクティヴ》から観られた。世界の実在性が自我のなかに崩壊してしまうことを発見したが、スピノザは、この発見を把握することはなかったし、取り上げることもなかった。

とはいえ、ライプニッツもスピノザも、数学に基づいた統一的学問というデカルトの構想を引き継いでいる。スピノザは、エウクレイデス［ユークリッド］による公理にのっとった幾何学的方法で（more geometorico《モレ・ゲオメトリコ》）、学問としての倫理学を構想している。ライプニッツは、普遍数学（mathesis universalis《マテシス・ウニウェルサリス》）を計画している。彼は、ニュートンとほぼ同時期である一六八四年に、微分法を発明している。

ジョージ・バークリー（一六八五〜一七五三年）の場合は、そうではない。彼は、徹底的な観念論を掲げる。「存在するとは、知覚されていることである」（esse est percipi《エッセ・エスト・ペルキピ》）と彼は——自然的意識、日常的常識《コモン・センス》に対して——宣言する。そのつどの対象は、ただそれが経験されるというしかたにおいてのみ現に存在するのであり、それ自体として存在するわけではないし、また、それが経験されるということを度外視しては存在しないのである。各自の身体を含めた外的な世界は、〈わたし〉の想像である。ただ感覚状態だけが、〈わたし〉の経験だけが存在するのである。こうして、「存在するとは、知覚されていることである」(esse est percipi《エッセ・イスト・ペルキピ》) が妥当する。したがって、いかなる物体も、それ自体としては存在しないし、物質や事物は、仮象にすぎない。——バークリーは、こうした教えをたずさえて、バミューダ諸島での宣教師として大きな成果を得ることを望んでいた。人間は、こうした教えにしたがうならば、仮象にすぎない物質的な生よりは、むしろキリスト教が約束する死後の真実の生に関心を抱くはずだからである。

ただし、事物は、われわれの勝手な想像というわけではなく、必然的な、したがって不可避的な観念である。なぜならば、事物は、バークリーによれば、神がわれわれをとおして思考する、神の思念であるからである。そのようにして、神は、仮象を産出する。このとき、デカルトの唱える神の欺こうとする意図が――つまり、われわれに物質的存在を信じさせようとする神の「悪意」が――、再び組み入れられる。バークリーは、聖職者として次のことをよりよく知っているのである。存在は、神によって創造されているのであり、おのおのの瞬間に神によって創造されるのであり、存在の維持は、神の意志次第であるということを。

バークリーのこうした思想構造の背後に潜んでいるのは、自我が解体する神秘的な臨界経験、自己自身の彼岸の経験、自己自身の根底としての全体の経験、宗教的な経験といったものばかりではない。さらには、まさしく真理の経験がある。以上のような経験は、夢が事後になされる説明をとおして変形されるように、真理を確立するために合理化される。たとえこれらの経験が、説明された夢と実際同じように、今度は空想的な見かけになろうがそうされてしまう。自然的意識、つまり、死に乗り出す臨界から身を遠ざけ、客観的な事実で身を支えている醒めた意識は、そこで疑念を抱く。死なくしては所有されるべきでない真理とは、なんのためにあるのか？　そもそも哲学は、ほかのものをなにも提起することが許されないのか？　――それでもやはり、経験論を突き進めてみよう！

イギリス経験論といわれる動向の先鋒《せんぽう》には、**トマス・ホッブズ**（一五八八〜一六七九年）が立っている。彼は、デカルトと同じように、オランダにも漂泊し、その地でデカルトと知り合う。彼は、確実な認識のための唯一正しい方法を幾何学的方法とした点で、デカルトやスピノザと共通している。万物は、機械論的運動をしている物質である。われわれが物質的世界を知覚するのは、運動する物質がわれわれの感覚器官に影響をおよぼすことをつうじてである。こちら側に感覚器官をそなえた〈わたし〉の身体があり――そちら側に身体に影響をおよぼす環境世界がある。さて探究されることができるのは、なにがなににどのようにして影響を与えるのかという問題である。しかしながら、次のように考えないかぎり、この問題は哲学とまったく関わりがない。すなわち、みずからは物質的世界に帰属することなく、物質的世界を知覚する経験をもち、思考し感覚し意欲しているのは、思惟するもの《レス・コギタンス》であるが、ただし有機的器官と環境世界とのあいだの相互作用を観察しているのは、感覚し知覚する実質が有機的器官にあらねばならない以上、当の観察者が有

アブラハム・ボス《リヴァイアサン》、トマス・ホッブズ『政体論』（仏訳1652年）の口絵。
リヴァイアサンとは、われわれ全員がその構成員である、国家という怪物のことである。もしこれがなければ、万人の万人に対する戦いといわれる自然状態しかありえず、そのなかでのわれわれの人生は、「孤独で、惨めで、危険で、野蛮で、短い」ものとなるであろう。

機的器官のなかに投影している思惟するもの《レス・コギタンス》である、と考えなければならない。

　経験論者は、ホッブズやロックやバークリーと口をそろえて、次のように説明する。この思惟するもの《レス・コギタンス》は、まずは白紙（tabula rasa）《タブラ・ラサ》であるが、それから経験をつうじてはじめて書き込みがなされ、ある心理的なメカニズムが働いて処理されることができるようなもろもろの印象でもって、白紙《タブラ・ラサ》は埋められてゆく。こうして魂は、結果的にもろもろの観念で満たされ、これらの観念を認識のために（命題の言表において）結合することができるのである。今日、こうした種類の認知心理学は、「心の哲学《フィロソフィ・オブ・マインド》」とか神経哲学《ニューロフィロソフィ》とか呼ばれている。そこでは、精神や魂といったものが、ニューロンシステムである脳の物理的属性として、ニューロンが創出したなんらかの客観的物質（いわば、物質代謝の産物）として扱われているからである。

　筆者の見方では、ホッブズ、ロック、ヒュームは、認識論の論者としてよりは、むしろ社会理論の論者としての方が重要性を帯びている。彼らは、現行の社会形態の背景をどのようにして探ることができるのか、そればかりかその形態をどのようにして変革することができるのかを提示する。ホッブ

「ジャン-ジャック・ルソー」
ルソーに敬意を表した、フランス革命の寓意画の細部、パリ、カルナヴァレ美術館。
カントは、ルソーをもっとも重要な人道主義者《ユマニスト》であり思想家のひとりであると評した。カントの自宅にあった唯一の絵画は、ルソーの肖像画であった。

《デイヴィッド・ヒューム》
アラン・ラムゼイによる肖像画、1766年、エジンバラ、スコットランド国立肖像画美術館。
ヒュームの若い時代の著作『人性論』(1711年)で、彼は自問する。「わたしはどこにあり、なにであるのか？　わたしは、いかなる原因からわたしの存在を導き出し、来たるべきわたしの定めは、どこに向かうのか？　……わたしを取り囲んでいるものは、なにか？　わたしはなにに対して、なにがわたしに対して影響を与えているのか？　こうした問いのすべてが、わたしを激しい困惑に突き落とし、こうしたわたしの想像は、わたしをもっとも憐れむべき状態に変え、わたしをもっとも深い闇で包み、わたしから全身と全能力の自由を奪う。」

ズは、その著作『リヴァイアサン』（一六五一年）において、不可分の統治権力によってのみ手なずけられる怪物として社会を描いている。中心的な権力が行使されなければ、彼がイギリスの内戦で実際に体験したような、そして彼が自然状態とみなすような、万人に対する万人の戦いのなかで社会は瓦解してしまう。**ジョン・ロック**（一六三二～一七〇四年）もまた社会理論家である。彼は、ホッブズとは異なって、無法の自然状態を認めない。自由への権利、所有と生存への権利としての自然権がそもそも与えられていると考えるからである。ただし、こうした権利の主張を通すためには、法にかなっていない戦争状態を回避する契約を必要とする。**デイヴィッド・ヒューム**（一七一一～一七七六年）は、契約説にも自然権論にも反対する。法的状態が成立するための根拠は、原則としてありうる財の不足である。個々人にとって最大の利益をもたらすようにという合目的性にしたがって個々人によって設立された国家や法律制度は、個々人の活動に安全と秩序の基盤を与え、私有財産を守り、公平な分配を打ち立てるという使命を負っているのである。さて、イギリスからフランスへまたはスイスへと目を転じることにしよう。すると一方、**ジャン=ジャック・ルソー**（一七一二～一七七八年）は、自由な自然状態を前提としている。それは、ある意味で楽園的な秩序であり、私有財産に対する権利とともにはじまる文化の発達によってはじめて破壊されるにいたるのだが、社会契約（contrat social《コントラ・ソシアル》）によって多少なりとも再建されることができる。個人は、社会契約とともに公共的な一般意志（volonté général《ヴォロンテ・ジェネラル》）に服従し、一般意志をつうじて私有財産に対する権利を取り戻すのである。

上記の哲学者たちは、多くのほかの哲学者もまた同じなのだが、「なんじ自身の知性を用いる勇気をもて！」（sapere《サペレ・》 aude!《アウデ》）とカントが定式化したような、啓蒙への呼びかけを実践している。知性が神学のもとに隷属する時代は終わりを迎える。しかし神学は、なんの影響も受けないまま残されたわけではない。神学は、その立場から、信仰箇条を合理的に正当化しようと試み、もはや聖書上のそれには相応しないような神のイメージを案出した。聖書上の神は、依然として自然法則と論理法則を超越し、その奇蹟にあっては、思うがままそれらを破棄し、それらを裏切ることさえあった。われわれを解放するためには、こうした自然法則を超越する権威をもった神は必要ないのである！ しかしこのとき、知性が、ついに挫折するにちがいないのではないか？ そして知性とともに、人間存在の意味が存立しえないような致命的な現実に直面させられることになるのではないか？ 数学者であり合理論者である**ブレーズ・パスカル**（一六二三〜一六六二年）は、それゆえに再び神の方に向き直った。彼が『パンセ』（一六五四年一一月二三日に得た啓示についてのメモであり、彼は、このメモを上着に縫いつけて、いつも持ち歩いていた）に記しているように、「哲学者の神」にではなく、「アブラハムの神、イサクの神、ヤコブの神」（『出エジプト記』第三章六）に向かったのである。

イマヌエル・カント

近代哲学のなかでも無比の書である、カント（一七二四〜一八〇四年）の『純粋理性批判』は、合理論と経験論に統一をもたらしている。カントは、一方で理性がみずから認識に提供するもの（経験より先に成立するもの＝a priori《ア・プリオリ》 なもの）――合理論の立場では、なんであれ、ほとんどがそうであるように見える――と、他方で理性が感性的な経験をつうじて提供しなければならないもの（理性より後に成立するもの＝a posteriori《ア・ポステリオリ》なもの）――経験論の立場では、なんであれ、ほとんどがそうであるように見える――とを定義している。結局のところ、客観的な認識とは、いつも両者の結合である。しかしこのさい、形而上学の対象がいっさいの感性的な経験を超越してはならないということは、形而上学にとって命取りを意味するのであろうか？

カントは、この書を次のような確信をもってはじめている。人間の理性は、答えることができず、かといって（現代の論理実証主義においていわれているような仮象問題として）退けることもできない問いに悩まされるという運命を負っている。それは、神、自由、不死という三つの形而上学的な問いである。理性による認識は、これらの認識対象に到達することはなく、これらの対象は、客観的な経験の外部にあり、それを超越している。しかしだからといって理性は、ここで挫折するわけにはいかない！　このことを示すことが、カントの主要課題である。彼は、ある意味で際限もなく成果もないままに、思弁的な議論がこれまで関わっていた信仰問題から理性を解放し、信仰問題にぶつかって破綻する危険から理性を擁護する（必ずしも知性を失うことが、救済のはじまりであるとはかぎらない！）。神、自由、不死という理念は、理性を抹殺するようないかなる論理的矛盾もその内部に含んではいないことが示される。したがって、理性に従事する人間は、信仰に従事する人間を、後者は信仰の対象を非理性的にも誤って思いこんでいるからといって、もはや嘲笑するにはおよばない。また、信仰する人間は、信仰する以外に、さらに客観的な経験の領域で自分の理性を働かせることもできる。信仰と知は、こうして超感性的なものと感性的なものとに領域を振り分けられることで、両立可能なのである。

ところで、神、自由、不死という形而上学的な理念がなんら矛盾を含まないこと、

《イマヌエル・カント》1781年のデーブラーの原画によるJ・L・ラープの銅版画。
カントは、小柄（157cm）で、痩せていて、胸はくぼんで、右肩が高く上がっていて、こぎれいで、髪はブロンドで、眼は青く、人好きのする感じの、立派な紳士であった。

一八世紀

一七〇一年　ホーエンツォレルン家のブランデンブルク選帝侯フリードリヒIII世によるプロイセン新王国成立［フリードリヒI世として戴冠］

一七一〇年頃　J・Chr・ル・ブロンによる四色刷銅版画の発明

一七一六年　オイゲン公のトルコ軍に対する勝利

一七一九年　クリスティアン・ヴォルフ『神、世界、人間の魂についての理性的思考』

一七二九年　バッハ《マタイ受難曲》

ヴォルテールの亡命からの帰国

一七四〇年　フリードリヒII世のシュレージエン侵攻

プロイセンでは各自が自由に生活することを許される

ヴォルフ教授の亡命からの召還

当時ドイツにもフリーメーソン運動

一七四五年　ユルゲン・フォン・クライストによるライデン瓶（コンデンサ）の発明

一七五二年　フランクリンによる雷電の実験

当時ドイツでの魔女裁判禁止

一七五五年　カントが私講師になる

リスボンの地震で死者三〇〇〇〇人

当時ロンドンで有識婦人サークル「青鞜会（ブルー・ストッキング・ソサイエティ）」

「庭園のヴォルテール――書物を携えた」パリ、フランス学士院の公園にある立像。
カントは、『視霊者の夢』を著わして、学者エマヌエル・スウェーデンボリが当時通じていた、超感性的なものの研究から身を背けるだが、その書を締めくくるにあたって、ヴォルテール（1694～1778年）と呼ばれる偉大な啓蒙主義者フランソワ・マリー・アルエによる小説『カンディード』を引用している。「われらに幸福を分けたまえ、われらを庭園にゆかせ、労働させたまえ。」

一七五六～六三年　七年戦争
一七五八～六二年　ロシアによるケーニヒスベルク占領、カントはロシア将校に火工術も教授する
一七五九年　イェーテボリのスウェーデンボリによるストックホルムの大火事の透視
ディドロとダランベールによる『百科全書』(当時すでに一〇巻) の発禁
一七六二年　パリの暴君によるルソー『エミール』の焚書
一七七四年　ゲーテ『若きヴェルテルの悩み』
一七七六年　アメリカでの革命、ヴァージニア人権宣言
一七八六年　ゲッティンゲンの一七歳の女性ドロテア・フォン・シュレーツァに哲学博士号授与
ゲーテのイタリア旅行
フランス王国が破産寸前
一七八九年　パリでの革命、フランス人権宣言
一七九一年　モーツァルト没
一七九三年　ルイXVI世の斬首刑
一七九四年　ロベスピエールによる理性宗教の導入
カント『単なる理性の限界内における宗教』がプロイセンで禁書
一八〇四年　ナポレオン戴冠式
一八〇六年　フランツII世の皇位放棄、ドイツ人国家神聖ローマ帝国の消滅

カスパー・ダーヴィド・フリードリヒ《霧の海を見おろす旅行者》1818年頃、ハンブルク美術館。
カントは、『実践理性批判』(1788年) の「結論」でこう書き記している。「それを考えることがたび重なり、その考えに立ち止まることが長くなるほど、ますます新たになるとともに増してゆく感嘆と畏敬とともに、わたしの心を満たす二つのものがある。それは、わたしの頭上に輝く星空と、わたしの内なる道徳法則である。」

理性それ自体が破綻する要素を含まないことは、どのようにして理解されるのであろうか？　カントが共鳴を得られるのは、その考え方がいまやプラトンを強く思い起こさせるからである。つまり、カントは、われわれの直観と悟性に依存しない世界（事物それ自体Ding an sich《ディング・アン・ジッヒ》）と、空間と時間に関係しながらわれわれに現象する世界（現象としての事物Ding als Erscheinung《ディング・アルス・エアシャイヌング》）とを区別する。このとき、それぞれの事物は、二重のしかたで存在するのである。1．思念された事物、あるいは、事物それ自体《ディング・アン・ジッヒ》（Noumenon《ヌーメノン》）として。2．経験の対象としての事物、あるいは、現象としての事物《ディング・アルス・エアシャイヌング》（Phänomenon《フェノメノン》）として。訳註42　次にカントは、神、自由、不死という三つの形而上学的理念ないしは信仰の問題に取り組み、感性的経験から向きを転じて、もう一方の世界の側である事物それ自体《ディング・アン・ジッヒ》にこれらの理念を関係づけるならば、いかなる矛盾も含まないことを示す。たとえば、人間の自由に関しては、次のように説明される。行為において現象する事物としての人間の意志は、自由ではない。現象としての事物《ディング・アルス・エアシャイヌング》は、自然の因果性という意味で、先行する原因の必然的な結果だからである。しかし、事物それ自体《ディング・アン・ジッヒ》としての意志は、自然の因果性に従属しないかぎりにおいて自由でありうる。

カントは、『純粋理性批判』の起草にあたって、人間の自由の問題を出発点としている。それは、この問題は、理性にとって破壊的に働く矛盾として、挑発的な二律背反《アンチノミー》として表わされるからである。〈わたし〉が自由であり、あれこれの行為をしようと決意できるということは、万物が自然の因果性に決定されて生起するということに劣らず明白なことである。一七八三年に彼は、デイヴィッド・ヒュームについての追想が、はじめて自分の独断のまどろみを破ったと書き記している。おそらくは、必然的な結びつきとしての因果性の問題に対してヒュームが考察していることを想起したのであろう。ヒュームにとって因果性は、経験論的には証明されることができないため、形而上学的な虚構の域を出ることはない。カントは、原因と結果の必然的な結びつきという意味での因果性は、量（測定可能なもの、外延的な大きさ）や質（感覚可能なもの、内包的な度合い）と同様に、悟性がみずから提供する［ア・プリオリな］主導的な観念（純粋悟性概念あるいは範疇《カテゴリ》）であると考えている。しかしこれらの主導的観念は、［ア・ポステオリに］空間‐時間に関係した現象の世界［フェノメノン］にのみ妥当するにすぎず、事物それ自体《ディング・アン・ジッヒ》［ヌーメノン］には妥当しない。こうしてカントは、懐疑主義的なヒュームとは袂《たもと》を分かち、自然科学に確実性を与えることができる。現実とは、空間と時間において測定可能なものであり、感覚可能なものであり、因果性にしたがって帰結するものである。ただし、まったきこの現実は、現象の世界にすぎず、自我が表象している世界であるにすぎない。世界は、自我によって認識［表象］される可能性に応じて制約されているのである。このことは、カントによる哲学上のコペルニクス的転回と呼ばれている。悟性の範疇《カテゴリ》（量、質、因果性）と直観の形式（空間、時間）でもって表象する自我をともなわない世界としての事物それ自体《ディング・アン・ジッヒ》は、認識することは不可能であるが、しかしながら、とにかく想定することは可能である。そしてこのとき、決定的なことが判明する。自我そのものが感性的にとらえられない「叡智的対象」でありうるかぎり、この事物それ自体《ディング・アン・ジッヒ》の世界に、自我もまた属するのである。このことが起こるのは、「叡智的対象」としての自我がすべしと悟るときである。「すべし」（Sollen《ゾレン》）というのは、カントによれば、まったきこの現象の世界において起こることではなく、ただ人間においてのみ起こることである。したがって、ここにこそ、自我が彼岸へと救出されることができるゆえんがある。それは、自由に、すべし《ゾレン》に、道徳に関わっている。

さて、すべては総じて整然としているように思われる。経験的な自然科学は、自然の因果性においてその営みに対する信頼性を得ている。一方人間は、おのれを道徳的人格として、すなわち自由であり、自然に依存せず、ゆえに不死であるものとして立証しなければならない。人間は不死なのか？　カントは、不死であると考えている。これについては、『実践理性批判』において次のように論じられている。〈わたし〉はすべし《ゾレン》ということ、つまりそうした道徳的な法則あ

訳註42　カントの用語法について――「感性」（Sinnkichkeit《ジンリヒカイト》）と「悟性」（Verstand《フェアシュタント》）は、ともに経験の対象を構成し、現象としての事物《ディング・アルス・エアシャイヌング》を成立させる能力を指す。感性において直観の形式（時間、空間）にしたがって受け取られた多様な素材は、悟性により概念の形式（量、質、因果性といった範疇《カテゴリ》）にしたがって整理される。これに対して、「理性」（Vernunft《フェアヌンフト》）は、悟性が事物それ自体《ディング・アン・ジッヒ》に関わるという越権作用を統制し、理念にしたがって悟性に最高の体系的統一を与える理論理性の能力を指すが、その一方で、以下に解説されるように、叡智的ないし道徳的世界に関わる実践理性の能力として拡張される。

るいは定言的（kategorisch《カテゴーリシュ》）な命令[訳註43]が存在するということを、〈わたし〉は直接的に知っている。それは、もっとも根本的な知であり、自己意識の本質である。同様に無視することができないのは、生の意味としての幸福の観念である。道徳と幸福との一致が要請されなければならない、そうでなければ道徳法則は詐欺となってしまう！　とカントはみている。残念なことに、道徳によって幸福になるには、生はあまりに短い。それだからこそ、彼岸においてさらに生き続けなければならないのである。——こうして議論は完結する。ここからもたらされるのは、ある減量された信仰であり、稀薄な宗教性であり、現実を現象へと切り下げ、彼岸の真理を期待する希望である。カントは、『純粋理性批判』の出版年である一七八一年の時期の形而上学講義で述べている。「すでにもうわれわれは、叡智的世界に入っており、各人は、それぞれの心の持ち方次第で、祝福を受けた共同体かあるいは永劫の罰を受けた共同体かのどちらかの一員となることができる。……われわれは、いまや理性をつうじて叡智の国に入っていると自覚しており、死後にわれわれは、そのことを直観し認識することになるであろう。そのときわれわれは、まったく別の世界にあるのであるが、とはいえ、その世界は、ただ形式だけが変更されているのであり、その形式にしたがえば、事物はそれ自体として《アン・ジッヒ》あるとおりに認識されるのである。」

　理性をつうじて彼岸を、しかも叡智的世界としての彼岸を自覚すること、道徳的な努力をつうじて不死を手に入れること、カントが差し出しているのはこのことである。叡智的存在者として生き伸びること——キリスト教が告知しているような、肉体における復活の代わりに（もちろん性的交わりなしに、というのがカトリック教会の見解である）！　カントの場合、神に関わるものとして残されているのは、良心の要求である道徳的なすべし《ゾレン》だけであり、それにしたがって人間の行為は、自然法則にしたがうかのように、法則的であらねばならないのである。これだけは確実であり、しかもこれで十分である。神学的な知といったものを最終的に哲学から破門した、と彼は考えている。このことは、彼に悲痛な思いをさせることはないらしく、彼もまた、このことを躓《つまず》きの石だとは思っていない。彼にのしかかっている問題は、神の運命以上に、「われわれの外部にある事物の運命」にあることは明らかである、とレフ・シェストフは述べている。な

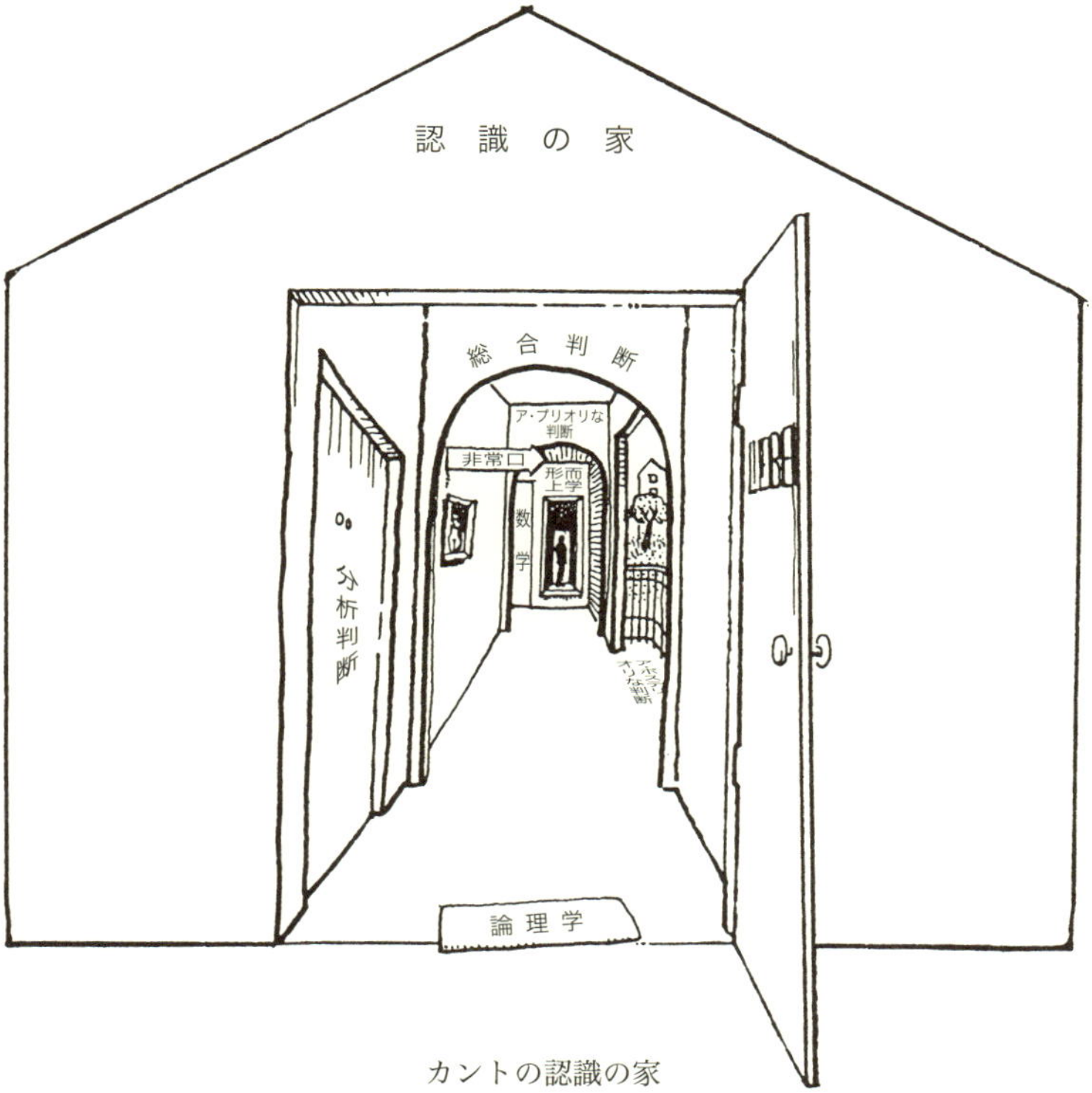

カントの認識の家

ぜならば、カントは、「わたしは、信仰のための場所を準備するには、こうして知を廃棄しなければならなかった」と書き記し、そしてまた「われわれの外部に事物が存在しているということを……ただ信仰に基づいてのみ想定しなければならない」(最初にデカルトが、次にバークリーがそうしたように) のは、「依然として哲学の、普遍的な人間理性の躓きの石となったままである。」と書き記しているからである。ここで、外部の事物の存在について証明がされなければならない。すなわち、内的知覚をつうじて確かめられる、時間のなかに〈わたし〉自身が存在しているという意識は、同時に、「〈わたし〉の外部にあるほかの事物」についての直接的な意識である、とカントは述べるのである。――では、空間と時間が、〈わたし〉の存在にとって直観の形式として想定されたものでしかないかぎり、時間

訳註43
「定言的《カテゴーリシュ》な命令」は、「もし〜ならば〜すべし《ゾレン》」といった条件つきの「仮言的《ヒュポテーティシュ》な命令」に対して、無条件に「〜すべし《ゾレン》」と断言的に命令するものである。

的に規定されない〈わたし〉の存在についてはどうなるのか？　カントがいうところの、すべし《ゾレン》の意識、あらゆる時間規定から自由なすべし《ゾレン》の意識である「叡智的意識」についてはどうなるのか？　この意識には、いっさいの空間的–時間的な現実性が廃棄されている。現実性とは、もっぱらすべし《ゾレン》を実現するためにカントによって設定されたものであり、自作自演で前提されたものでしかないのだから。

カントの著作

はやくも一七五五年の著作『天界の一般自然史と理論』において、カントは歴史のなかに踏み入っていた。この書は、回転する原始的星雲から太陽系が生成するという星雲仮説を表明しているのだが、この仮説は、カントに先んじてスウェーデンボリが唱えており、カントに遅れること一七九六年にラプラスによって唱えられたのが三度目となり、カントとラプラスにちなんで「カント–ラプラス説」と名づけられた。リスボンの地震の後、カントは、その自然的な（神的なではなく）原因に取り組み、それに関する小著をいくつか出版した。一七六六年には、『形而上学の夢によって解明された視霊者の夢』という書のなかで、スウェーデンボリの超心理学《パラサイコロジー》との論争を挑んだ。そして、『純粋理性批判』に一〇年間従事し、続いて一七八八年と一七九〇年にさらに別の批判書である『実践理性批判』と『判断力批判』を著わした。以下で、三つの批判書の内容をその全体にわたって簡潔に概観しておこう。

カントは、『純粋理性批判』の序論において、「形而上学はいかにして可能であるのか？」と自問している。彼の考えによれば、形而上学は、直観に関係する（総合的である）と同時に必然的かつ普遍妥当的な（ア・プリオリに妥当する）判断である、ア・プリオリな総合命題から成立しなければならない。[訳註44] 論理学と数学がその模範とされるが、それは、両者がア・プリオ

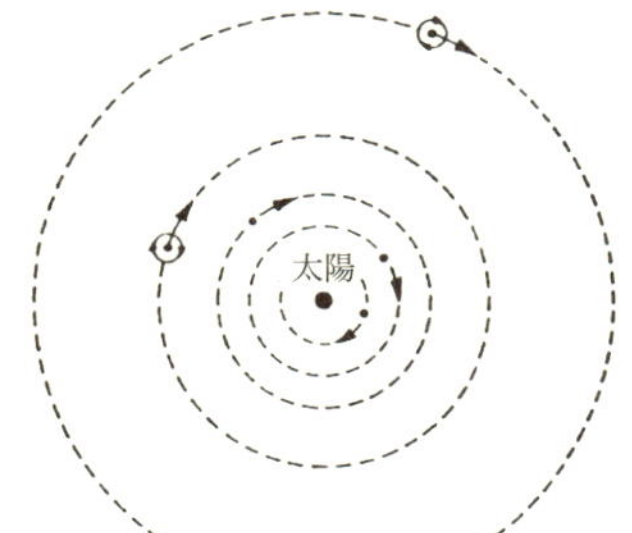

カントの渦巻き説（1755年）によれば、諸惑星は、普遍的な引力の作用のもとで、回転する扁平状の原始的星雲から発生した。

リな認識だからである。ただし、論理学の命題は、いかなる直観も規定することなく、それは、分析的であるかぎりにおいて真理といえる。また数学の命題は、形式的な直観を規定するばかりで、感覚的な現実性をもたない。そうした論理学や数学に対して、形而上学の命題は、理性そのものや理性の直観形式（空間と時間）ばかりではなく、世界をも取り扱うべきものである。したがって、形而上学は、総合的であらねばならないし、感覚可能な直観に関係づけられなければならない。つまりそれは、論理学や数学と同じく確実で、なおかつ経験と同じく具体的であるべきである。カントは、実際にこうした諸命題を見出しており、それらの諸命題とは、自然科学の諸原則なのである。自然科学はそれぞれ、形而上学を認め、形而上学を利用する。このことは、客観的なものとして妥当するにはどのような性質をそなえていなければならないか、という問いに対する答えを与えている。なんらかのしかたで測定可能であり、感覚可能であり、因果にしたがって生起すること、加えて、経験として知覚されることができ、事実知覚され、知覚されなければならないということが、客観的に妥当するものの性質なのである。

カントの主要著作

『天界の一般自然史と理論』（一七五五年）
『純粋理性批判』（一七八一年）
『将来の形而上学のためのプロレゴーメナ』（一七八三年）
『人倫の形而上学の基礎づけ』（一七八五年）
『自然科学の形而上学的原理』（一七八六年）
『実践理性批判』（一七八八年）
『判断力批判』（一七九〇年）
『永遠平和のために』（一七九五年）
『実用的見地における人間学』（一七九八年）

訳註44　カントの確立した区別によれば、「分析命題」とは、主語概念のうちに述語概念があらかじめ含まれており、経験に先立って《ア・プリオリに》妥当するものをいい、「総合命題」とは、主語概念のうちに含まれていない概念を述語として結合して知識を拡張するが、経験を介して《ア・ポステリオリに》しか妥当しないものをいう。それらに対して「ア・プリオリな総合命題」とは、知識を拡張しつつ、かつ普遍的に妥当するものを指す。ただし、後に登場する実証主義や分析哲学は、これを認めない。

カントの定言的《カテゴーリシュ》な命令（『人倫の形而上学の基礎づけ』から）：

1. あたかもなんじの行為の格率が、なんじの意志によって普遍的な自然法則になるように行為せよ。
2. なんじの人格のなかにも他者の各人格のなかにもある人間性を、決して単に手段としてのみではなく、いつも同時に目的として用いるように行為せよ。

形而上学に関わるものとして、なにが残されているのだろうか？　確実な自然科学のための理論的な基礎づけ以外のなにものでもない。一方、たとえカントがまだなにかを意中に企てていないとしても、彼には道徳法則の要求を聴きとる良心がある。彼にとって存在するのは、ただ感覚的に直観されるもろもろの事実ばかりではなく、さらに超感覚的な唯一の事実である。まさしくこの超感覚的な事実としての道徳法則こそ、〈わたし〉の自由に向けられており、この法則をつうじて〈わたし〉は〈わたし〉の自由を無条件的に可能なものとして認識する。ここでついにカントは、古代の超越的な形而上学に再び帰還することができる。定言的《カテゴーリシュ》な命令という良心のなかの絶対的な事実を意識するとき、彼は、かつて形而上学的な認識の対象であった自由、不死、神を要請する。このとき、実践（道徳的）理性は、理論理性に対する優位を示す。実践理性だけが、われわれに神と自由と不死を保証するのである。——もちろんカントは、すでに『純粋理性批判』において実践理性を取り扱っていた（純粋理論理性の主要問題のなかで［とくに「純粋理性の規準《カノン》」において］取り扱っている）のだが、実践理性は、それだけで『実践理性批判』という書のテーマになっている。実践理性は、そのすべし《ゾレン》の原理もしくは定言的《カテゴーリシュ》な命令を介して、間主観的な（万人を拘束する、客観的な）[訳註45]意志決定を保証するのだが、このことはちょうど、理論理性が、無矛盾性の原理もしくは形而上学的原則と呼ばれているものを介して、間主観的で客観的な認識を保証するのと相似的な関係にある。実践理性は、理論理性と同じ構成（分析論《アナリューティク》、弁証論《ディアレクティク》、方法論《メトーデンレーレ》）にしたがって論述される。理論理性にも実践理性にも利用され、ただし合目的性という固有の原理をもつ判断力が、『判断力批判』において」同じ構成にしたがって扱われる。客観的な合目的性は、自然や芸術作品の美しく崇高な形態、音調、運動、色彩において存在し、また生命体の組織や構造において存在する。――三批判書の全体は、超越論的（transzendental《トランスツェンデンタール》）哲学と呼ばれる。その各内容は、一般的な自然認識（学問）、一般的な意志決定（道徳）、一般的な趣味（美学）をそれぞれ可能にする諸条件である。

以上のようなカント哲学の体系的な遂行とならんで、「世界市民としての意義をもつ哲学」が推し進められた。カントは、これを実践的な人間認識として理解した。この哲学は、一七九八年に『実用的見地における人間学』というタイトルのもとに出版され、人類の歴史や政治や道徳に関する数多くの小著において発表された。一九一九年の国際連盟とその後の国際連合は、（著作『永遠平和のために』のなかの）平和な世界共同体という彼の理念に基づいて設立されることができたのである。

寄り道　哲学と超心理学《パラサイコロジー》

「人間とはなにか？」――カントから見れば、哲学の問いは、すべてこの問いに集約されている。超心理学《パラサイコロジー》の先駆者ジョゼフ・バンクス・ラインは、その著書『心理の領域』のなかで、人間の霊が身体を用いずに外界の事物に影響を与えたり（念力）、また感覚器官を用いずに知覚したり（透視）するといった超常現象を研究することなしには、この問いのなかの問いに答えが与えられることはないであろうと述べている。カントは、これとは違った意見をもっていた。彼は、その著書『形而上学の夢によって解明された視霊者の夢』（一七六六年）でこれらの超常現象に異議を唱えた。超常現象は、いかさまとみなされ、超自然的《オカルト》能力で、とくにもろもろの霊と交感することで当時話題となっていた、有名な

訳註45　「間主観性」（Intersubjektivität《インターズプヤェクティヴィテート》）とは、独我論的な主観を超えて、複数の主観に共通して成り立つことを意味する。そのかぎりにおいて、社会的共同体や客観的自然を構成するものであるといえる。

学者であり技師であるエマヌエル・スウェーデンボリは、同時に笑い者にされた。カントがその後まもなく、空間、時間、物理的因果性は事物それ自体《ディング・アン・ジッヒ》が現象するための主観的形式にすぎないかもしれないということに気づいたとき、もちろん彼は、自分の判断を修正しなければならなかったし、少なくとも、空間や時間に依存しない霊の影響力と知覚能力の可能性を認めなければならなかった。彼は、それをすることはなかった。

しかしその後、ショーペンハウアーが、その著書『視霊についての試論』（一八五一年）において、カントのなしえなかったことを埋め合わせた。ショーペンハウアーにとって、自然それ自体《アン・ジッヒ》とは、われわれがわれわれ自身のなかに意志として直接的に見出すものである。この意志は、全知全能であり、いつでもどこにでも居合わせている。遠隔作用・遠隔知覚（actio et visio in distans《アクティオ・エト・ウィシオ・イン・ディスタンス》）——念力や透視——といった超自然的《オカルト》現象が起こるのは、孤立した個人がこうした形而上学的な意志を分け持っているためである。

生物学者であり哲学者であるハンス・ドリーシュは、その著書『心的生活の日常の謎』（一九三八年）において、ショーペンハウアーが唱える意味合いにまったくのっとり、身体による霊の制限を解除して、霊の全知全能を誘導することができるという観点から、（身体を介した）霊と（身体を介した）知覚能力の正常な作用を説明した。全知全能性は、身体を担った個人においては、全面的に偽装され制限されているとみなされるべきである。この偽装と制限は、ある刺激を与えられると、部分的に解除される。したがって、超常と呼ばれているものは、もともとは「正常」といえるのであり、宇宙的な全知全能性は（ついでに挙げると、世界の真正なる鏡としての単子《モナド》というライプニッツの理念は）、ふだんは「情緒的拘束」により制限を受けているとしても、機会を与えられれば、身体を担うとともに個体化された隠蔽状態から解放されるのである。

ショーペンハウアーとならんで、フィヒテやヘーゲルも、空間と時間の観念性（想像性）というカントの後期の議論を受け継いでいる点で、カント観念論の後継者になっている。そのことに応じて、超心理学《パラサイコロジー》に対する彼らの態度は、肯定的であった。超心理学《パラサイコロジー》は、一八世紀末当時、フランツ・アントン・メスマーの影響により話題にのぼっていた。それもあって、彼の研究と超自然的《オカルト》能力者との交流は、メスメリズムと呼ばれた。メスマーは、みずから動物磁気に言及したのだが、それは、彼が、当時の主要テーマである催眠現象を磁気によって説明したからである。ヘーゲルは、『エンツュクロペディ』（一八三〇年）の第三巻において、次のようにとらえている。経験的な立場からの「精神の限定的な把握」は、動物磁気という「まったく野性的な既成事実のおかげで」押しのけられている。空間と時間の枠組みから解放された、無限の精神のこうした現象が、理論的な立場からもいまいちど把握されなければならない。ヘーゲルの思弁的な哲学は、動物磁気が不可解な奇蹟でなくなる唯一の哲学なのかもしれない。

　ポーランドの哲学者でありSF作家であるスタニスワフ・レムは、二〇世紀の終わり頃、「超感覚的な知覚」という論文で諦め口調の結論にいたっている。「ここで議論にのぼっている分野（超心理学《パラサイコロジー》的あるいは超感覚的現象）において、今後の五〇年あるいは八〇年のうちにはいかなる原則も登場しないだろう。」われわれは「秘密の核心を、それが存在しないところに求めているからである。……もし、かくも不思議な現象が、学問のなかに引き入れられるということがあるとしたら、それは、超心理学《パラサイコロジー》そのものに示唆を受けることもなく、超心理学《パラサイコロジー》に正面から取り組んでもいない学問が、進歩的に変化することによるしかないであろう。」いつか、あたかも意図されることなく、なにかのついででもあるかのように、「超感覚的な現実」の扉が開かれるであろう。そのときまで、超心理学《パラサイコロジー》もしくは心霊術《オカルティズム》は、行ったり来たりしながら、繰り返し哲学者たちに霊感を吹き込む「起き上がり小法師」のままなのである。

《メスメリズム、術者が催眠状態を引き起こす》、エビニーザ・シブリー『医術と神秘学への鍵』（1794年）から

一九世紀の哲学

一八世紀終わり頃、それまで相当に抑圧され続けていたロマン主義的な精神の態度が、ひとつの文化的潮流として影響力を発揮するようになる。リチャード・タルナスは、『西欧精神の情熱――われわれの世界観を形成した思想の理解』において、それまで支配的であったもうひとつの精神の態度である合理主義を対極から補完するものとして、ロマン主義を際立たせている。ロマン主義は、合理主義と同様にその根をルネサンスにもっているが、とはいえその根は、ルネサンス当時息を吹き返したギリシア-ローマ文化にあり、その当時引き起こされた科学革命にあるのではない。ロマン主義の立場からすれば、世界は原子《アトム》から成り立つ機械ではなく、有機体である。ロマン主義者が人間を評価するのは、自然に対する覇権をものにした人間の合理的な知性のためではなく、人間の精神性、創造性のためであり、また個性を表現したり、自己を陶冶する人間の能力のためである。こうした西欧精神のもうひとつの側面は、ルソーにおいてはじめて近代に現われる。やがてそれは、フィヒテからニーチェを経てキェルケゴールにいたる一九世紀の哲学的思考全体にとっての文化的背景になる。

とはいえ、ロマン主義は、人間の能力を尊重する点で、すなわち人間中心主義《ヒューマニズム》という意味で現世にまなざしを向ける点で、啓蒙主義を標榜《ひょうぼう》する対立者であるはずの合理主義と共通している。両者はともに、人間の意識を研究する。ただし、精神の啓蒙主義的-科学的探究は、経験論的かつ論理学的な性格をもっているのに対して、ロマン主義者は、人間的自己の多層的な本性を徹底的におのれのうちに発見し、その魅惑に引き込まれるようにして人間的自己の本性を探査

一九世紀前半

一八一二年　ナポレオンの対ロシア戦争
　当時フランスでシラー『ウィリアム・テル』やゲーテ『ファウスト』が禁書
一八一五年　当時イギリスでロバート・オーウェンが賃金労働者の地位向上のために共産主義的社会体制を要求する
　ワーテルローの戦い、セントヘレナ島へのナポレオン追放、ウィーン会議、王政復古、革命前の体制の再興
一八二四年　シモン・デ・ボリヴァルがペルーをスペイン支配から解放する
　J・N・ニエプスによる写真の開発
一八二九年　ギリシアがトルコ支配から解放される
一八三〇年　七月革命後にフランス国民王ルイ・フィリップ即位
　イングランドで古代競技フットボールの復活
　ダーウィンの研究旅行
一八三二年　ゲーテ没
　フランスでサン・シモン派の社会主義運動
一八三四年　ドイツ関税同盟の発足
一八三六年　針打ち式銃（後装銃）の発明
一八三七年　女王ヴィクトリア即位
　ナポレオンの甥［後のナポレオンⅢ世］が反乱を謀った後にアメリカに追放される

ヨハン・ハインリヒ・フュースリ《驢馬頭のボトムを愛撫するティターニア》1793～94年、個人蔵。
1764年からイギリスでヘンリー・フューズリとして生きたスイスの画家フュースリによって描かれた情景は、ウィリアム・シェークスピアの戯曲『真夏の夜の夢』を題材にしている。シェークスピア（1564～1616年）は、18世紀末にレッシング、ヘルダー、ゲーテらによってドイツの文壇に受け入れられ、ロマン主義運動に多大な影響をおよぼした。

しようとする。ルソーにはじまるロマン主義は、さしあたりはおもにドイツ国内の動向であったが、次第にイギリスにも（たとえば、バイロン卿をつうじて）、アメリカにも（たとえば、メルヴィルをつうじて）広まった。フランスでは、ヴィクトル・ユゴーにいたるまで隆盛をきわめていた。感傷的な崇拝や激しい感情への郷愁といったロマン主義とともに登場する新しいタイプの人間は、情熱的で、反社会的である、とバートランド・ラッセルは『西洋哲学史』のなかで述べている。「それは、無政府主義的な反逆者であり、暴君的な征服者である。……社会的な拘束に対する孤独本能の反抗は、哲学や政治や感情を理解するための鍵であり、またいわゆるロマン主義運動ばかりではなく、現在におよぶその影響をも含めて理解するための鍵である。ドイツ観念論の感化を受けて、哲学は独我論的になった。自我の成長は、倫理学上の根本原理となったからである。」

一八四四年	シュレージエンで織工の暴動
一八四八年	パリ二月革命、ベルリン三月革命、ウィーン三月革命（ベルリンで市街戦、メッテルニヒ失脚、パウロ教会でフランクフルト国民議会） マルクスとエンゲルス「共産主義宣言」

ドイツ観念論

ヨハン・ゴットリープ・フィヒテ（一七六二～一八一四年）は、ロマン主義者にとってもっとも重要な哲学者である。一七九〇年のこと、カントの『実践理性批判』が、神による予定説を信奉し、自然主義的な決定論に囚われた「独断のまどろみ」から彼の目を覚まさせたとき、彼は、プロテスタントの説教師であり、家庭教師であった。このとき以来、彼は、自由の哲学者であり、フランス革命を賞讃し、みずから一種の「哲学のナポレオン」になる。カントが、匿名の著作『あらゆる啓示批判の試み』（それは、長い間待たれていて、一七九三年ようやく世に出たカントの宗教論とみなされていた）の著者がフィヒテであることを公にしたとき、フィヒテは、突然に有名になった。彼は、ゲーテの勧めもあって、イエナ

ジャック-ルイ・ダヴィッド《アルプスを越えるナポレオンⅠ世ボナパルト》1800年、ヴェルサイユ宮殿、歴史美術館。

フィヒテは、知識学とその原則「自我は自己自身を措定する」とともに、「哲学のナポレオン」となった。彼は、こう述べている。「いかなる哲学を選ぶかは、したがって、そのひとがいかなる人間であるかに懸かっている。というのも、哲学の体系は、勝手気ままに捨てたり拾ったりすることのできる死せる家具などではなくて、それを所有する人間の魂によって命を吹き込まれているからである。生来弛緩《しかん》し、あるいは精神的な隷属と博学の奢侈《しゃし》と虚栄とによって弛緩させられ、屈曲させられた人物は、どうあっても観念論にまで高められることはないであろう。

において教授職を得て、そこで一七九四年に『知識学』と呼ばれる「自由の体系」を発表する。

フィヒテは次のように説明する。「わたしの体系は、最初の自由の体系である。というのも、かの国家が、外的な鎖から人間を引き離すように、わたしの体系は、事物の世界の枷《かせ》から、外的な影響の枷から人間を引き離し、……そして人間をその第一原則において自立した本質とみなすからである。」そこでいわれる第一原則とは、「自我は、自己自身を措定する」である。体系の全命題は、この原則に関連している。それらの命題によって、ありとあらゆるかぎりの知の体系的な形態が構成されている。体系につけられた『知識学』という書名は、このことに由来している。

したがって、知の基礎と原理は、なにかしら目の前に見出されるものでも、既成の事実でも、事実として成立している自我でもなく、創造的な活動であり、しかも自我が自己に到達し、さもなければ神だけがなしうるような、自己を産出する行ないであり、そのかぎりにおいて事行(Tathandlung)《タートハンドルング》と名づけられる。ここに必要とされているのは、自我が区別されていること、自我以外のすべての非我から自我が区別されていることである。したがって、知識学の第二原則は、「自我は、自己を非我に対立させる」である。さて、対立している対象が意識される場合、双方の他者どうしを結合し、包括する第三原則は、「自我は、自我において自己を非我に対立させる」である。以上三つの命題は、定立《テーゼ》、反定立《アンティテーゼ》、

「上方に向かうフィヒテの深淵」

フィヒテは、『人間の使命』でこう書いている。「わたしは知っている、……意識の規定はそれぞれ再び反省され、最初の意識に対する新しい意識が産出されうるということを、こうして直接的な意識がたえず一段ずつ高みに押し上げられて、最初の意識が蒙昧にされるということを……」

綜合《ジュンテーゼ》として、弁証法《ディアレクティク》の基本形式を構成している。フィヒテの要請するところによれば、人間精神に現われうるいっさいは、いま挙げられた三原則から導き出されなければならない。

フィヒテの『知識学』では、もはや神が言及されることはない。このことが無神論論争を引き起こし、フィヒテは教授の職を追われた。彼は一八一〇年に、ベルリンのロマン主義者たち（とりわけフリードリヒ・シュレーゲル）やフリーメーソン会員たち[訳註46]や寛容なプロイセン王フリードリヒ・ヴィルヘルムⅢ世の助力で、ベルリンにおける宿泊場所と講演機会と滞在許可を得た。一八一〇年にはじめてベルリンが、大学を開校したとき、フィヒテは、初代学長に選出された。

一八〇〇年、フィヒテの『人間の使命』が公刊される。これは、フリーメーソン会士にとって恒例の作文のタイトルであり、ベルリンの司教座教会参事会主席シュパルディングによる有名な書のタイトルである。精神の目覚めを得ることができたのは、そのシュパルディングの著書のおかげである、とフィヒテ自身が記している。『人間の使命』では、すべてがいっぺんに変化しているように見える。その書の三篇は、「疑い」「知」「信仰」と名づけられている。このときから、『知識学』での自我は、自

訳註46　「自由な石工」という意味の「フリーメーソン」（Freemason）は、中世の石工ギルドを起源としているといわれ、一八世紀初頭ロンドンに創設され、合理主義的な信仰に基づいた人類共同体の完成を目指す博愛主義団体として世界中に広まった。秘教的な加入儀礼《イニシエーション》を受けた貴族・紳士・知識人などを会員とし、徒弟・職人・親方という三階級の組織をもつ。

「風に吹かれる塵から全国家間でなされる世界壊滅的な戦争まで、もしこれらのまったく超感性的ではないものごとのうちに働いている原理が存在するとするならば、万物は、超感性的な概念に刻印を押されるためにだけ存在するにすぎない取るに足らないものであり、そのための素材である。」

ヨハン・ゴットリープ・フィヒテ

《「愛国主義の勧告者」としてのフィヒテ》木版画、19世紀中頃。
1807/8年冬、フィヒテは、ベルリンのフランス占領軍の監視下で、『ドイツ国民に告ぐ』という有名な愛国主義的講演を行なった。1813年、ナポレオンに対する自由解放戦争がはじまったとき、フィヒテは、ベルリンの兵役召集訓練に参加した。彼は、1814年初頭に死去した。

我において現われる絶対者ないしは神に再び置き換えられる。なにが起こったのであろうか？　――フィヒテは、ある種のブラックホールとでもいうべき意識の盲点に、落ち込んでしまったとき、彼のなかを貫いて流れ、作用をおよぼし、ただ神秘的にしか経験されることができない宇宙的生命である神のことを思い起こした。デカルトが世界を動かしたそのアルキメデスの支点である**ego cogito, ergo existo**《エゴ・コギト、エルゴ・エクシスト》（わたしは考える、ゆえにわたしは存在する）は動揺し、底なしの深淵に墜落した。〈わたし〉自身は、いったいどのように、いつ夢を見ていたのか？　――フィヒテは、デカルトの築いた基盤について次のように述べている。「〈わたし〉は感覚する、直観する、思考するという思想が、現われる。しかし、〈わたし〉が感覚したり、直観したり、思考したりするということは、決していえない。前者の現われだけが、事実であり、後者のことは、前者に付け加えて仮構されているのである。……〈わたし〉自身は、そもそもなにも知ってはいないし、存在してはいない。現われとしてのもろもろの映像が存在する。それら映像が、現に存在している唯一のものであり、それらは、映像というしかたで自分自身のことを知っている。……あらゆる現実は、その夢を見る主体としての生もないまま、……不可思議な夢に変容する。……思考は、……かの夢についての夢なのである。」フィヒテは、かつてのエピメニデスのように自己否定的な自己言及の深淵をのぞき込み、死というもはや映像として表象されえない無に突きあたる。彼は、なにかしら「たんなる表象の外部に横たわっているもの」を求め、とにかくも道徳的行為が人間の使命であるということをまもなく見出す。なぜならば、「われわれの市民権は天に」あり、彼すなわち「霊の父」のみが、人間のまったき使命を知っているからである。もうひとつの生において復活するために、世界から身を退き、おのれを世界から解き放つこと、いまやそれが、フィヒテの宗教的-プラトン主義的なスローガンである。

プロテスタントの神学者である**ゲオルク・ヴィルヘルム・フリードリヒ・ヘーゲル**（一七七〇～一八三一年）は、ロマン主義の遺産相続人である。彼もまた、自我の深淵を経験していた。この深淵のうえを無数の理性的推論で架橋するひとつの体系が築き上げられる。彼の体系は、比類のない神の存在証明である。

一八〇四年、（E・A・F・クリンゲマンという偽名で）『ボナヴェントゥラの夜警』が世に出される。——これは、フィヒテの『人間の使命』に、彼による底なしの自我の発見に呼応するものである。そこには、「どうしたことだろう？〈わたし〉が鏡の前に進み出たとき、その鏡のなかに立っているのが、まったく〈わたし〉ではないとは——〈わたし〉が、思想のなかの思想にすぎず、夢のなかの夢にすぎないとは？」とある。ノヴァリスを中心としたロマン主義者たちが憧れを抱いた無限なるものは、底なしの深淵に逆転した。「なんじ自身を知れ」は、無限に重ねられる逆説的《アイロニカル》な反省のなかで消息不明となる。「一方の容器が他方の容器のうえにかぶさって」おり、すべては配役にすぎず——かといって、その配役を演じているはずの〈わたし〉はどこにも見つけられない。ヘーゲルは、一八〇五年におそらくは『夜警』の読後の印象をもとに、次のように書いている。「これは、純粋自己の……夜である。……人間の眼の中を——ひとつの夜の中をのぞき込むとき、この夜が見つかり、ぞっとさせられる。世界の夜は、それを見る者の前にぶらさがっている。」世界の夜とは、神が失われた世界である。あるいはヘーゲルの言葉でいいかえるならば、世界の夜とは、神自身が死んだという感情である。どうすれば、この感情から再び脱することができるのか、どうすれば、神を再び確証することができるのか？　——神との距離を、死をくぐり抜けなければならない、とヘーゲルは考える。彼は、疎外を、すなわち

《ヘーゲル》
1831年、J・J・シュレージンガーによる絵画。ヘーゲルのもっとも有名な言葉は、「理性的なものは、現実的なものであり、また現実的なものは、理性的なものである。」というものである。彼による註釈のひとつには、こうある。「自分の周囲の多くの対象が、それがあるべき《ゾレン》姿では存在していないことを見抜くだけの賢明さをもたない者がいようか？　しかし、この賢明さは、こうした対象やその対象に対するあるべし《ゾレン》でもって、自分が哲学的学問の関心のうちにあると思い込んでいるかぎり、誤りを犯している。」

ヘーゲルの主な著作

『フィヒテとシェリング哲学体系の差異』（一八〇一年）
『精神現象学』（一八〇七年）
『大論理学』（一八一二～一六年）
『哲学的諸学のエンツュクロペディ』（第一版一八一七年、補遺付第三版一八三〇年）
『法の哲学』（一八二一年）

いっさいの関わりが配役上の演技に転じられるということ、あるいはいっさいが否定されうるということを、死することとして体験した。死するとは、普遍的なものから個別的なものが特殊化されるということである。

ヘーゲルの哲学は、［そうした死を超えて］個別的なものを遡行的に普遍的なものに結合し、個別的なものを普遍的なものにおいて再統合する体系である。それは、三段論法《シロギスモス》ないしは推論の体系である。アリストテレスがその三段論法《シロギスモス》において説いたように、個別（主語）は、媒介を超えて普遍（述語）に連結される。

三段論法《シロギスモス》は、『哲学的諸学のエンツュクロペディ要綱』において完成したヘーゲルの体系にとって、規範となっている。彼によれば、「すべては推論であり」、おのおのが個別と普遍（理念《イデー》）との連結である。普遍論争とその解決法を思い起こそう［本書47～49・89～90頁を参照せよ］。普遍は、神の精神においては事物以前にあり、人間の精神においては事物以後にあり、現実においては事物自体にある。ヘーゲルの『エンツュクロペディ』は、その三部門において、父なる神、神の子、聖霊の三位一体に対応した、論理学［事物以前の普遍］、自然［事物自体の普遍］、

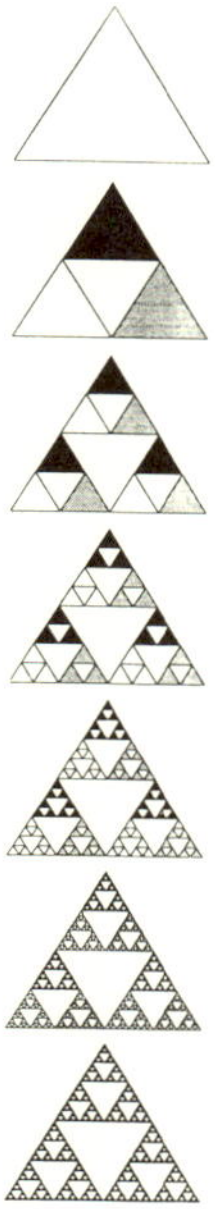

一個の三角形が増殖しながら微分化されてゆく過程は、現実的なもの（精神）を自由自在の厳密さで把握する、ヘーゲルの弁証法的《ディアレクティシュ》な方法をイメージしている。

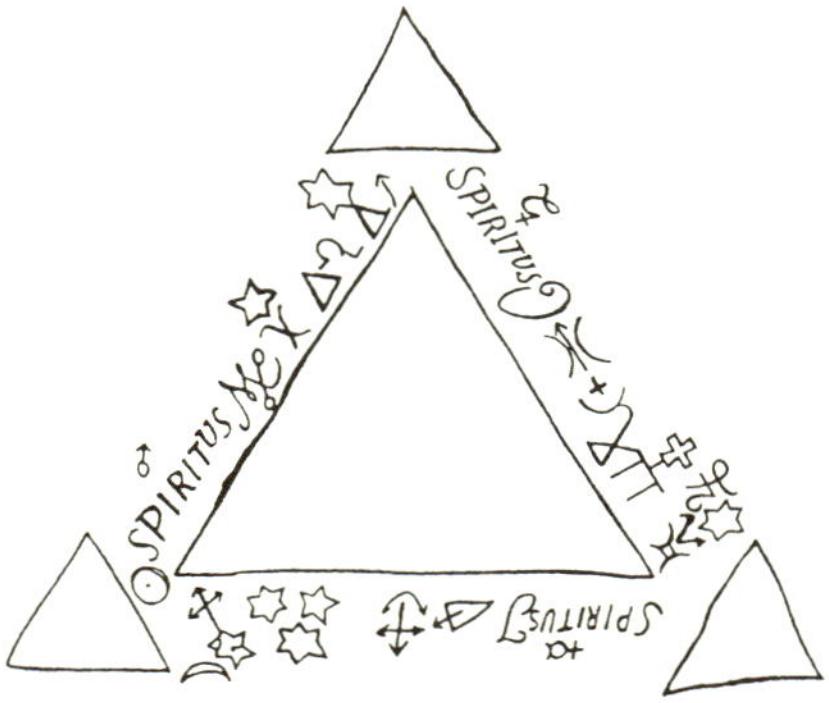

錬金術的−占星術的シンボルを帯びたヘーゲルの神的三角形のイメージ

「神とは、みずからおのれ自身と連結する推論である」とヘーゲルはいう。それは、父、子、聖霊という契機をもつ。

精神〔事物以後の普遍〕の三位一体を提示している。三者の統一は、推論にしたがう。論理学は、自然と対立させられながら、精神において自然と結合させられる。これは、フィヒテの三原則が弁証法《ディアレクティシュ》的な形態をとったものである。この体系は、フラクタルの場合のように、自己相同的な写像によって増殖していく三角形から成り立っている体系である。ヘーゲルは、「神的三角形」というイメージでもってそれをみずから示唆している。ヘーゲルの『エンツュクロペディ』は、アリストテレスの『形而上学』からの引用で締めくくられ、その頂点に達する。「というのは、理性の現実的活動態《エネルゲイア》は、生であり、しかも神性は、現実態《エネルゲイア》であるからである。ゆえに神性の現実態《エネルゲイア》は、……永遠の生である。」このときヘーゲルは、信仰と知との対立を最終的に克服し、それと同時にすべてを——最小の細部にいたるまですべてを——把握した立場に立っている。

ヘーゲルのテクストの読解には、多大な困難をともなう。三段論法《シロギスモス》的な、あるいはこういっても同じことだが、弁証法《ディアレクティシュ》的な構造は、いつも即座に見きわめられるというものではない。ここでは、サンプル検査的な方法を

『精神現象学』のなかの有名な章「主人と奴隷」の図解

1. 純粋な反省的存在《フュアージッヒーザイン》としての自己意識は、承認を獲得しようとする。
2. 自己意識は、自己の外に出てゆく。真理は、客観性をとおしてはじめて明かされるがゆえに。
3. 決闘。しかし承認は、生き抜くことを要求する。
4. 自律的な意識と依存的な意識として、すなわち主人と奴隷として生き抜くこと。
5. 奴隷を媒介することによって、主人は承認を獲得する。
6. 奴隷に媒介された承認は、主人にとって非本質的なものにとどまる。
7. 奴隷にとって絶対的な主人は、結局は死である。奴隷は、生に依存するがゆえに。
8. 奴隷は、死としての主人を承認しながら、労働をとおして自己の不自由を消費する。人間の歴史がはじまる。
9. 奴隷は、思考のなかで禁欲的な自由に到達する――しかしその自由は、奴隷を懐疑的にする。
10. 奴隷個人としての不幸な意識――は、救済を願う。
11. 不幸な意識は、永遠なものに迎え入れられる。救済者は、不幸な意識の貧しい営みのなかに、それにもかかわらず絶対的な営みが存在することを不幸な意識に約束する。
12. いまやすべてが現実として満ちている浄福が享受される。絶対的な、観察する理性が登場する。

もって――また、論理の濃密さや、比喩の豊富さや、概念を産み出す特殊な想像力などに対する驚嘆をもって――彼がなにを望み、どのようにしてそれを実現しているのかということについて、その原理を理解することが、かえって役に立つ。

それにもかかわらず、ヘーゲルの「哲学」は、非常にたやすく通俗化することができる。その「哲学」は、ヘーゲル自身もいっているとおり、世間一般のひとびとがなお依然として信じていたものに、おおよそのところあてはまっている。1．世界と、人間の歴史の経過は、理解可能であり、それ自体、理性的である。そして、発展中にあるすべては、その理念《イデー》にしたがったあるべき姿になるために、概念として把握されている。2．神は、その理念《イデー》とともにあまねく存在している。ただし、現実的と呼ぶに値しないものも少なからず存在するが、それは、そうしたものがあるべき姿で存在していないからである。たとえばヘーゲルは、アメリカ原住民について、消滅してゆく種族であると語っている。「この未開人たちは、ブランデーと銃器を知るようになって、絶滅にいたるのである。」

実証主義、解釈学、プラグマティズム

実証主義は、現実を説明するにあたって、形而上学にもア・プリオリな総合判断にもまったく頼ることはないと信じている。実証主義を特徴づけるのは、熱狂的な理性中心主義でもある。フランス唯物論の発展形態としての実証主義は、ロベスピエールが理性を神として即位させたフランス革命の衝撃によって決定的なものにされた。

実証主義は、感性的な領域もしくは実証的（positiv《ポジティーフ》——「置く」「立てる」「据える」を意味するラテン語のponere《ポネレ》に由来する）な事象に依拠する。知の理想は、もはや形而上学ではなく、精密な自然科学である。あらゆる形而上学ばかりではなく、カントが唱えたような、直観の形式と範疇《カテゴリ》をそなえた自我——これは、自然科学的な経験を可能にする形而上学的な条件である——をも、実証主義は却下する。自我は、感性的‐客観的経験において前もって与えられているわけではないとされる。たとえ自我がなくても、そもそも世界を説明することができるのではないか？　経験科学は、実験的方法論で事足りるのではないか？　経験科学に対比していうならば、ヘーゲルとシェリングによって発展させられた自然哲学は、事物の内的本性について秘教的な思弁を弄したものとみなされる。彼らの自然哲学は、諸現象を人為的に再現することができる、諸現象の因果的かつ物理的な説明を差し出しはしなかった。ヘーゲルとシェリングといった観念論者たちの自然哲学は、今日になってもなお大学内の哲学者たちによってほとんど読まれてもいないし、教えられてもいない。自然哲学は、自然からの自我の疎外を解消する（Aufheben《アウフヘーベン》）訳註47 という点で、彼ら著者にとってもっとも重要であっ

訳註47　ヘーゲルの用語として一般に「止揚」と訳されるAufheben《アウフヘーベン》には、「廃棄する」と同時に「保存する」という意味が含蓄されており、以下文脈に応じて「解消」「廃棄」「揚棄」などの訳語を用いる。

オーギュスト・コントの墓は、パリのペール・ラシェーズ墓地にある。墓石には、コントの三つの主要著作［『実証哲学講義』『実証政治体系』『主体的綜合』］が、彼の三人の息子のように記されている。

《オーギュスト・コント》A・エテクスによる肖像画、パリ、コント博物館。

たとしても、そうなのである。

実証主義は、経験科学を信奉してやまないが、しかもそれは、二重の意味においてである。1．経験科学の方法は、あらゆる認識活動の全般に対して基準を与える。2．経験科学は、社会の進歩に対する根拠である。社会と認識活動は、平行しており、歩調を合わせて発展するからである。

オーギュスト・コント（一七九八～一八五七年）は、一般に実証主義の創立者（サン・シモンに由来する表現）とされるが、それに関係して、三段階の法則を手にしている。これは、民衆の「大通り《コルソ》」（登り道）は神々の時代、英雄の時代、人間の時代を貫いているという、**ジャンバッティスタ・ヴィーコ**（一六六八～一七四四年）の三段階の法則に酷似している。コントの法則は、理性にも社会発展にもあてはまる。第一の神学的段階において、あらゆる現象は、神学的に、したがって神的な威力によって説明される。それに対応して、社会は、神権によってあるいは軍人によって統治される。第二の形而上学的段階において、あらゆる現象は、抽象的な理念や原因論によって説明され、社会は、法的な権力機構によって統治される。第三の実証的段階にお

「ジャンバッティスタ・ヴィーコ」

いては、もはや社会的な現象に対しても経験科学的な説明しか有効ではない。この段階では、正確な計画予測が可能となる。社会学が成立し、それとともに綿密に秩序づけられた社会生活が可能となる。後になってコントは、「偉大な存在者」を崇拝する「人類教」なるものがさらに加えて必要であると考えた。たしかにコントは、カトリックによく似た宗教的教説でもって多大な共鳴を得た。彼の支持者たち、つまり本来の意味での「学問の信奉者たち」は、コント自身を聖者として崇拝した。コントの実証主義教会は、ブラジルにいまも建っている。

コントは、自然科学の方法を社会科学や社会学にも要求している。**ジョン・スチュアート・ミル**（一八〇六〜一八七三年）は、コントの後継者であるが、社会科学は、その対象の特殊性のゆえに、自然科学と同じ確実性と正確さに到達することができないことを明らかにしている。ずっと時代を下ること、二〇世紀の半ばになって、いわゆるフランクフルト学派は、管理支配から解放された社会という理念とともにカール・マルクスに接近し、また社会病理の治療という理念とともにジークムント・フロイトに接近するのだが、この学派は、社会理論は政治的に中立ではありえないということを標榜《ひょうぼう》する批判理論といわれるものを発展させた。批判理論は、それ自体、社会が自己を解放するための契機といえよう。これは、いわゆる実証主義論争にまで拡がり、そこでポパーや批判的合理論の信奉者たちは、フランクフルト学派のハーバーマスに対して、社会学の客観的学問としての方法とその政治的な中立性を擁護した。

「ジョン・スチュアート・ミル」

はやくもヴィーコは、歴史を人間の認識にとって本来の領域であるとみなしていた。なぜならば、人間の精神は、自分自身で作り出した歴史という「事実」をもっともよく理解することができるからである。しかし「事実」は、必ずしも「実証的に《ポジティーフ》」認識されうる物理的現象ではない。物理的現象は、ただ「外側」から説明されることができるだけであって、歴史学や社会科学の場合におけるように、「内側」から理解されることはできない。このことは、すでに解釈学《ヘルメノイティーク》（解釈技法を指しており、ギリシア語のhermeneuein《ヘルメーネウエイン》は、「解釈する」という意味である）の主張の本質をついている。説明と理解の対比は、**フリードリヒ・ダニエル・エルンスト・シュライアマッハー**（一七六八～一八三四年）と**ヴィルヘルム・ディルタイ**（一八三三～一九一一年）を代表者とする思考傾向の特徴を表わしている。「内面的」理解にとってすぐれて問題となるのは、ヴィーコのいうように、精神がその所産において自己自身へと自己言及することである。いまでは解釈学的循環と呼ばれているそうした自己言及は、テクスト（とくに聖書）の解釈の場合にも、歴史的「事実」の解釈の場合にもともなう。循環とは、個々のものを理解するにあたって、その個々のものを包括する連関があらかじめ理解されていなければならず、しかも、この先行すべき連関の理解のためには、あらかじめ個々の部分が理解されていなければならないということをいっている。二〇世紀になって、マルティン・ハイデガーとハンス‐ゲオルク・ガダマーは、あらゆる知は理解に基づいているという理由から、解釈学をまさしく哲学そのものであるとみなしている。このとき哲学は、歴史的状況における人間の自己解釈についての議論になる。経験を可能にする条件としてのカント的な自我は、ある意味で歴史的な生活共同体のなかに嵌《は》め込まれており、そこから世界を解釈するのである。

　それぞれの認識は、社会的な次元をもっている。つまり、共通に理解されている記号を使用し、なにを真理として認めることができるかについての一般的な同意《コンセンサス》を要求するコミュニケーション共同体を前提としている。これが、アメリカの（パース、デューイ、ジェームズ、ミードそのほかに代表される）プラグマティズムの基本的な主張である。

チャールズ・サンダース・パース（一八三九～一九一四年）によると、超歴史的な、経験を可能にする条件（ア・プリオリなもの）などは存在しない。真理とは、いついかなる場合でも、人間が行為を営む世界を保持し保証するために、そのようなものとして取り決められたものにすぎない。真理とは、行動の可能性を拡げ、予測を立てられるようにし、問題を解決するもののことをいっている。いかなる歴史的な必然性もなければ、いかなる唯一これだけが正しいとされる方法もない。

「チャールズ・サンダース・パース」

すべては開かれたままである。理想は、開かれた学習形態としての民主主義である。哲学は、絶対的な真理や救済の知を求めるというしかたで、宗教の代用品であるのではもはやない。とはいえ、プラグマティストたち自身は、例外なく宗教的信仰に篤く、現世のために用立てられた道具として、生活にとって実用的《プラグマティック》な価値をもつ道具として哲学を手にしているにすぎない。「最大多数のための最大幸福を！」というのが、彼らの遂行すべきプログラムなのである。

パースは、人間の理性を、記号の在庫品目録である言語に結びつける。記号論は、彼の哲学の核心である。記号論は、（カント的な）認識批判を意味論的に（記号論的に）変換したものであり、論理学を意味論的に基礎づけたものであり、哲学を根本的に方向転換したものである。しかしながら、ヨーロッパにも、とくにドイツにも決定的な影響をおよぼすようになるのは、ようやく二〇世紀後半になってからのことである。プラグマティズムは、今日では現代哲学以外のなにものでもない。

ニューヨークの入り口に立つ**《自由の女神像》**
チャールズ・サンダース・パースともに、哲学ははじめてアメリカの土を踏むといえる。

ドイツでアメリカのプラグマティズムがはじめて知られるようになったのは、一九〇八年のハイデルベルク哲学国際会議をつうじてであった。プラグマティズムは、最初は激しい反感をもたれ、やはりそこには、よくいわれるような典型的にアメリカ流の功利主義思考が指摘された。有用なものを真理としてみなす功利主義は、西欧文化に対する、とりわけドイツ精神に対する攻撃であるかのように思われた。それ以外にも、プラグマティズムの根本理念は、すでにショーペンハウアーやニーチェのもとですべて見出されているともいわれた。しかしながら、主体の哲学を超克する（生の営みのなかで主体を解体する）という課題は、ドイツでも残されたままであった。シェーラーやハイデガーは、プラグマティズムの理念を引き継いだ。プラグマティズムは、台頭するナチズムのために、その間主観的＝社会的な特性を切り落とされ、すぐさま行動主義的な政治観念《イデオロギー》の役割を果たしたのである。アルノルト・ゲーレンは、人間を行為する存在者として取り上げるその人間学において、プラグマティズムを制度の権威理論に結びつけた。またフーゴ・ディングラーは、その著書『現実的なものの把握』において、認識を実践のうえに根拠づけた。彼にとって信頼に足りるのは、意思の表示と行動の指示だけである。ようやく第二次大戦後、六〇年代になってはじめて、ハーバーマスの「普遍的語用論《プラグマティーク》」とアーペルの「超越論的《トランスツェンデンタール》哲学の変換」の登場とともに、アメリカのプラグマティズム、とくにパースとジョージ・ハーバート・ミードが、先入観なしに受け入れられることになった。

マルクス、フォイエルバッハ、シュティルナー

ヴィーコやコントと同じように、**カール・マルクス**（一八一八～一八八三年）もまた、諸段階において継起するひとつのプロセスとして歴史を描き出す。このプロセスの原動力は、人間が労働をつうじて自己を対象化することにあるととらえられている。マルクスは、分裂とその解消《アウフヘーベン》を介した発展、あるいは、外化とその同化を介した発展という理念をヘーゲルから受け継いでいる。これは「弁証法的な《ディアレクティシュ》」運動原理である。マルクス主義では、「定立《テーゼ》、反定立《アンティテーゼ》、綜合《ジュンテーゼ》」ということがいわれるが、ヘーゲルの用語法にしたがえば、それらは、カントがその三批判書の連関を示すときにも、範疇《カテゴリ》を分類したり理念を区別したりするときにも利用したような「精神なき図式《シェーマ》」にすぎない。ところがマルクスは、『資本論』第一巻のなかで、弁証法《ディアレクティク》はヘーゲルの場合にそうであったような精神的なものではなく、むしろ物質的なものの運動原理であり、そこで精神は、その運動の反映なのであると述べている。彼は、疎外とその解消《アウフヘーベン》を物質的な事柄とみなす。つまり、自己の対象化［外化］である労働生産物が喪失され、労働から排除されることを疎外としてとらえ、その喪失を再びわがものと［同化］し、自己の労働の成果を享受することを疎外の解消《アウフヘーベン》としてとらえている。

このときマルクスは、個々人の子孫（ラテン語でいうところのproles《プロレス》）訳注48のことを考慮に入れており、そのおかげで、彼の経済理論は、彼から神秘的と呼ばれたヘーゲルの弁証法《ディアレクティク》に劣らず神秘的になり、実際に性的な意味合いをもった神秘

カール・マルクスは、「ヘーゲル法哲学に対する批判」という論文でこう書いている。「宗教は、追いつめられた被造物の嘆息であり、無情の世界のうちにある心情である。すなわち、宗教とは精神を喪失した状態にある精神である。幻想としての民族の幸福である宗教を廃棄《アウフヘーベン》することは、現実としての民族の幸福を要求することである。……歴史に貢献する哲学の第一の使命は、人間の自己疎外の宗教的形態がその正体を暴かれた後で、非宗教的な形態をとった自己疎外の正体を暴くことにある。それとともに、天上の批判は地上の批判になり、宗教の批判は法の批判になり、神学の批判は政治学の批判になる。」

性を帯びようになる。性的なしかたで自己を産出し続けるために、性的なしかたでみずから産出［外化］したものを性的なしかたでわがものと［同化］するということが、人間という類的生命についてのマルクスの根本理念であり、原理なのである。「自己の労働の成果を享受すること」というスローガンのもとにあるこうした性的神話に基づいて、マルクスの哲学は、ヘーゲルよりいっそう影響力をもって通俗化されることができた。それというのもなににしろ、あらゆる社会的ユートピアの真髄は、性の解放にあり、もしくはユートピア論者の**シャルル・フーリエ**（一七七二～一八三七年）とともに現われた新しい愛の秩序、新しい愛の世界（『愛の新世界』）にあるからである。

ヘーゲルやマルクスの哲学を理解するためには、彼らがそこから出発し、彼らの人生に刻印されている、彼ら著作者のかかえる不安と強迫観念と幸福の経験に関わらなければならない。完成された救済への道程を提示している彼らの主著のなかにもさえ、そうした経験は繰り返し掲げられ、記述されている（たとえば、ヘーゲルの「民族宗教とキリスト教」についての断片、マルクスが遺した四〇〇頁にわたる詩編を参照せよ）。

マルクスは、ヘーゲルの観念論を唯物論へと変容させるのにともない、**ルートヴィヒ・フォイエルバッハ**（一八〇四～一八七二年）を、その宗教批判を引き合いに出す。フォイエルバッハは、その著書『キリスト教の本質』（一八四一年）に

訳註48　「労働者階級《プロレタリアート》」は、この語proles《プロレス》に由来し、「子孫しか財産をもたぬ無産者」の意味である。

「1917年3月ロシア革命勃発時のサンクトペテルブルク」

フォイエルバッハに関するマルクスの第一テーゼは、「哲学者たちは、世界をさまざまに解釈してきただけであり、問題は、世界を変革することにある。」とある。「では、いかなる意味で世界は変革されるべきなのか？」と、ひとは問うだろうか？ 「世界に火をつけることとでもというのだろうか？ わたしは地上に火を投じるために来たのだ、すでに火が燃えていたなら、どんなに喜ばしいことか、と語ったイエス（『ルカ伝』第12章49節）のように。」――もちろん、世界が変革されるべきとするならば、それは、資本主義は世界の没落であるとするマルクス主義的な世界解釈の意味においてでしかない。

《ルートヴィヒ・フォイエルバッハ》
銅版画、1876年。

フォイエルバッハは、ベルリンのヘーゲルのもとで研究した後、エアランゲンで私講師となる。彼は、最初の著作『死と不死についての思想』のなかで不死を否定する。匿名で出版されたにもかかわらず、この著書のせいで、その後の学界での成功の道は閉ざされた。

おいて、神は人間の人格化された類概念であり、人間の本質であり、人間のもっとも内面的なものにすぎないと宣言している。神は、彼岸にではなく、此岸に求められるべきである。なぜならば、神は、人間がみずからそう望んでいるように、人間自身として存在するからである。人間は、自己自身を信じるべきであり、分裂とその再統合もしくは宥和《ゆうわ》というヘーゲルの弁証法《ディアレクティク》の構図に即して、天界に投影された自己の本質を再びわがものとするべきであり、自己の疎外を解消《アウフヘーベン》すべきである。したがって、フォイエルバッハは、神の占める位置に人間という類を置く。人間をそれが沈み込んでいる泥沼から引き出すために、哲学は人間の悲惨な状況へとおもむかねばならない、と彼は要求する。神を信仰する宗教は、この悲惨の状況を象徴しており、――そして、マルクスとエンゲルスがいうように――宗教は、「民衆の阿片」である。マルクスは、フォイエルバッハに応じて、「民衆の幻覚的な幸福としての宗教を廃棄《アウフヘーベン》することは、現実的な幸福を要求することである」と述べている。フォイエルバッハは、マルクスにおいても同じだが、悲惨の原因を性的関係にあるととらえている。フォイエルバッハは、

「精神の共同体のなかに」女性を受け入れることを要求するが、それは、女性が「生きた道徳哲学要綱」であるからである。人間の本質規定のなかに、あるいは神的なもののなかに女性を受け入れることが要求されるのである。新しいフェミニズム（たとえば、リュス・イリガライ）は、フォイエルバッハを拠りどころとしている。――マルクスは、商品を生産する資本主義社会を廃棄《アウフヘーベン》することにより、自然な（ルソーの唱える意味で、良好な）性的関係に戻ることを期待する。資本主義社会にとって、女性は商品の原形であり、それゆえマルクスとエンゲルスは、『共産主義宣言』（一八四四年）において、資本主義社会を売淫の社会と規定する。共産主義は、女性の交換を撤廃する。マルクス自身にとってこのことは、女性の子孫《プロレス》（proles）を遠隔間で交換すること――たとえそれが、近親相姦の禁止《タブー》にしたがったものであり、古来どこにあっても社会の原理であったとしても――を放棄し、新しい種類の社会を築くことを意味している。

共産主義は、労働の疎外を撤廃するといわれている。このことが本来意味していることを、マルクスは『資本論』第一巻で詳論している。疎外された労働の原型とは、生殖能力が「浪費的に」使い果たされたことにあり、無駄にされた精液の「膠化体《こうかたい》」またはその「粘液状の軟塊」にある。こうした表現を、マルクスは飽きもせず繰り返している。人間の取り戻しは、労働者革命《プロレタリア》によっておこなわれるべきであり、その革命において、まず全社会が解体され、それから疎外されることのない労働を介して、社会が再建されるのである。労働者階級《プロレタリアート》の揚棄《アウフヘーベン》と新しい人間の養成のなかで、哲学がおのずから実現される、とマルクスは書いている。しかしまた、「労働者階級《プロレタリアート》は、哲学の実現なくしてみずからを揚棄《アウフヘーベン》することはできない」のである。

その後マルクス主義哲学の内部では、とくにソヴィエト連邦と東ドイツにおいて、宗教に服従せざるをえなかった中世哲学のたどった運命が、ある意味で繰り返された。哲学ないしは理性は、いまや共産主義の福音としての、マルクスとエンゲルスの公式声明への信仰に服従しなければならない。そうした公式声明は、表面的にしか読まれないし、場合によってはまったく読まれることがない。なにが真理であるのかは、もうすでに所与のものとされているからである。

［ラッセルによるトマス・アクィナスの批判（本書91頁）を参照せよ。］

《マックス・シュティルナー》
フリードリヒ・エンゲルスの記憶によるスケッチ、二人がベルリンで出会ってからほぼ五〇年後に描かれた。

マルクスとエンゲルスが**マックス・シュティルナー**（一八〇六〜一八五六年）に対するのと同じほど多くの言葉を費やした哲学者はいない。マックス・シュティルナーによる『唯一者とその所有』（一八四四年）は、最初の実存主義的な自我哲学である。その書は、フョードル・ドストエフスキーにも、フリードリヒ・ニーチェにも、マックス・エルンストにも、ジャン‐ポール・サルトルにも影響を与えた。その虚無主義的《ニヒリスティック》な急進性は、衝撃的である。「わたしは、わたしの事柄を無のうえに据えた（!）」ゲーテの詩編「ヴァニタス」に由来するこのモットーと、「わたしの愛しきマリー・デーンハルトに」という献辞とともに、シュティルナーは、ヘーゲルとフォイエルバッハに向けて、彼らが普遍、本質、理念を介して個別［単独者・唯一者］を規定することに対して非難を浴びせかける。「およそなにであれ、わたしの事柄ではないなどということがあろうか！　まず、善い事柄、次に神の事柄、人類の事柄！」と彼は悪態をつく。人間が神を殺害したというだけでは、彼には不十分なのだが、しかしそれならば、人間は（フォイエルバッハとともに）人間を神に代えて神の位置に置くがいい。「人間は」去るがいい、と彼は叫ぶ。「わたしが存在するために、人間は死すべきである。ありとあらゆるわたしの事柄ではないものは、去るがいい。わたしの事柄は、決して普遍的なものではなく、――わたしが唯一存在するように、唯一なのである。わたしにとって、わたしを超え出るものなどはない！」。

こうして究極にある死すべき自我《わたし》がすべてであるとされるのだが、さてこの「創造的な無」でもって、どこまで進んでいけるのであろうか？　「わたしが存在する」が「わたしはわたしを食い潰《つぶ》す」を意味するということを、シュティルナーはわきまえている。わたしは、わたし自身からすべてを作り出さなければならない。シュティルナーは、次のように告白する。わたしは、自分からごくわずかなことしか作り出すことができないかもしれない。しかし、このわずかなことが、すべてであり、このわずかなことが、他者の権力や、調教や、慣習を介してわたしから作り出させるものよりはまだましなものなのである。シュティルナーが自分から作り出したものは、彼が「しかじかのものになった」という既成事実から読み取られることはできない。彼が作り出したものは、そのほかすべての名高い哲学者たちと比較すると、なにもないといえる。彼は、いたずらに青二才風の行動をとり、批判者に対しては若干の批評と抗弁を書き記しただけであり、そのほかに自著はなく、ただアダム・スミスによる著作の翻訳などが残るばかりである。結婚には失敗し、妻子はないままであった。遺稿は失われたか、処分されてしまったかである。彼の写真は、まったく存在しない。エンゲルスは、記憶を頼りにして、彼の横顔を描いた――ベルリンで二人が邂逅《かいこう》してから五〇年後のことである。バイロイトで生まれたシュティルナーは、一八五六年、五〇歳のとき首筋にできた化膿性腫瘍のためにベルリンで亡くなった。マックス・シュティルナーというのは偽名であり、実名はカスパール・シュミットといった。哀れな一生だったのか？

哀れな自我《わたし》だったのか？　――「わたしが、憐れむべき話などすることはない」と彼は、批判者に対する、とりわけフォイエルバッハに対する返事のなかで記している。「唯一者の内容は、いかなる思想内容でもないのだから、唯一者は、思考されることも、表現されることもできない。しかし表現されることができないのだから、唯一者は、完全な語であると同時に、まったく語であるとはいえない。唯一者は、率直な、否定されがたい、一点の曇りもない語である。唯一者は、はじめに言葉ありきといわれる、われわれの言語世界の、すなわちこの世界の要石だからである。」シュティルナーこそ、哲学の逆説《アイロニー》であり、哲学の完結である！　彼を誹謗した――「凡庸」（ユルゲン・ハーバーマス）、「精神病質者」（カール・シュミット）、「哲学者のなかでもっとも空疎で、もっとも貧困な頭脳」（カール・マルクス）などというように――者たちに対して、彼の伝記作者であるジョン・ヘンリー・マッケイは、「全時代、全民族をつうじて、おそらくは最も明晰でもっとも明敏な知性（！）」と応じている。

ショーペンハウアー、ニーチェ、キェルケゴール

アルトゥール・ショーペンハウアー（一七八八〜一八六〇年）は、シュティルナーに少しばかり先立っており、ドイツ語

圏では最初に重要な無神論の哲学者である。ただし、その虚無主義《ニヒリズム》は、仏教的なしかたでに打ち破られている。彼のいう虚無とは、救済だからである。彼の虚無主義《ニヒリズム》は、生きているうちに、観想をつうじて世界の本質を見通すこと、見抜くことを指している。というのも、観想は、ショーペンハウアーによれば世界の根源であるところの、生存と生殖へと駆り立てる意志を停止させることだからである。彼は、ヘーゲルにも似て、観想という方法で全宇宙を把握する。そうして彼は、自分の世界観が絶対的に真理であることを、透徹した議論でもって主張する。「世界はわたしの表象である」というカントの真理が、ショーペンハウアーの出発点である。彼は、その真理がインド哲学のなかに（サンスクリットのテクストは、一八〇一年以降、デュペロンのフランス語訳によって利用できた）証されていることを見出した。ここでいうインド哲学とは、空間と時間において存在者がそれぞれ個体化され、そのようにして多数性をはらんだ世界を仮象であると断言する、迷妄《マーヤ》のヴェール説のことである。われわれの存在は、それぞれのそのほかの被造物と同様に、根源としての世界意志が客観化されたものであるのだが、われわれは、その世界意志に気づくとき、現象世界《マーヤ》のヴェールの背後を「観て」いるのである。この気づきは、他者の苦痛に共感する同情とともにもたらされる。生とは、本質的に苦であり、生存と生殖をめぐる闘争において個体を消耗させることである。同情だけが、エゴイスティックではない無私の行為を、ショーペンハウアーにとっては道徳的な行為を可能にするのである。同情は、各自がかかえているエゴイスティックな意志を、いわば吹き消してくれる。われわれは、客観化さ

《31歳のショーペンハウアーの肖像》ルートヴィヒ・ジーギスムント・ルールによる、1818年頃。

一九世紀後半

一八五一年　ロンドンで第一回万国博覧会
一八五二年　フランス皇帝ナポレオンⅢ世
一八五三年　クリミア戦争

一八五九年	ソルフェリノの戦い［イタリア独立戦争］で死者三〇〇〇〇人↓赤十字設立
一八六一〜六五年	アメリカ南北戦争
一八六四年	シュレースヴィヒ-ホルシュタイン戦争
一八六六年	新型後装銃を装備したプロイセンがケーニヒグレーツでオーストリアに勝利する［普墺戦争］、一九世紀最大の戦争、死者三〇〇〇〇人超
一八七一年	普仏戦争 ヴィルヘルムI世のドイツ皇帝宣言、教会と中央党に対するビスマルクの文化闘争 パリ・コミューン壊滅で死者二〇〇〇〇人
一八七四年	ドイツ帝国では教会よりむしろ戸籍役場での結婚が認められる
一八七八年	ビスマルクによる社会党の禁止
一八八六年	C・F・ベンツが製作した新型三輪自動車は価格三〇〇〇マルクで走行時速一六キロ
一八八八年	ダイムラーが四輪自動車を開発 ヘルツによる電磁波の証明
一八八九年	エッフェル塔建設
一八九五年	レントゲンによるX線の発見 リュミエール兄弟によるシネマトグラフの公開
一八九七年	J・J・トムソンによる電子の発見
一八九八年	キュリー夫妻による放射能の発見

れた各自の意志の原像（場合によっては、プラトンのイデアに相当する）を観想によって認識するのであるが、まずは芸術において、なかでも音楽において瞑想的に吹き消された意志のもとで、それを認識するのである。

以上のような『意志と表象としての世界』（一八一九年）の簡明で明快な構想は、一八四八年の二月革命が挫折するまで、はじめはその影響を遅らされた。しかしその影響力は、リヒャルト・ヴァーグナー、レフ・トルストイ、トーマス・マンといった芸術家や著述家におよび、また一方でフリードリヒ・ニーチェ、ルートヴィヒ・ヴィトゲンシュタインといった哲学者にもおよび、さらに特筆するべきは、ショーペンハウアーの唱える「意志」に「無意識」を発見することができたジークムント・フロイトにまでおよんでいる。

ショーペンハウアーがカントの認識論に与えた自然主義的な転回も、今日の進化論的な認知科学を引き起こすにいたる、なお持続的な影響として認められる。その転回というのは、ショーペンハウアーが、カントの認識能力（超越論的《トランスツェンデンタール》自我）を認識器官としての脳髄と同一視したことにある。すると、われわれが見ている世界である表象世界は、脳髄が産出したものということになる。しかしこのとき、われわれは、ショーペンハウアーの脳髄パラドクスともいうべき、あるパラドクスの前に立っている。表象世界が脳髄の産物であるならば、それと同時に、その脳髄も表象された世界の一部である、というパラドクスである。このパラドクスを前にして、今日の進化論的な認知科学が構想している仮説的実在論に逃げ込むこともできよう。この場合、次のことが想定されることになる。現実世界が存在し、すなわち、恒星と地球というこの惑星をそのなかに含む全宇宙が存在し、そして地球上には、人間にいたるまでの生命の進化があり、いま人間の意識には、その脳髄により世界がある程度において表象されている。このとき、知覚をつうじた感覚的表象は、限定された表象にすぎず、たとえばコウモリやダニの知覚世界と相対的に異なっているにすぎない。しかし、自然科学は、たとえば超音波をも記録するような機器を使って、われわれの経験能力を拡張することによって、人間に現実に関するよりいっそう完全な経験を調達する。[訳註49]

それどころか、こうした仮説的実在論は、もっともよく引用される哲学者においても見出される。それは、レッケンで牧師の息子として生まれた**フリードリヒ・ニーチェ**（一八四四～一九〇〇年）である。彼の小論「道徳外の意味における真理と虚偽について」（一八七三年）では、理性は、人間という特定の生命種がみずから生き抜く方法にすぎず、もしこの「賢明な動物」が、真理への衝動に駆られることなく、真理のうえに芸術を、美を、幻想を、虚偽を据えなかったとしたら、すぐさま死滅したであろうと宣告されている。

彼の著書『音楽の精神からの悲劇の誕生』（一八七二年）では、世界それ自体――ショーペンハウアーがその主著『意志と表象としての世界』のなかで意志と名づけたもの――が、陶酔・個体化の破壊・非理性的なものをつかさどるギリシアの神ディオニュソスに象徴され、ショーペンハウアーが表象と名づけた現象世界が、夢・個体化の原理・理性的なものをつかさどるギリシアの神アポロンに象徴される。ニーチェは、――ヴァーグナー音楽の精神に由来する――悲劇

《笛を吹くサテュロス》訳注50
エピクテトスと署名されたアッティカ式の皿、パリ、国立図書館。
近代的「教養人」として姿を現わす市民的末《まつ》裔《えい》たちは、サテュロスを自分の父として認めることをためらう。ニーチェは彼らに呼びかける。「おまえ、嘘つきの連中よ！　それにもかかわらず、われわれはおまえたちを知っているし、やはり、われわれはおまえたちが何者であるかを知っている。おまえたちは、サテュロスの恥じ入った影であり、自分たちの父を否定する、困窮し退化した末裔なのだ。それというのも、ここに立っているのは、勇敢なおまえたちの父たちであり、毛むくじゃらの尻尾をもったおまえたちの祖先なのだから！　われわれが真理であり、おまえたちが虚偽である。」

というディオニュソス的世界観が回帰することを唱える。
　いまの二つの著作を執筆したとき、ニーチェは、ショーペンハウアーの信奉者であったリヒャルト・ヴァーグナーという人物に完全に心酔していた。彼は、はやくも二五歳のときバーゼルで（ギリシア語とラテン語の）古典文献学の教授の職を手にしており、当時ルツェルン近郊に住んでいたリヒャルト・ヴァーグナーとその妻コージマ・ヴァーグナーと盛んに交流を重ねていた。しかしそれにもかかわらず、友情は、まもなく決裂する結果になった。その究極の原因は、ヴァーグナーが楽劇『パルジファル』のなかで純潔を讃美したことにあるわけではない。ニーチェは、『道徳的感覚の起源』を著わした友人パウル・レーを機縁にして、ニーチェの哲学を最後まで規定したみずからの問題に立ち向かった。それは、道徳の問題であり、とりわけキリスト教的な意味での、あるいは

訳註49　著者の規定する「仮説的実在論」は、以下のように解せるであろう。――脳髄による表象が成立するには、表象される世界（全宇宙）が「現実」として実在していることが前提される。脳髄の表象は限定的かつ相対的（遠近法《パースペクティヴ》的）であり、世界を完全に表象することはできないが、その表象能力を拡張することにより、いっそう「現実」に到達する可能性がある。――こうした議論は、ジェームズ・J・ギブソンの提唱する「アフォーダンス」理論に依拠している。

訳注50　サテュロスは、ギリシア神話では半人半獣の山野の精であり、ローマ神話のファウヌスと同一視される。ディオニュソス神の従者とみなされ、酩酊《めいてい》し、笛《アウロス》を奏し、ニンフたちと戯れ踊る姿が描かれる。年老いたサテュロスはシレノスと呼ばれる。本書68頁を参照せよ。

エドヴァルド・ムンク《フリードリヒ・ニーチェ》1900年、ストックホルム、ティールスカ美術館。

反ディオニュソス的な意味での性道徳の問題であり、そこにあっては、古代ギリシア文化にあってとは違い、同性愛は悪魔の烙印を押される。もはやヴァーグナー夫妻に気に入られることはありえなかった『人間的な、あまりに人間的な　自由精神のための書』にはじまる一連の諸作品において、彼は、道徳的人間に「自由精神」を対立させる。主著『ツァラトゥストラはかく語りき』では、自由精神は、善悪の彼岸に立ち、新しい価値を告知する超人になる。真・善・美といった旧来の諸価値は、人間にもはやいかなる展望《パースペクティヴ》も提供しない、とニーチェは考える。そこで彼は、価値の転換を企てるのだが、そのとき、チェーザレ・ボルジアのように戦慄すべき理想に手を伸ばす。著作『曙光　道徳的先入観についての考察』では、健康、知識欲、平和、同情、労働といった旧来の諸価値に対して、残虐、偽装、復讐、狂乱が徳として称揚される。なぜならば、後者の徳は、とくにキリスト教のような後代の文化によって隠蔽され、抑圧されはしたものの、かつては支配的な、本来の人間の性格だからである。それは、古代の戦士にふさわしい人間には依然として見出されるべき性格である一方で、未来の人間を再び際立たせるはずの性格である。

ヴァーグナーからの離反、それと同時にショーペンハウアーからの離反以降に成立した、ニーチェのこれらの作品は、いくぶん体系的に仕上げられた『道徳の系譜学』は別にして、無数の箴言《アフォリズム》とせいぜい三頁程度の短い論述と多数の詩編で構成されている。こうした彼の著述態度は、バーゼルの教授職を辞した後、慢性の疾患（偏頭痛や視力障害）にむしばまれながらも、落ち着くことなく漂泊した彼の生活に順応したものである。長年にわたって、ほとんど三日間ごとにまったく仕事ができない状態に陥った。彼は、何回となく旅行に出て、母や妹の住むナウムブルクと、スイスと、イタリアの間を行き来した。晩年の一〇年間は、精神錯乱の闇のなかで再び母と妹のもとで過ごした。

ニーチェは、『善悪の彼岸』のなかでイエスの殉教を自分自身のものとして描いている。「もっとも無垢にしてもっとも欲望深き心情の殉教、この心情は、……自分に愛を拒んだ者に対する厳格さと、妄想と、恐るべき爆発とをもって、愛することと愛されること以外、ほかのなにものも要求しなかった。……そのように感じる者、そのようなしかたで愛を知る者は、死を求める。」

マックス・エルンスト《喜劇の誕生》1947年、ケルン、ルートヴィヒ美術館。
ニーチェの最初の著作タイトルは、『悲劇の誕生』であるが、マックス・エルンストの絵画タイトルは、それをあてこすっている。マックス・エルンストは、哲学科の学生時代にニーチェの『悦ばしき知識』を読んで感激した。その第一書の第一アフォリズムには、引き潮と満ち潮のように交替する悲劇と喜劇の誕生が取り扱われている。ニーチェが待ち望んでいるのは、喜劇の時代、生存を笑う時代、善悪の彼岸での大いなる解放と無垢との時代である。しかしながら「まだしばらくは、事情はまったく違っており、生存の喜劇が『自覚にいたる』ことはない。まだしばらくは、あいかわらず悲劇の時代であり、道徳と宗教の時代なのである。」と彼は書いている。

「ルー・フォン・ザロメ、パウル・レー、フリードリヒ・ニーチェ」ジュル・ボネによる写真、ルツェルン、1882年。
ニーチェは、三人の共同体を計画した。二人の男が、彼らをねらって鞭を揺らしている女の乗った荷車を曳いている。『ツァラトゥストラはかく語りき』(第1部第18話)には、「おまえは女のところへ行くのか？ 鞭を忘れるな！」とある。

アルフレート・ケルスナー《深淵への吸引》。

「宇宙芸術家」ケルスナーの画中には、暗黒の洞窟がひとつの惑星系全体を飲み込んでいる。ニーチェは、「道徳的意味以外の真理と虚偽について」でこういっている。「無数の太陽系としてきらめきながら放出された全宇宙のなかの、どこかへんぴな片隅に、かつて認識を案出した利口な動物たちが棲むひとつの天体があった。それは、『宇宙史』のなかでもっとも不遜にしてもっとも不誠実な瞬間であった。しかしそれは、やはりたった一瞬のことでしかなかった。自然がほんのわずかに呼吸をしたら、その天体は凝固してしまい、その利口な動物たちは死滅しなければならなかった。――たとえこのような寓話を創作できたとしても、人間の知性というものが、自然のなかでいかにみすぼらしく、影のようにはかなく、無目的で勝手気ままに見えるかをということを描き出すには、やはりこれでは不十分であろう。」

フーゴ・ヘッペナー（別称フィドゥス）《光の祈り》アクリル画、1913年。

「神は死んだ」そして神とともに「われわれヨーロッパ人のすべての道徳も」、ニーチェ『悦ばしき知識』のなかに登場する「狂人」はそう告げる。「われわれ哲学者であり自由精神である者は、古い神は死んだという知らせを聞いて、まるで新しい曙光《しょこう》に照らされたかのように感じる。われわれの心は、そのとき感謝と驚愕と予感と期待で満ち溢れる――ついに地平は、われわれに再び開けたように見える。」

コペンハーゲン生まれの**セーレン・キェルケゴール**（一八一三〜一八五五年）も、不遇な生涯を送った。ニーチェと同じように、彼は、「ひとりの少女を幸せにする」ことができなかった。[訳註51] 彼は、一八四一年そのような文面を婚約者のレギーネ・オルセンに書き送り、婚約を破棄した。ニーチェの場合には、許されざる、成就されえない同性愛的－ディオニュソス的実存を中心として、すべてがめぐるのと同じように、キェルケゴールの場合には、レギーネとの関係を中心として、すべてがめぐる。一八四一年に提出された、風刺《アイロニー》の概念についての学位論文以降、彼のもろもろの著作は、どれもこれもみずからの不能性に対する反省である。恋人たちの実存は、成就されず、あるいは台無しにされた。なぜなら、実存とは、愛を意味するからである。実存のあるべき姿とは、キェルケゴールが一八四六年に詳しく述べているように、愛のあるべき姿であり、それは、プラトンが『饗宴《シュンポシオン》』において書き記したとおりのものである。エロスは、無限なものと有限なものとの、永遠なものと時間的なものとの総合であり、［有限＝時間的なものとして］満たされることはないがゆえに、［無限＝永遠なものを求めて］たえず努力をしてやまない。キェルケゴールの実存が、彼がそう書いているように、それ自身において悲劇的であるとともに喜劇的な努力であるのは、そうしたエロスに即してのことである。

キェルケゴールにとっての唯一の対象は、おのれの生であり、おのれの実存である。彼の哲学は、自伝的である――ニーチェもまたそうであるように。キェルケゴールは、おのれの生を克服するために、その生を認識しようとする。その唯一の問題は、「わたしは、どうしたら信仰をもてるようになれるか？」である。「もし、信仰をもっていたならば、わたしは、レギーネのもとにとどまったことだろう」と彼の日記には記されている。唯一彼を救うことができるのは、彼が――「神のもとではすべてが可能であるという不条理の力によって、その不条理を頼りにして」――レギーネを取り戻せることを信じるという不条理である。その後、アルベール・カミュは、『シーシュフォスの神話』のなかでキェルケゴールを引き合いに出すことになる。

訳註51　ニーチェの場合は、とりわけルー・ザロメとの関係を指している。163頁の写真を参照せよ。

《23歳のセーレン・キェルケゴール》木版画、コペンハーゲン、王立図書館。
セーレン・キェルケゴールは、この歳でレギーネ・オルセンと知り合い、その三年後（1840年）に彼女と婚約し、その一年後に婚約を解消する。彼は、1843年から1855年に死ぬまで、偽名で著作を発表し続ける——そのすべてが、みずからの婚約破棄に関わっている。

偽名で刊行されたキェルケゴールの著作

ウィクトル・エレミタ『あれかこれか』（一八四三年）
コンスタンティン・コンスタンティウス『反復』（一八四三年）
ヨハネス・デ・シレンティオ『おそれとおののき』（一八四三年）
ヨハネス・クリマクス『哲学的断片』（一八四四年）
ウィギリウス・ハウフニエンシス『不安の概念』（一八四四年）
ヒラリウス製本所『人生における諸段階』（一八四五年）
ヨハネス・クリマクス『哲学的断片への完結的、非学問的後書き』（一八四六年）
アンティ-クリマクス『死に至る病』（一八四九年）
アンティ-クリマクス『キリスト教の修練』（一八五〇年）

キェルケゴールの思想には、一般的にいってどの程度の重要性があるのだろうか？　彼の思想には、彼のになう問題、彼のかかえる秘密にしか関わっていないのではないか？　彼は、飽くことなく、何度もそれをあからさまに隠し、そうやって隠すことで、それがどこに見出されるかをほのめかしているのである。レフ・シェストフは、次のようにいっている。キェルケゴールとニーチェの秘密（つまりは、不能と同性愛）は、それがいたるところで嘲弄され、誹謗されるからといって、闇夜を徘徊《はいかい》する盗人のようにその身を隠す必要はない。むしろその秘密は、真理の光のもとで最高の主賓席をあてられるのがふさわしい。というのも、この私的で内密の事柄、実存に関わる事柄は、生の範疇《カテゴリ》に含まれるひとつの思想を許容するからである。キェルケゴールは、このことを次のようにいっている。ひとは、たとえ一生涯をかけて論理学に従事するとしても、論理的になるわけではなく、「それとは異なった範疇《カテゴリ》において、そのひと自身が実存するのである」。キェルケゴールは、美的、倫理的、宗教的という実存の三つの段階を区別しており、それぞれを順にしたがって、ひとは享楽を追求し、また外面的なことにかかわらず道徳的な規範にのっとって生き、さらに信仰に生きるとされる。――ハイデガーは、その後、自身の実存哲学のなかで、こうした実存の範疇《カテゴリ》を「実存論的《エクシステンツィアール》」と呼んでいる。そこで彼の実存主義思考は、現存在《ダーザイン》（Dasein）の「解釈学《ヘルメノイティーク》」と名づけられている。訳註52

キェルケゴールは、このように、人間を外面から記述するのではなく、内面から解釈する実存哲学の創始者である。彼は、以下のように述べる。ひとりの実存する者であるということを忘却する思想家は、人間として存在していることをやめようとし、みずから一冊の書物になり、一個の客観物になろうとしている。現存在《ダーザイン》として実存する者は、純粋に客観的であろうとするような概念に囚われている者を問題にはしない。ひとりの実存者にとってたんに知識として知っているというだけにとどまらない唯一の現実は、おのれが現にそこに存在《ダー・ザイン》している（dass er da ist《ダス・エア・ダー・イスト》）という、その実存者固有の現実である。この現実は、おのれにとって絶対的な関心事である。本質的な認識は、すべて実存に関わっている。本質的に実存に関与する認識だけが、本質的な認識なのである。したがって、倫理的、もしくは倫理的-宗教的な認識だけが、本質的な認識である。

キェルケゴールは、またプロテスタント神学の徴集係でもある。彼の信仰理解は、「不条理ゆえに、われ信ず。信ずるとは、知を失うことであるがゆえに。」というテルトゥリアヌスとルターのそれにしたがっている。彼の根本にある宗教的経験は、罪に対する不安である。罪に対する不安が、まずもって罪を引き起こすのであるから、不安は、彼を捕らえて離さない。アウグスティヌスによる原罪についての教え――人間は生まれながらに堕落していることを避けられない――が、キェルケゴールの信仰箇条である。それを扱っているのは、その著書『不安の概念』（一八四四年）である。官能的なもの、性的なものは、彼にとってそもそも罪の対象とみなされる。性とは、不死であるべき精神が死すべき種族

訳註52　実存主義における「現存在《ダーザイン》」については、すぐ以下でその語義に即した説明がなされるが、ハイデガーの用語としての「現存在《ダーザイン》」ならびに「実存論的《エクシステンツィアール》」範疇《カテゴリ》については、後に登場する実存哲学およびハイデガーの箇所で詳しく取り扱われる。

ロレンツォ・ギベルティ《イサクの犠牲》1401～02年、ブロンズ、53.3×42cm、フィレンツェ、バルジェッロ博物館。

（genus《ゲヌス》）として規定されるという、かの過酷な矛盾を象徴しているからである。キェルケゴールの不安は、性的なもののなかで精神を喪失することに対する不安である。その不安は、女性的な失神状態と名づけられており、つまりこれは、（女性の）性《セックス》を前にしての不安を意味する。彼は、この不安を、自分の官能を罪深きものとして露わにさせ、自分に罪を負わせる、自由のめまいとして表現している。「だから不安とは、精神が総合をおこなおうとし、自由がそれ固有の可能性を見下ろし、同時にみずからの支えを求めて有限性をつかむときに陥る自由のめまいである。このめまいのなかで、自由は、失神状態になって倒れ落ちる。心理学は、これ以上近づくことはできないし、近づこうともしない。同じ瞬間に、すべては変化するのである。そして自由が、再び身を起こすとき、自分が罪を負っていることを認める。これら二つの瞬間のあいだには、いかなる学問も説明したことがないし、また説明することもできない飛躍がある。」

キェルケゴールの私的な問題（めまいに陥る弛緩と再び身を起こす勃起とのあいだの飛躍）に対して、心理学的な知識も医学的な知識も彼の助けにならないのは明らかであるが、彼のこの問題は、有限なものと無限なものの総合において、肉体と精神の総合において生じる、人間の実存の根本問題を意味する隠喩になる。

キェルケゴールがそのほかの聖書上の物語（たとえば、すべてを奪い去られるヨブの物語、あるいは最愛のものを犠牲に供するアブラハムの物語）を翻案するのは、レギーネと自分の問題を叙述するためであり、犬儒《キュニコス》学派と紙一重の態度である。もちろんこれも偽名で公刊された著書『反復』のなかでは、婚約者を奪い去られたひとりの新たなヨブとして、また著書『おそれとおののき』のなかでは、最愛のものを犠牲に供する新たなひとりのアブラハムとして、彼は自分のことを描いている。そこでは、「アブラハムがしたことを倫理的に表現するならば、彼はイサクを殺害しようとしたのであり、それを宗教的に表現するならば、彼はイサクを犠牲に供しようとしたのである。しかしこうした矛盾のなかにこそ、まさしく不安が横たわっている。」といわれている。——アブラハムをセーレンに、イサクをレギーネに置き換えればいいのである！

現実に対するキェルケゴールの神経症的な不安は、死に対する不安以上に深刻なものであった、とアルノルト・キュンツリはその著書『西洋の病としての不安』のなかで述べている。［レギーネと知り合ってから］一七年後にキェルケゴールが亡くなったとき、父から相続した遺産は底をつき、もはや秘書も使用人も養うことができなくなっていた。新聞雑誌や牧師や教会や国家に対してきりのない攻撃を重ねたあげく心身ともに疲れ果て、ひとびとからは軽蔑され憎悪され、彼は、一八五五年路上で倒れた。彼は、世間の目に殉教者として映ることを望んでいた。

寄り道　哲学と精神分析

精神分析は、一八五六年フライベルク（現チェコ）に生まれ、一九三九年（ナチスによる追放後）ロンドンで没した医師ジークムント・フロイトにより、一九世紀末のウィーンで創始された。心的な（精神的な）諸能力の種類と機能を研究し、それらを制御するうえで活用できる理論と技法が、そのテーマである。決定的に重要なのは、意識の外部に（自我の外部に。自我は、心神喪失状態や睡眠状態といった場合に消失する。）心的な部分として無意識（エス）を想定したことであり、無意識的な表象に対して働く能力、つまり抑圧の能力を想定したことである。フロイトは、この抵抗的に働いている能力を廃棄《アウフヘーベン》し、問題となっている無意識的な表象を意識させる手順を、精神分析の技法として発見した。フロイトにとって、神経症は、無意識的表象の影響が支配的となることをつうじて引き起こされると考えられた。それゆえに、無意識的表象は、それを意識さ

「ジークムント・フロイト」

エドヴァルド・ムンク《スフィンクス（自画像）》1909年、オスロ、ムンク美術館。
ここでムンクは、エディプス（オイディプス）王のしたがえる、母親に不安を抱く動物スフィンクス［口絵2を参照せよ］と自分を同一視するとともに、それを見た者を石に変え不能にするというメドゥーサの頭部と自分を同一視している。フロイトにとって、近親相姦願望（母親に欲望し、父親に嫉妬する）としてのエディプスコンプレックスは、（男性の）あらゆる抑圧の核心を形成している。彼は、精神錯乱と神経症の原因を、エディプスコンプレックスの克服が不十分なことにあると見る。[訳注53]

せることによって除去されることができたし、その影響は、消滅したのである。こうした成果に応じて、フロイトは、夢やヒステリーの現象を無意識によって説明した。

　フロイトは、無意識を発見したさいに、自分を第二のカントとみなした。外的な事物の知覚は主観的に制約されており、その背後には認識されえない事物それ自体《ディング・アン・ジッヒ》が存在しているという、カントが外的な知覚に関しておこなった批判を、さらにフロイトは、内的な自己の知覚に対しておこなった。事物それ自体《ディング・アン・ジッヒ》は、それがわれわれに現象するようなしかたで存在するとはかぎらない、とカントが考えたように、内的な対象である心的なものは、それがわれわれに現象するようなしかたで存在するとはかぎらない、とフロイトは考えた。ただし、フロイトのいう内的な対象は、カントのいう事物それ自体《ディング・アン・ジッヒ》のように、まったく認識不可能というわけではない。結局、心的能力の理論と技法としての精神分析学の全体は、こうした対象を認識しそれを取り扱うことのなかで成立している。

　二〇世紀の哲学者たちは、こうして自己知覚という領野での新たなカントとしてのジークムント・フロイトをほとんど受け入れず、たいていは、フロイトなどまるで存在しなかったかのようにふるまった。もし哲学の精神分析というものがなされるならば、自分たちの哲学的観念がひょっとすると抑圧された願望に、また神経症や不安に還元されてしまうかもしれないということに、哲学者たちは不安を覚えたのだろうか？　実際にフロイトは、芸術や宗教とならべて哲学を神経症と比較している。「一方で神経症は、芸術、宗教、哲学といった偉大な社会的産物との際立った奥深い一致を示している。他方で神経症は、それらの産物が歪曲されたものであるかのように思われる。あえて次のように表明できるかもしれない。ヒステリーは芸術創作の歪曲像であり、強迫神経症は宗教の歪曲像であり、偏執狂的妄想は哲学的体系の歪曲像であると。」彼の説明にしたがえば、神経症患者は、現実——その全体であろうが、その一部であろうが——に耐えることができないとわかっているために、それに身を背け、それと妄想世界を取り替える。哲学者も、また同じようなことを営んでいるのではないのか？

ヘーゲルはすでに、宗教、芸術、哲学を「絶対精神の自己充足」として位置づけ、ある意味では精神の自己療法として位置づけた。ニーチェは、論理学と哲学の背後には、生理学的要求が潜んでおり、哲学は従来「生の誤解」であったのかもしれないと推察した。フロイトは、ニーチェのはじめた心理分析的な解明の試みを引き継ぐことができた。しかし彼は、——おそらくは恩義を感じたがゆえに——ニーチェの哲学そのものに対しては精神分析的な解明を行うことはなかった。

訳註53　加えて、ペルセウスに切断された、蛇の髪をもつ魔女メドゥーサの頭部は、フロイトによれば去勢コンプレックスのシンボルであり、(母親の) 女性器を意味する。

二〇世紀の哲学

二〇世紀の特徴は、以下のような事柄で輪郭づけられる――二回にわたる壊滅的な世界大戦、ヒトラーとスターリンという主役を立てたファシズムと共産主義の二つの政治観念《イデオロギー》、その結果としての、人類に対する核の脅威を背景にした東西両陣営の対立、世界を瞬時に包囲する情報社会へと産業社会を変貌させた、物理学、医学、生物学の急速な学術的-技術的進歩、さらに、世界人口のたえざる増大に応じて自然環境を酷使するために、人類の生活基盤の枯渇が予測されるという経済的危機。この時代の哲学は、たしかに科学哲学や言語分析や社会理論といった新しいテーマに取り組んだが、やはり依然として、マルクス、ニーチェ、キェルケゴールといった一九世紀のアウトサイダー的な哲学者たちに支配されたままであった。マルクスは、社会主義国家にとって不可欠である弁証法的唯物論といわれるものの背後に君臨していた。レーニンとスターリンは、マルクスに拠りどころを求め、恐怖政治体制をしきながら、階級のない社会として万人が幸福を享受できるマルクスのユートピアを達成しようとした。ニーチェは、とくにフランスで起こったポストモダニズムの背後に立っていた。ヒトラーも、ゲルマンの支配的人種がニーチェの理念「超人」を実現するべきとみなし、ニーチェを引き合いに出した（少なくとも、ニーチェの妹エリーザベト・フェルスター-ニーチェが介入し、都合のいいニーチェ解釈が用意された）。キェルケゴールは、この世紀の半ばに、同時代の哲学とみなされた実存哲学の背後に踏みとどまっていた。

二〇世紀

一九〇〇年	マックス・プランクによる量子論の基礎づけ
一九〇三年	飛行機の発明
一九〇五年	アインシュタインの特殊相対性理論
一九一四年	第一次世界大戦はじまる
一九一七年	ロシア革命
一九一九年	ヴェルサイユ条約
一九二九年	イギリスBBCのテレビ実験放送
一九三三年	ヒトラーの独裁権掌握
一九三六年	スペイン内戦
一九三九年	第二次世界大戦はじまる
一九四五年	世界最初の原子爆弾投下
一九四九年	NATO設立
一九五〇年	朝鮮戦争
一九五三年	東ベルリンの労働者暴動
一九五四年	アルジェリア戦争
一九五六年	ハンガリー暴動
一九五七年	スプートニク打ち上げ
一九五九年	キューバ首相カストロ就任
一九六一年	ガガーリンが宇宙に行く
	ベルリンの壁の建設開始
一九六四年	ヴェトナム戦争はじまる

実存哲学

ジャン-ポール・サルトルとアルベール・カミュにより打ち出された実存哲学は、実存主義として、二〇世紀中頃のヨーロッパにあって、たんに理論的にばかりではなく実践的にも「流行」し、生き方としてのひとつの哲学であり、ひとつの世界観にもなった。その中心地は、パリのサン・ジェルマン・デ・プレ広場である。――二〇世紀の実存哲学者たちの誰もが、キェルケゴールの影響を受けており、すでに彼なしで自分たちの構想を発展させていたとはいえ、少なくとも彼のなかに自分たちを再発見している――たとえば、ガブリエル・マルセルやレフ・シェストフのように――のだから、実存哲学は、もともとキェルケゴールにより創始されたといえる。キェルケゴールは、ヘーゲルに対抗したが、それは、世界精神が統治するヘーゲルの体系のなかには、単独者にとっての、個人として

一九六六年	中国文化大革命
一九六七年	イスラエル六日戦争［第三次中東戦争］
一九六八年	学生革命［パリ五月革命］
	プラハの春とその終焉
一九六九年	人間が月に行く
一九七九年	アフガニスタン侵攻
一九八〇年	コンピュータ化［WWW《ワールド・ワイド・ウェブ》の原型となるENQUIREプロジェクト］
	イラン・イラク戦争
一九八二年	フォークランド戦争
一九八六年	チェルノブイリ原発事故
一九八九年	東西ドイツ統一
一九九一年	湾岸戦争
	ソヴィエト連邦消滅
	インターネット［WWW《ワールド・ワイド・ウェブ》サーヴィスの開始］
一九九二年	ユーゴスラヴィア内戦
一九九三年	イスラエルとパレスチナの平和路線
一九九四年	アフリカ内のフツ族とツチ族の対立［ルワンダ紛争］
	南アフリカでのアパルトヘイト終結
一九九九年	ユーロ通貨取引開始

の人間（したがって、シュティルナーのいうところの唯一者）にとってのいかなる場所も意味も残されていなかったからである。この方向転換は、すでに後期のシェリングが表明しており、キェルケゴールは、彼の講義をベルリンで聴講していた。またシェリングは、その積極哲学の出発点となる「実存」または「純然としてある事実」についてはじめて語っている。[訳注54] **ハンナ・アーレント**（一九〇六～一九七五年）は、その論文「実存哲学とはなにか？」（一九四六年）においてそのことに言及し、さらに、カール・ヤスパースがその著書『世界観の心理学』（一九一九年）で実存哲学という新学派の第一書を上梓《じょうし》したということにも言及している。ヤスパースは、哲学を実存の解明と規定する。哲学は、限界状況を経験することから開始され、おのれ固有の生の力に呼

訳注54　シェリングは、みずからの前期を「消極哲学」、後期を「積極哲学」と区別し、「それがなにであるか」（das Was《ダス・ヴァス》）を問う前者に対して、「それがあるという事実」（das Dass《ダス・ダス》）を問う後者を優先した。

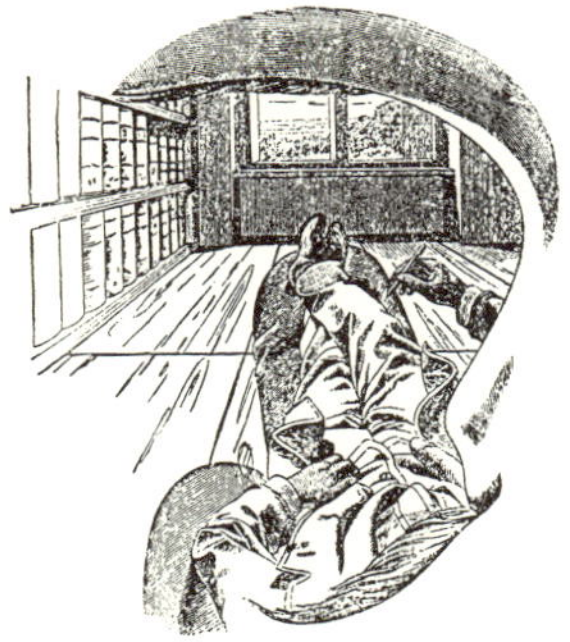

エルンスト・マッハの「自画像」、その著書『感覚の分析、および物理的なものの心理的なものへの関係』（1886年）から。

「オスカー・ワイルド」ナポレオン・サロニーによる写真、ニューヨーク、1880年頃。
ワイルドは、『社会主義下の人間の魂』のなかで、こう書いている。「古代世界の玄関には、『なんじ自身を知れ』という言葉が掲げられていた。現代世界の玄関には、『なんじ自身であれ』という言葉が掲げられるだろう。」

びかける営みである。そして、存在の意味を把握していると思い込んでいるだけで実は神話的な楼閣《ろうかく》にすぎないもろもろの世界観に対して、哲学は批判の目を向ける。人間は、本来なすべき実存への問いかけを前にして、そこから避難できる場所を求めてそれぞれの世界観に逃げ込んでいるのである。

　実存哲学は、あますところなく理性的に説明された世界のなかで、自己を喪失するという出来事に出会った個人の哲学である。ハンナ・アーレントは、次のように書いている。「単独者は、この理性的に説明された世界とのたえざる矛盾をかかえている。なぜならば、単独者の『実存』は、すなわち、まったくの偶然性のなかでおのれが実存しているという、純然としてある事実（わたしがまさしくわたしであり、ほかの誰でもない。わたしはまさしく存在するのであり、存在しないのではない）は、理性により予測されることも、理性によりなにか純粋に思考可能なものに解消されることもできないからである。」しかしながら、こうした実存は、〈わたし〉が確信することができるまさしく唯一のものであり、それゆえに、主体的になることが、人間の課題なのである。主体的になるということが起こるのは、たとえば不安において、もしくは死についての想念において（カール・ヤスパースがいうところの）限界状況を経験することにはじまる。そのとき人間は、世界からも日常の生活からも切り離されるからである。これを最後にもう存在することはないという想念とともに、存在者に対する関心は失われる。ハイデガーが言い表わしているように、不安に覆われた無は、あらかじめ与えられている存在者を打ち消す。客観的な学問の真理は、いまや関心の対象ではなく、非本質的な知である。本質的な知が関わるのは、〈わたし〉の関心の対象としての、〈わたし〉の実存である。人間の自由、魂の不死、世界の統一性といった主体的な真理は、カントが以前から示しているように、客観的に認識されることは不可能だが、ただし、つかみとられることは可能なのである。ハイデガーは、このような真理を「実存論的《エクシステンツィアール》」と名づけている。〈わたし〉は、すぐれた意味において実存するために、これらの真理をつかみとらねばならない。それができるならば、〈わたし〉は、〈わたし〉がなにであるのかをみずから規定することになろう。サルトルにならっていいかえるならば、〈わたし〉は、〈わたし〉がみずからなろうとするところのものなのである。そのかぎりにおいて、〈わたし〉が存在するという事実（dass ich bin《ダス・イッヒ・ビン》）――実存――は、〈わたし〉がなにであるのか（was ich bin《ヴァス・イッヒ・ビン》）――本質――に先行しているのである。

マルティン・ハイデガー（一八八九～一九七六年）による実存哲学に関する論考は、著書『存在と時間』（一九二七年）に含まれているが、その書は、もともとは存在への問いという、いっそう広がりのある問題に向けられている。存在とは、そのつどの存在者の存在のことである。存在者の全体は、規定されたもろもろの根本概念にしたがって、自然、歴史、言語、数学などのもろもろの学問の専門領域に区分される。では、それら根本概念は、どこに由来するのか？　いかなる存在理解が、それら根本概念のその根底にあるのか？　こうした問いかけは、存在論（Ontologie《オントロギー》）訳註55といわれ、プラトンとアリストテレスにはじまって、哲学が関わってきた問題である。ハイデガーは、この問いを取り上げる。彼は、人間の存

訳註55　「存在論《オントロギー》」という用語は、ギリシア語のeinai《エイナイ》「存在する」の現在分詞中性形on《オン》に由来しており、アリストテレスが「第一哲学」としての「形而上学」の課題をto on he on《ト・オン・ヘー・オン》「存在としての存在」の探求であると言明して以来、「存在論《オントロギー》」は、西欧哲学における伝統的議論となっている。したがって「存在論的《オントローギシュ》」は、「存在者的《オンティシュ》」から区別されるべきであり、後者は、それぞれの専門領域における、もろもろの存在者に即した学問（科学）を指し、それに対して前者は、諸学問（科学）の専門領域を超えて、もろもろの存在者の存在そのもの（「存在としての存在」）に関わる探求を指す。すでに登場したアンセルムスの神の存在証明が「本体論的《オントローギシュ》」と呼ばれる（本書86～87頁を参照せよ）のも、上の区別に基づいている。

エドヴァルド・ムンク《叫び》
1893年、オスロ、国立美術館。「あらゆる人間存在の根本的気分である不安は、近代人の生活と思考のなかで、まったく特別にして、あまりに大きな役割を演じている。」とアルノルト・キュンツリはその著書『西洋の病としての不安』のなかで述べている。

在様式を現存在《ダーザイン》と呼び、学問もまたそうした存在様式をそなえる、ひとつの人間のふるまい方としてみなす。現存在《ダーザイン》には存在理解が属しており、存在理解とは、たとえば石のように自己を反省することのない存在者に対して、その存在者に即した《オンティシュ》表示をおこなうことである。石とは異なり、人間にとっては、その現存在《ダーザイン》において自己自身の存在《ザイン》が問題となる。そして、このことが実存といわれる。ハイデガーは、実存を、現存在《ダーザイン》が自己自身でありうる、あるいは自己自身でありえない可能性として理解している。もろもろの学問とは、現存在《ダーザイン》が自己自身ではないほかの存在者に関わる、現存在《ダーザイン》のそれぞれの存在様式である。諸学問の存在論（根本概念）は、現存在《ダーザイン》に基礎づけられ、かつ動機づけられており、それゆえに、まずはじめに現存在《ダーザイン》それ自身が主題化されねばならず、そうしてはじめて現存在《ダーザイン》とは異なる存在者についての諸学問がそれぞれ理解されることができるはずである。現存在《ダーザイン》の分析は、ハイデガーの実存哲学であり、人間学でもある。したがって、それは、現存在《ダーザイン》の特殊な存在様式である学問的な世界説明を視野に入れるならば、基礎的存在論として位置づけられる。彼の方法は、彼の師エドムント・フッサールが、「事象そのものへ！」（Zu den Sachen selbst！《ツー・デン・ザッヘン・ゼルプスト》）というスローガンとともに発展させた現象学的方法である。その意味は、現存在《ダーザイン》の存在《ザイン》を解明すること、解釈することにある。さて、そこからもたらされた成果は、以下のように要約される。

　現存在《ダーザイン》の根本構造は、世界のなかで日常的に営んでいる活動のすべてを基礎づけている、現存在《ダーザイン》への配慮にある。つまり、現存在《ダーザイン》は、ただ単純に日常的な用事を果たしているのではなく、自己の存在《ザイン》において現存在《ダーザイン》自身を問題としているのである。こうした現存在《ダーザイン》の自己言及性は、「実存的に」つかみとられることができる。このことが、人間の能力とその自由（カントがいうような）に関して残されているすべてである、とハンナ・アーレントは一九四六年のある批評的な回想で述べている。彼女は、ハイデガーが『存在と時間』を執筆している期間中、彼の愛人であり哲学的な対話の相手であった。ハイデガーは、彼自身が述懐しているように、彼女なしでは、その執筆を完成させられなかったであろう。ハンナ・アーレントは、その著書『人間の条件』（一九五八年）のなかで、ハイデガーによる人間の状況規定に対立するかたちで回答している。彼によれば、自己自身となることができる究極の可能性は、「死への先駆け」なのだが、彼女にとってはそうではなくて、人間が行為するための至高の条件は、「出生性」と彼女がいっているような、生まれおちたことなのである。彼は、現存在《ダーザイン》がそのつど〈わたし〉のものであるという独我論的な「各自性」を挙げるが、彼女は、その代わりに複数性を唱える。また、彼は、自己が他者への従属に陥る「世人[訳註56]への頽落《たいらく》」、平均性への頽落に対して警告するのであるが、彼女は、その代わりに公共性を掲げる。さらに、彼は、世界にあって居心地の悪さを説くのであるが、彼女は、それに対して世界への愛（amor mundi《アモル・ムンディ》）を説く。

ハイデガーは、存在《ザイン》の意味への問いを、彼にはより根源的と思われる、自己《ダーザイン》の意味への問いに取り換えてしまったことで、袋小路に入り込んでしまう。絶対的に孤立させられた自己とは、無意味である。一方、孤立しなければ、それはもはや自己ではなく、世人の日常性に頽落して

「**ハンナ・アーレント**」、1926年頃。
ピュタゴラスとテアノ、アベラールとエロイーズ、ジャン-ポール・サルトルとシモーヌ・ド・ボーヴォワールに続いて、ハイデガーとハンナ・アーレントは、「哲学史上もっとも傑出したカップル」である――フランスの女性哲学者カトリーヌ・クレマンの『恋愛小説――マルティンとハンナ』の広告は、とにかくそう謳っている。

訳註56　「世人」（das Man《ダス・マン》）は、ドイツ語で不特定の誰かを指す不定代名詞man《マン》を中性名詞化したハイデガーの用語。

しまう。自己の理想は、（かつての存在論においては）本質と実存が一致するものとしての神であり、即自的《アン-ジッヒ》[訳註57]であると同時に対自的《フュア-ジッヒ》[訳註58]である、即自かつ対自的存在《アン-ウント-フュア-ジッヒ-ザイン》としての神にある。サルトルは、その実存哲学的著作『存在と無』の結末でそのことについて述べている。「人間各自の現実は、対自《フュア-ジッヒ》を即自かつ対自的存在《アン-ウント-フュア-ジッヒ-ザイン》に変容させる……直接的な企てである。……こうした受難は、キリストの受難の転倒である。なぜならば、人間［対自《フュア-ジッヒ》］は、神［即自かつ対自《アン-ウント-フュア-ジッヒ》］が生まれるために、人間として没落に身をゆだねるのであるから。しかしながら、神の理念は矛盾に満ちており、人間はむなしく没落するのだから、人間は、実を結ぶことのない受難なのである。」

神を天国に見送り、神を自己存在のために受け入れたり、地上に呼び寄せたりしないならば、その方がいいのだろうか？ ――ハイデガーにとってみれば、現存在《ダーザイン》にあいかわらず課せられているのは（他者とともに存在するものとして生まれおちる代わりに）、おのれの空無を支える根拠の空無さ以外のなにものでもない。それにもかかわらず、人間がおのれの空無に基づいてはそうあることができないはずの自己になろうとする決意のなかで、人間は、現存在《ダーザイン》そのものが罪を負っていることを認める。ハイデガーの場合、人間は、（次に扱うアルベール・カミュの場合のような）自殺の自由さえもたない。人間がもつのは、自己自身への自由だけである。

現存在《ダーザイン》は、その「罪」を良心の呼びかけとして聴く。現存在《ダーザイン》は、その呼び声に対しては自由であり、呼びかけられることに対して準備ができている。「現存在《ダーザイン》は、呼び声を理解しつつ、おのれにもっとも固有な実存可能性に聴従している。」とハイデガーはいう。現存在《ダーザイン》は、おのれの可能性を選択するという重荷から世人を放免したうえで、世人に向かう選択をおこなっており、世人としてのその非本来的なありかたにおいて自己を喪失しているのであるが、良心の呼び声は、そうした世人から現存在《ダーザイン》を呼び戻す。世人自身が本来的な自己存在へと変様することは、あるひとつの選択の取り戻しとして遂行されなければならない。「選択を遂行するとき、現存在《ダーザイン》は、なによりもまず、おのれの本来的な存在可能をみずから可能にする。」そうして現存在《ダーザイン》は、他者とともに存在することにおいて実存することができる。こうした現存在《ダーザイン》の生起を、ハイデガーはそこで命運と呼んでいる。この生起は、社会と民族の生起である。孤立した主体に民族

Freiburg i. Br., den 8. November 1933 | Nummer 1

Deutsche Studenten

Die nationalsozialistische Revolution bringt die völlige Umwälzung unseres deutschen Daseins.

Prof. Dr. Martin Heidegger, Rektor

An Euch ist es, in diesem Geschehen die immer Drängenden und Bereiten, die immer Zähen und Wachsenden zu bleiben.

Euer Wissenwollen sucht das Wesentliche, Einfache und Große zu erfahren.

Euch verlangt, dem Nächstbedrängenden und Weitestverpflichtenden ausgesetzt zu werden.

Seid hart und echt in Euerem Fordern. Bleibt klar und sicher in der Ablehnung.

Verkehrt das errungene Wissen nicht zum eitlen Selbstbesitz. Verwahrt es als den notwendigen Urbesitz des führerischen Menschen in den völkischen Berufen des Staates. Ihr könnt nicht mehr die nur „Hörenden" sein. Ihr seid verpflichtet zum Mitwissen und Mithandeln an der Schaffung der künftigen hohen Schule des deutschen Geistes. Jeder muß jede Begabung und Bevorzugung erst bewähren und ins Recht setzen. Das geschieht durch die Macht des kämpferischen Einsatzes im Ringen des ganzen Volkes um sich selbst.

Täglich und stündlich festige sich die Treue des Gefolgschaftswillens.

Unaufhörlich wachse Euch der Mut zum Opfer für die Rettung des Wesens und für die Erhöhung der innersten Kraft unseres Volkes in seinem Staat.

Nicht Lehrsätze und „Ideen" seien die Regeln Eures Seins.

Der Führer selbst und allein ist die heutige und künftige deutsche Wirklichkeit und ihr Gesetz. Lernet immer tiefer zu wissen: Von nun an fordert jedwedes Ding Entscheidung und alles Tun Verantwortung.

Heil Hitler!

Martin Heidegger, Rektor

1933年のドイツの学生に向けたヒトラーの呼びかけ。「国家社会主義《ナチズム》革命は、われわれドイツ人の現存在《ダーザイン》の完全な変革をもたらす。」

ダッハウ強制収容所の生存者たちが、歓声をあげながら自分たちの解放者を迎える。ナチス・ドイツによるユダヤ人の追放と百万回重ねられた殺害とは、ヨーロッパの歴史上で類をみない文化破壊であった。ユダヤ人とともに、精神もまたドイツから広い範囲で追放され、解放者の国であるアメリカに移住したといわれる。

と大地という根拠を与えることは、すでに『存在と時間』のなかで企てられており、そしてさらに後期の講義のなかでもとりわけ強調されている。しかしそれは、ハンナ・アーレントが正当にも評価しているとおり、決意のなかでつかみとられた原則的な罪をどうにかして実践的な行動に振り替えるために、ひたすら自己自身であろうと欲する自己を、ある種の超-自己のなかに組み入れることにしか役立たない。

たしかにそのとおり、ハイデガーが国家社会主義《ナチズム》に参加したのは、まったく自明なことである。一九三三年一一月、ヒトラーへの賛同が決意されるべきものとして、それと同時に、ドイツの国際連盟からの脱退という「選択」が承認されるべきものとして諮《はか》られたとき、ハイデガーは、『存在と時間』の現存在《ダーザイン》の哲学に、そのなかでも自己選択として選択を取り戻すという教説にその根拠づけを準備していた。一九三三年一一月一一日の彼の談話（「アドルフ・ヒトラーと国家社会主義《ナチズム》的国家に対する……教授たちの支持表明」として、ヒトラーに文書で提供された）は、以下のようなものである。「ドイツの教師たち、同志たちよ！ 国民同胞の諸氏、諸姉たちよ！ ドイツ民族は、総統から選択

訳註57　それ自体として（an sich《アン・ジッヒ》）独立した自己同一性を保っている、客体的な（すなわち物体的な）存在のありかた。

訳註58　自己に対する（für sich《フュア・ジッヒ》）意識を介して主客に分裂・展開している、反省的な（すなわち人間的な）存在のありかた。

「1966年9月23日のルドルフ・アウグシュタインとマルティン・ハイデガー」
ハイデガーは、『シュピーゲル』誌に発表された1966年9月の談話のなかで、こう述べた。「哲学は、現在の世界の状況を変化させるような直接的な影響をなにも与えることはできません。……いまもって、ある神だけが、われわれを救うことができるのです。そして、唯一残されている可能性とは、思索と詩作をとおして、神の現出に向けて、あるいは神の不在に向けて没落のなかで準備を整えておくことです。」

を呼びかけられている。だからといって、総統は、民族からなにものも請い求めているわけではなく、むしろ、全民族がその固有の現存在《ダーザイン》を欲するのか、あるいは欲しないのかという、最高に自由な決定をくだすためのもっとも直接的な可能性を民族に与えているのである。……この究極の決定は、われわれ民族の現存在《ダーザイン》の極限につかみかかるものである。では、この限界とはなにか？ それは、おのれ固有の本質を保持し、救出するという、あらゆる存在のかの根源的要求のうちにある。」

戦後、まだしばらく講義禁止を課せられていたハイデガーは、「現存在《ダーザイン》」の解釈を変更する。もはや現存在《ダーザイン》そのものが、おのれを可能性に向かって投げかけ、おのれのために存在《ザイン》を用立てるのではなく、いまや存在《ザイン》が、現存在《ダーザイン》にみずからを打ち開く。存在《ザイン》は、この現存在《ダーザイン》を「エク－システンツ」[訳註59]に送り届ける。いわば、現存在《ダーザイン》は、森に囲まれつつ、森が間伐された開けのなかに立つのである。この変更は、精神分析家にとっては、格好の対象である。ハイデガーは、父としての総統から死の決意を呼びかけられた息子を、母としての存在《ザイン》の息子に変転させる。彼は、総統の声を無のなかにまで聴き入ったのだが、今度は、母の声に耳を傾ける。母の声は、彼を存在《ザイン》へと呼び入れる。聴従的思考、ハイデガーは性的関係を断念する母の息子の哲学をいまやそう名づける。こうした思考すること（Denken《デンケン》）は、感謝すること（Danken《ダンケン》）である。蔵されたものを見守りながら開明することは、顧みることなく開発し産出することとは区別される。ハイデガーは、後者を、制御能力に裏づけられた、存在《ザイン》を忘却した技術的思考のな

「アルベール・カミュ」
生に対する情熱的な肯定と、死と戦争と占領とに対する情熱的な抵抗は、植民地アルジェリアで生まれ育ったノーベル文学賞受賞者の短い作家人生を特徴づけている。

かに見出している。技術的思考からすれば、自然は「集め立てられたもの」になる。しかしハイデガーの聴従的思考にとって、自然は子宮である。彼の論文「物」（一九五四年）のなかでは、物の原型は、甕《かめ》であり、天穹《てんきゅう》であり、つまり子宮であり、空洞であり、満たされた空虚であり、開けである。甕から注ぎつがれることを、彼は祭礼や婚礼として描写している。――リュス・イリガライのフェミニズム哲学は、これを踏まえている。

アルベール・カミュ（一九一三～一九六〇年）と**ジャン＝ポール・サルトル**（一九〇五～一九八〇年）は、ヒトラーの軍隊に占拠されたパリで、それぞれの実存哲学（『シーシュフォスの神話』と『存在の無』）を執筆した。彼らにとっての問題は、ハイデガーと同じく、人間の自己選択である。サルトルの場合、焦点は自由として実存する人間である。人間は、人間がそれを目指してみずから選び取り、みずから作り出すところのものである。カミュの英雄であるシーシュフォス[訳註60]は、「神々に反逆する労働者《プロレタリア》」であり、自分の逃げ道のない立場を知っている。その現存在《ダーザイン》は、徒労に帰する受難である。彼は山頂へと岩を転がし上げるのだが、岩は山頂にとどまることなく、再び転がり落ちる。それは、何度も繰り返

訳註59　「Ek-sistenz《エク-システンツ》」といわれる場合、「実存《エクシステンツ》」は、ex《エクス》「…から外に」＋sistere《システレ》「立てる」というラテン語の原義に引き戻されており、「おのれの外に出で立つ」という実存の構造が注目されている。

訳註60　ギリシア神話（ホメロス）によれば、人間のなかでもっとも聡明なシーシュフォスは、地獄で岩を山頂に押し上げる労役を科され、いま一息のところで岩は転げ落ち、永劫にそうした徒労に従事しているといわれる。その刑罰の理由は、さまざまに伝えられているが、いずれにしろ彼が、その狡猾さで神々を欺いたり、陥れたりしたことにある。

ヴォルフガング・マットイア《不遜なシーシュポス》木版画、1973年。
アルベール・カミュは、『シーシュフォスの神話』のなかで、「軽蔑によって乗り越えられないような運命はない」といっている。

される。それが、彼の運命なのである。しかし彼は、その運命から、神々なき人間の問題を引き出す。「頂上を目がける戦いは、人間の心を満たすに足りる。われわれは、シーシュフォスをひとりの幸福な人間として思い描かなければならない。」そのように、カミュによる神話は締めくくられている。カミュは、この神話のなかで、神の正当化の代わりに世界の正当化を試みている——ただし、みごとな不条理としてであるが。それとは別に、彼の日記には、純潔だけが世界にひとつの意味を授けることができる、と記されている。おそらく、純潔としての世界は、頂上にとどまることのない石なのであろう。カミュが、石を押し上げる労働者《プロレタリア》の仕事にたとえているものがあるとすれば、それは、労働そのものであろう（「もはや、いかなる女性でもない！」）——ただし、文学作品のためのであるが。

　サルトルは、『第二の性』という著書で哲学的フェミニズムを創始したシモーヌ・ド・ボーヴォワールと、理性的に計画され構築された恋愛関係を続けたが、それには、他者との性的関係のために考案されたシステムがともなった。性的欲望は、サルトルが他者とともに存在していることを記述するうえで、重要な役割を果たしている。というのも、この他者とともに存在するということは、原則的には、対自存在《フュアージッヒーザイン》が対自存在《フュアージッヒーザイン》に対立するという個人間の競争であり闘争であるからである。地獄、それは他者のことである！　他者のまなざしは、客体《もの》として存在するという〈わたし〉の事実のうちに〈わたし〉を引きずり出し、客体《もの》［即自存在《アンージッヒーザイン》］ではない対自存在《フュアージッヒーザイン》として〈わたし〉が可能性に向けて投企した世界を〈わたし〉から奪い去る。愛し合う者たちは、相手を客体《もの》にしようとする加虐嗜好《サディズム》と相手にとって客体《もの》になろうとする被虐嗜好《マゾヒズム》との間に引き裂かれて、その間を永遠に往復する。欲望とは、「他者を〈わたし〉にとっての対象《もの》とすることで、他者の自由な主体性を支配し」ようとする人肉嗜食《カニバリズム》的な試みだからである。欲望のなかで、〈わたし〉は、他者の肉をわがものとするために、他者の前でみずから肉となる。このとき〈わたし〉の意識は、貼りついた意識、身体にからめとられた意識となっている。恍惚《エクスタシー》的快感のなかで、欲望ははやくもまた尽き、快感についての反省的な意識が生起する。そうしたかぎりにおいて、欲望はそれ自身、対自存在《フュアージッヒーザイン》と即自存在《アンージッヒーザイン》とが少なくともわずかばかりの刹那において出会う場所であり、［対自存在《フュアージッヒーザイン》をつらぬき、相手を支配しようとする］主人と［即自存在《アンージッヒーザイン》として、相手のために対象《もの》となる］奴隷とのきりのない弁証法《ディアレクティク》を背負わされた場所である。

1972年11月27日、ジャン-ポール・サルトルとミシェル・フーコーが、移民の援助のためにパリのグートドール地区でデモをしている。

「シモーヌ・ド・ボーヴォワールとジャン-ポール・サルトル」1970年。

ジョナサン・スウィフト『ガリバー旅行記』（ライプツィヒ版、1910年頃）の「空に浮かぶ島ラピュタ」は、人間の目の前に漂うユートピアの象徴である。あるいは、ローランド・エメリッヒ監督の映画《インディペンデンス・デイ》の前兆か？

サルトルによる映画《**賭はなされた**》（ジャン・ドラノワ監督）の一場面、1947年。
サルトルは、1947年4月の『フィガロ』紙のインタヴューのなかで、この映画について語っている。「わたしの最初の映画《賭はなされた》は、実存主義的とはいえないでしょう。むしろ正反対であって、実存主義は、かつて賭はなされたということを決して認めません。われわれの死後にも、なおまだわれわれの行為は継続しているのです。それらの行為が、しばしば完全に対立し合ったまま、われわれが望みもしなかった方向に向けて展開するときでさえ、われわれは、われわれの行為のなかで生き続けるのです。このことは、歴史に照らせば明らかです。一方、わたしのシナリオは、はたしてわたしにもかつて賭が許されたはずであるというわたしの前提にしたがって、まったく決定論に刻印されています。わたしの神話は、根本的にハッピー・エンドではありません。それに対して、実存主義は、楽観論なのです。」

第二の主著『弁証法的理性の批判』（一九六〇年）において、サルトルは、実存主義とマルクス主義とを結びつける。「社会主義的な人民民主主義は、実存主義が個々人によって生きられることができるための前提を築く。」と彼は考えている。一九八〇年にサルトルが死去したとき、一般の参列者がたくさん駆けつけ、五〇〇〇〇人ものひとびとが彼の棺に続いた。その追悼は、二〇年後にトーマス・アスホイアが述べているように、「引き裂かれた生について、近代的意識が負わされた反省という運命について、もはやなにも残されていないときになにが残されているかを、少なからず理解していた自由の人間学者に向けられたものだった。」

エルンスト・ブロッホ（一八八五〜一九七七年）が死去したのは、その三年前であった。彼の三巻にわたる主著につけられた『希望の原理』というタイトルは、周知の名言となった。彼は、サルトルと同じく、マルクス主義者であって、サルトルと同じく、自分個人の哲学にばかりではなく、哲学一般になお依然として実存的な資格を与えるという使命をたずさえていた。やはりマルクスにしたがうならば、もはや世界を観想的に解釈することではなく、世界を実践的に変革することが問題とされるべきであるにしろ、そうした実存哲学の立場をとったのである。ブロッホは、みずからの哲学を、つかみとられた明日の希望であり良心であると理解したし、もはやいかなる外化も疎外もなく、それと引き替えに真の民主主義があるような未来に向けた党派的立場であると理解した。真の民主主義が成立するならば、そこにはじめて「誰にとってもその子ども時代に輝いているが、そこにまだ誰も行ったことがないようなところ、すなわち故郷」が出来するであろう、と『希望の原理』は締めくくられている。

現象学

二〇世紀の哲学の主潮流である現象学は、**エトムント・フッサール**（一八五九〜一九三八年）により創立された。しかし実際には、その創始者はデカルトなのである。デカルトは、『省察』のなかで、拠りどころとなり、確実な知を基づけることができるアルキメデスの支点を求めた。彼は、疑うことのできない唯一のものである「わたしは考える」もしくは「わたしは思う」のなかにその拠点を見出した。同じ方法をとるフッサールは、一九二八年のパリでの講演に『デカルト的省察』というタイトルを付けることで、デカルトとのつながりを表明している。彼が純粋意識としての自我を獲得するのは、世界を遮蔽することをつうじてであるが、これは、存在に関わる命題を中断することであり、古代の懐疑主義の用語でもって「判断停止」(epoche《エポケー》) と名づけられている。判断停止《エポケー》は、また転回することを意味し、すなわち、デカルトの場合と同様に、従来妥当してきた見解や意見をすべて放棄することを意味する。自然的意識とその意識による客観的な学問は、「空間、時間、因果性をもって事物の存在を独

「エトムント・フッサール」 彼は、『厳密な学としての哲学』(1911年) でこう述べている。「哲学、それは、その歴史的な見通しからすれば、あらゆる学問のうちでもっとも高邁《こうまい》にしてもっとも厳密なものであり、純粋かつ絶対的な認識に対する人類の失われざる要求（これは、純粋かつ絶対的な価値と意志とへの要求と分かちがたくひとつになっている）を代弁するものであるが、それは、現実的な学問として発展することはできない。」ここでいわれたことは、いまやフッサールの現象学とともに、違った局面を見せることになる。

断的に想定すること」に従事している。現象学の態度のなかで、そうした学問的作業は保留され、中断される。いまや現象学の仕事は、意識に直接に与えられているものとしての現象の分析にある。それが、「事象そのものへ《ツー・デン・ザッヘン・ゼルプスト》！」というフッサールの呼びかけの意味するところであり、ハイデガーもサルトルもメルロ＝ポンティもその呼びかけにしたがった。自然的意識による科学は、経験が出会う意識される諸対象を存在しているものとして素朴に前提するのだが、フッサールは、そのような意識の科学の代わりに、意識の現象学というべき独自の心理学を要求する。それにもかかわらず、現象学は、経験的な学問である。「諸現象が、いかなる自然それ自体でもないならば、それら諸現象は、直接的な観取において把握することができる、しかも妥当なしかたで把握することができる本質をそなえている」とフッサールは、その著書『厳密な学としての哲学』（一九一〇年）で書いている。そのため彼は、自分の学問を「本質直観」とも名づけている。それは、カントが、ア・プリオリな総合命題（純粋悟性の諸原則）において発見した、あらゆる事物の根源についての学問でなければならない。フッサールは、『純粋現象学および現象学的哲学のためのイデーン』（一九一三年）で、次のように主張している。類と種差（プラトンのイデア）が、直観的に与えられ、あるいは（変様をともなう想像のなかで）さまざまな形相をつうじて見出されることができるならば、これらの真理は、直観的に観取されることができる。たとえば、赤のように。しかし、このことは、いつもそうなるとはいえないし、完全にそうなるとはいえない。赤は、やはり実際には、「イデア的真理としてよりは」ある特定の赤として与えられるのである。

一九二八年のパリの講演への招待を仲介したのは、**レフ・シェストフ**（一八六六〜一九三八年）であった。彼は、フッサールの対蹠《たいしょ》者であることを自認していた。シェストフにとって哲学とは、現実を審問に引き渡して、直接的に意識に与えられているもののなかに真理を追究する反省ではなく、むしろわれわれの知性にとって乗り越えがたいものとして現われるものを乗り越えることである。神にとって、不可能なものはない！　これは、キェルケゴールが聖書から引き出した結論であるが、シェストフの哲学の福音でもある。「『与えられたもの』を審問する理性を超えてではなく、創造主を呼び求める涙を超えて、道は、あらゆる事物の真の始源に、源泉に、根源に通じている。」

シェストフと同じくユダヤ系の出自をもつフッサールは、堅固な拠りどころを独自に見出すために、信仰にではなく、理性に賭ける。とはいえ、彼の「厳密な学」は、宗教的な性格を帯びている。『論理学研究』（一九〇〇／一年）では、彼は、心理主義や相対主義に反対し、「人間は万物の尺度である」というプロタゴラスの命題に反対している。そうではなく、神の理性が、万物の尺度なのである！思考法則は、思考過程が事実として発生することに依存するのではなく、心理的な合法則性の表現などではありえない。論理学は、現世的なものでも、時間的なものでも断じてない。彼は、次のよう述べている。「われわれは、自分たちの危急が軽減するからといって、時間のために永遠を犠牲にしてはならないし、最終的に根絶不可能な悪となるような危急や困窮を次の世代に遺してはならない……もろもろの世界観は争い合うことがあるかもしれないが、学問だけが決断を下すことができ、その決断は、永遠という刻印を負うのである。」もろもろの世界観が危急に迫られて発生したのは、生の規範が動揺するようになり、哲学がまだ厳密な学ではなかったからである。哲学は、無時間的な価値を根拠づけるために、諸世代にとって継続されることができるようなものとなるべきである。こうしたことが、フッサールの希望であり、そこから、現象学的研究という巨大な鉱山が産み出された。その評価と出版（『フッサール全集《フッセリアーナ》』における）には、すでに数多くのフッサール研究者の世代が取り組んでいる。

ドイツにおける哲学的人間学の創立者である**マックス・シェーラー**（一八七四〜一九二八年）は、フッサールの現象学に人間学的な方向を与えた。それは、現象学的還元（判断停止《エポケー》）を、環境世界や感情や衝動に対して距離を置きつつ、イデアを形成する（理念化する）という典型的に人間的な能力としてとらえたことに基づいている。

サルトルの学友であり、長い期間にわたって政治的ジャーナリズムにおける同志であった**モーリス・メルロ＝ポン**

「レフ・シェストフ」
その著書『鍵の権能』（1926年）のなかでは、「哲学は、われわれの全人生と同じように、狂っているにちがいない」といわれている。

「モーリス・メルロ－ポンティ」
『知覚の現象学』の著者。

ティ（一九〇八～一九六一年）もまた、「事象そのものへ！《ツー・デン・ザッヘン・ゼルプスト》」、すなわち意識に与えられているものへというフッサールの指針にならっている。彼の『知覚の現象学』（一九四五年）は、直接的に世界へと存在していること、（実験的に与えられる経験よりも）前もってわれわれの身体をつうじて世界と慣れ親しんでいることを記述する。身体が知覚の主体であることが示される。目論まれているのは、永遠なものについての厳密な学ではなく、世界との交流である。そうして彼は、実存主義的な人間の孤立をも超克することができる。「決してわれわれは、無のなかにあてもなく漂っているわけではない。いつもわれわれは、充実のうちにあり、存在のうちにあるのであり、それは、顔が、まったく動じないときも、死んだときでさえも、いつもなにかを表現するように定められている（驚いた死者もあれば、穏やかな死者や慎み深い死者もある）のと同じであり、また沈黙も、音世界の一様態であるのと同じである。……わたしの自由は、つねに孤立しているどころか、むしろ共犯者をともなわないことは一度もないのであり、身を遠ざけるという自由のふだんの能力は、わたしが世界に普遍的に関わっていることに支えられている。わたしの自由は、わたしの存在のこちら側にあるのではなく、わたしの前にあり、事物の側にある。」

ヘルマン・シュミッツ（一九二八年～　）は、メルロ－ポンティに同意しながらも、ただしポンティにあっては厳密な学としての「首尾一貫した、討議に値する理論」が欠けていることを指摘する。彼は、そうした理論を補充する――長大な計画である『哲学の体系』においてであり、これは、二〇年以上もかかって、全五巻（全一〇冊）として一九八〇年に完成している。この計画では、フッサールの現象学的方法が受け継がれはしたが、多くの変更もなされており、つまり、その行き過ぎた要求や作為的な条件（絶対的な真理観や本質観、直接的な自己経験への限定と生活世界といわれているものからの出発、意識を志向的なものとする教義）は取り除かれている。こうしたことから、シュミッツは、みずからの新たな現象学を素朴現象学と呼ぶこともある。ヤエンス・ゾーエントゲンがシュミッツの「新現象学」を紹介するにあたって（『隠蔽された現実』のなかで）述べているところによれば、シュミッツは、「みずからの概念を『接地』しようとする、いいかえれば、誰もが周知している経験に結びつけようとする努力を欠かさない。」シュミッツは、根源的で無意識的な生の経験から取り組みをはじめるのだが、それは、自分自身とできるかぎり多数の他者とが確信をもってそうした経験に立ち会うなかで、「意のままにならないもの」を解明するためである。彼は、主体としてふるまう意志的な行為という、フッサールのモデルにしたがって意識を取り扱うばかりではない。このモデルによれば、主体は、行為もしくはいわゆる志向（表象、思念）において、あるものに方向づけられる（あるものを志向する）ことになる。彼がフッサールのモデルにしたがわないは、われわれが、意志的な行為を別にすると、そのようなしかたでおのれを体験することはないからである。われわれの思考は、われわれに到来し、われわれの記憶は、われわれの琴線に触れ、われわれの憂鬱は、われわれを充たし、われわれの嫉妬は、われわれに立ちのぼってくるものなのである。

「ヘルマン・シュミッツ」

シュミッツは、身体的な世界内存在（In-der-Welt-sein《イン・デア・ヴェルト・ザイン》）訳註61から出発している。『主観性』（一九六四年）では、「身体の状態を分析するにあたって、わたしにとっての――わたしの知るかぎり、世界文学訳註62としての最初の――目標は、固有の身体的な痕跡を、したがってわが身をもって知るといわれるようなものの痕跡を証明として立ち上げ、完成された概念体系

訳註61 「世界内存在」（In-der-Welt-sein《イン・デア・ヴェルト・ザイン》）は、ハイデガーが人間存在（現存在《ダーザイン》）について打ち出した用語。世界という器のなかで人間が他の存在者とならんで存在している「世界内部性」（Innerweltlichkeit《インナヴェルトリヒカイト》）とは異なり、それに本質的に先立ち、人間が存在者の全体に関係することを可能にしている基本的な存在構造を指す。「世界内存在」としての現存在《ダーザイン》は、（学問的）認識主観や実践主体としてある以前に、身体をもってすでに世界に慣れ親しみつつ住み込み、世界の意味をいつもすでに理解している。

訳註62 ゲーテは、諸民族の国民文学のあいだを媒介し、諸民族の精神的財産を交流させる普遍的な文学として「世界文学」（Weltliteratur《ヴェルトリテラトゥール》）の到来を予言した。

新現象学の創立者であるヘルマン・シュミッツは、『哲学の体系』の最終巻で、こう述べている。「現代の流行語であるコミュニケーションは、許容限度にまで達している。そこには、人間相互の……態度に対する過大評価が表われている。……しかしながら、人間は、当人にまたは身近に起こる出来事を再現する媒体《メディア》としてはたいしたものである。人間は、深刻に受けとめることはしないで、その出来事に寄与したり、抵抗したりすることができるのである。」

をその証明にのみ根拠づけるということである。」と書かれている。身体的なものの分析から得られた基礎的範疇《カテゴリ》とは、「狭さ、広さ、収縮、拡張、緊張、膨張、強度、律動、私的収縮、私的拡張、方向、原始的傾向、快楽主義的傾向、身体部位形成、身体部位萎縮」といったものである。シュミッツによる、体系的で驚くほど詳細に区分された、人間的生のありとあらゆる次元の分析（たとえば、法律制度や芸術や居住や恋愛の分析も含んでいる）は、たんに認識するという意義をもつばかりではなく、一貫して父権的な社会が発展してゆくなかで、隠蔽され、抑圧された生の形態を発見もしくは再発見するという意義をもっている。彼の『新現象学』（一九八〇年）が言明するところによれば、ヨーロッパの思考は、男性の世界に帰属する生のスタイルを従来一方的に優遇し、培養してきた。この世界内には、とりわけ物体と肉体が、包括的な組織が、超越的な希望や要求が、ユートピアが存在し、それらのために、生が消費され、自然が掠奪されている。男性的なものの世界像にしたがってスタイルを規定されてきた人間は、その生の意志を現在に定位させる能力をますます喪失している。こうした状況に衝撃と転機を提供する可能性は、女性的なものとみなされている。それらの可能性は、歴史的事実から見れば、女性の側で育まれたのであり、その結果、身体の哲学が、女性的なものの解放を促進するように働く。そうしたゆえんから、シュミッツは、身体哲学としての体系を、パルメニデスからハイデガーにいたるヨーロッパ哲学史についての研究と同列にならべもした。ところで、後者の研究は、その範囲、独自性、見識の広さ、精密さにおいて卓越したものである。

分析哲学

アングロサクソン系の諸国の哲学にとって支配的であるのは、分析哲学である。分析哲学は、経験論を数学的な論理学（論理学的演繹のための演算法や規則・記号体系）に結びつける。それは、永遠の真理というピュタゴラス−プラトン的理念とも、ア・プリオリな総合認識（形而上学）とも区別される。なぜならば、分析哲学は、ピュタゴラス−プラトン的理念といわれていた数学（算術）を論理学の形式とみなし（すでにライプニッツの場合にはそうであったように）、したがって分析的であるとみなす（算術的命題を時間に関係づけるカントの場合には総合的であったが）からである。論理的で演繹的な認識は、言語的な認識である、と**バートランド・ラッセル**（一八七二〜一九七〇年）は述べている。哲学の大部分は、その言明を論理的に分析することによって、統辞論《シンタックス》[訳註63]に還元される。アンセルムスの神の存在証明も、パルメニデスの一元論も、「自然」言語における「存在《ある》」という語の多義性に依拠している［本書33頁訳註13を参照せよ］。「存在《ある》」は、実在、同一性への関係、階層《クラス》への帰属関係、階層《クラス》の従属関係という四通りの意味をもっている。これらを混同したり、取り違えたりすることが、仮象の問題や虚偽で余計な形而上学を引き起こす。

分析哲学は、学問的言語としての論理学に依拠している。このことに寄与した画期的な研究は、**ゴットロープ・フレーゲ**（一八四八〜一九二五年）による『概念記法　算術にならった純粋思考の形式言語』（一八七九年）である。この書は、アリストテレスの三段論法《シロギスモス》を拡張し、そ

1961年の「反原子力」デモに参加する、数学者でありかつ哲学者であるバートランド・ラッセル（右下に座り込んでいる）

訳註63　一般に記号論でいわれる「統辞論《シンタックス》（統語論）」は、記号の意味を論じる「意味論《セマンティクス》」とは区別され、記号の特定の意味内容を度外視して、記号間の形式的な関係や規則を論じる分野であるが、ラッセルの掲げる「統辞論《シンタックス》」は、そうした区別を明確にはせず、記号間の関係を通じて記号の意味の関係を取り扱おうとする。

「ゴットロープ・フレーゲ」1920年頃の写真。
分析哲学の始祖は、日常言語の厳密な批判者であったばかりではなく、「言語的暴力の行使者」でもあった（W・エングラー）。社会主義の精神疾患は、「社会民主主義をおびただしく繁殖させる臭気」を醸し出している、と彼は1924年の政治的手記に書きとめており、西欧社会に由来する議会主義を再びわれわれから追放しようとする優秀な総統を自己実現の前兆とみなしている。そして「ドイツから消滅するべき」ユダヤ人に関しては、彼は、論理学者として、「ユダヤ人であることを確実に識別することができる符号」を追究する。

こで言語表現を記号で再現することをつうじて、形式化不可能の諸問題に解答を与える（本書54頁を参照せよ）。ラッセルがいうように、『算術の基礎』（一八八四年）というフレーゲの研究により、フレーゲ以前の数についての哲学はすべて、それらが文法的な誤りを犯しているという理由で、「語のもっとも厳密な意味での『無意味』の集合体に」された。それらの哲学は、フレーゲが区別し、対立させているものを混同してしまったのである。つまり、数の数（たとえば、あらゆる3という性質に関わるものの類）としての数（たとえば、3）と、ある所与の、たとえば3という数（たんなる数）とを混同しているのである。

ラッセルとホワイトヘッドが、フレーゲの研究を『数学原理《プリンキピア・マテマティカ》』において継続したとき、二人は、ラッセルの二律背反《アンチノミー》といわれる、フレーゲの体系に内在する矛盾に突きあたった。それは、自分自身を含まないあらゆる集合の集合という概念に潜んでいる矛盾にある。この、自分自身を含まないあらゆる集合の集合が、はたして自分自身を含む集合であるのかどうかを問うてみれば、矛盾ははっきりしてくる。つまり、もし自分自身を含まないあらゆる集合の集合が、自分自身を含む集合だとするならば、それは、自分自身を含んでいないことになるし、もし自分自身を含まないあらゆる集合の集合が、自分自身を含まない集合だとするならば、それは、自分自身を含んでいることになる。これは、それ自身をカタログ化していないあらゆるカタログのカタログという具体例で示すことができる。それ自身をカタログ化していないあらゆるカタログのカタログは、はたしてそれ自身をカタログ化しているのかどうか？　あるいは、エピメニデスによる、嘘つきのクレタ島人のことを思い浮かべればいい［本書32頁欄外を参照せよ］。ラッセルとホワイトヘッドは、いわゆる階型《タイプ》理論により、対象を第一階層《レヴェル》と第二階層《レヴェル》とに（あるいは対象言語とメタ言語とに）[訳註64]区別し、自己言及的な言明におけるこれらの階層《レヴェル》の混同を禁止することで、この問題を解いた。この解答は、フレーゲを満足させなかった。彼は、論理主義的な数学解釈を再検討して、カントへとさかのぼり、したがって算術を（純粋）直観のもとに拘束することに向かった。

一八九二年に、心理学に対して論理学を境界づけるフレーゲの論文「意義《ジン》（Sinn）と意味《ベドイトゥング》（Bedeutung）」が公刊され、そのときフッサールはそのフレーゲの論文にしたがった。たとえば「三角形」という表現の意義《ジン》は、誰かが「三角形」という語でもって思い浮かべる表象によってさまざまである。この表象は、そのつど思い浮かべられるごとに心理学的＝私的なものである。かの意義《ジン》は、多数の主観に所有されているか、あるいは、そのつど思い浮かべられるごとに同一の主観に所有されている。そのうえで、意義《ジン》は意味《ベドイトゥング》と区別される。意味《ベドイトゥング》は、たとえば「三角形」とか「三辺形」とかいうように、さまざまな意義《ジン》の表現があるとしても、同一のものでありうる。表現が、たとえば「太陽が昇った。」というような命題の場合、フレーゲは、その命題の意義《ジン》を「思想」（Gedanke《ゲダンケ》）と呼ぶ。このとき、その命題の意味《ベドイトゥング》があるとすれば、それは「真」であるか「偽」であるかのどちらか［真理値］になろう。

一方、思想《ゲダンケ》は客観的であり、いかなる意識内容（表象）でもない。フレーゲが論文「思想」（一九一八年）のなかで書いているように、思想《ゲダンケ》は、永遠の真理もしくはイデアの「第三の領土」（プラトンのいうイデアの王国、またはポパーのいう第三世界）に帰属するものであり、それらの永遠の真理もしくはイデアは、意義《ジン》ではなく、意識においてそれらが（表象のように）立ち現われるのを担う主観を必要としていない。しかしながらどういうわけで、それらは、ときによっては〈わたし〉の真理となり、〈わたし〉の意識に入ってくるのか？　フレーゲの考えは、こうである。それらの永遠の真理やイ

訳註64　議論の対象となる言語を「対象言語」、それに対して、対象言語の構造（たとえば文法）、またその真／偽などを論ずる言語を「メタ言語」ないしは「高次言語」という。

デアは、自我《わたし》によって把握されることができ、そのときそれらは、主体の意識を変容させるとともに、主体の意識を介して世界を変様させることができる。というのも、〈わたし〉がいかなるたんなる表象でもないことは、確かであるからである。すなわち、すべてが表象であるわけではない。したがって、思想《ゲダンケ》は、それ自体として存在することができ、たんに表象されているだけではない。

〈わたし〉が存在しているという確かさと、さらに他のもの（他者や、ピュタゴラスの命題のような、まさに思想《ゲダンケ》）が現実に存在しているらしいという確からしさ、それが、フレーゲの哲学の中心点である。ところで、自我《わたし》の確かさは、論理的な方法で手に入れられている。そうでなければ、いずれにせよすべては、自我《わたし》において崩落してしまうことになる。〈わたし〉が、自分は月を観ていると判断するとき、〈わたし〉自身は、月の表象とならんだ、〈わたし〉の意識内容の

「カール・ポパー」
ポパーによれば、三つの世界が存在する。「第一に、物理的世界―物理的対象物の宇宙、これを『世界 1』と呼ぼう。第二に、意識状態や心理的形質や無意識状態を含む心的状態の世界、これを『世界 2』と呼ぼう。しかしなお、思考内容の世界、人間精神の産物の世界である第三の世界が存在する。これを『世界 3』と呼ぼう。」

アンナ・ブルーメ《最小の家でさえ、その住人にとってはまだ大きすぎる》1974年。
もし〈わたし〉が〈わたし〉を表象しているとすれば、そこで表象されている〈わたし〉もまた〈わたし〉を表象しており、そこで表象されている〈わたし〉に表象されている〈わたし〉もまた〈わたし〉を表象しており……、〈わたし〉は、自己自身を独立変数 x とする関数 f という帰納的関数 f（x）、すなわち f（f（f...)））となり、どこまでも中身（Fülle《フュレ》）のない入れ子の箱（Hülle《ヒュレ》）になってしまうであろう。

一部であるということにはならない、とフレーゲは主張する。もし〈わたし〉が、〈わたし〉の意識内容の一部であるとすれば、この一部は、再びまた〈わたし〉に意識されることになり、〈わたし〉は、「無限に〈わたし〉のなかに入れ子にされてしまう（!）」「これは、やはりどうしても考えられない」と彼はいう。「〈わたし〉は、〈わたし〉自身の表象ではない（!）」「すべてが表象であるわけではない。だからやはり、〈わたし〉は、思想《ゲダンケ》を〈わたし〉から独立したものとして認める。」それとともに、彼は、ラッセル固有の（デカルト的な）不動の基礎《フンダメントゥム・インコンクスム》としてみなされるラッセルの二律背反《アンチノミー》を却下する。自我《わたし》は、無限のフラクタル構造でもないし、無限の自己言及でもないのである。

同時期（一九一八／一九年）に、**ルートヴィヒ・ヴィトゲンシュタイン**（一八八九～一九五一年）は、『論理哲学論考』を著わしている。この著書は、一九二一年にドイツ語で出版され、そして一九二二年に『Tractatus logico-philosophicus《トラクタトゥス・ロギコ－フィロソフィクス》』というタイトルを付された英訳が、ラッセルによる序論を付されて出版される。フレーゲが思想《ゲダンケ》と名づけたものは、ここでは事態（Sachverhalt《ザッハフェアハルト》）といわれている。フレーゲでは、真である思想《ゲダンケ》は、事実と呼ばれるが、それに応じてヴィトゲンシュタインでは、成立している事態《ザッハフェアハルト》は、事実（Tatsache《タートザッヘ》）と呼ばれる。事実《タートザッヘ》に関する言明のみが有意味である、と彼はみなす。こうした把握を根拠づける彼の著書のもろもろの言明は無意味である、と彼は宣言する。読者は、これらの命題を乗り越えなければならないし、それができれば、世界は正しく観られることになろう。世界とは、起こっていることの全体であり、成立している事実《タートザッヘ》である。ただし、『論理哲学論考』が言及する、たとえば事実を認識するための可能性の条件といったような事柄は、事実《タートザッヘ》に含まれない。そのほかの事実《タートザッヘ》ではないものについては、たとえば、「およそありうる学問的な問いがすべて答えられているとき」でも、まだまったく触れられていない生の問題については、沈黙しなければならない。学問的な問いは、論理と経験によって答えられる。論理とは、無意味な（同語反復的な）言明の階層《クラス》であり、それらの言明は、なにかを語っているわけではなく、分析的な命題なのである。一方、経験とは、知覚することであり、現実を、有意味な言明である言語的な写像と比較することである。『論理哲学論考』が対象としているのは、現実についての命題の一般的な論理形式である。それは、真理関数の一般的形式である。その形式は、要素命

「ルートヴィヒ・ヴィトゲンシュタイン」オックスフォード・トリニティカレッジの奨学金授与式時のポートレイト、1929年。

『論理哲学論考』の主要6命題：

1. 世界とは、起こっていることの全体である。
2. 起こっていることとしての事実《タートザッヘ》とは、事態《ザッハフェアハルト》が成立することである。
3. 事実《タートザッヘ》の論理的映像が、思想《ゲダンケ》である。
4. 思想《ゲダンケ》とは、意味をもつ命題のことである。
5. 命題とは、要素命題の真理関数である。
6. 真理関数の一般的形式は、〔$\bar{p}, \bar{\xi}, N(\bar{\xi})$〕である。
7. 語りえないものについては、沈黙しなければならない。

6についての注：$\bar{p}$は要素命題の系列、$\bar{\xi}$はその変数、Nは命題間に繰り返し適用された、2価以上の「〜でもなく、かつ〜でもない」という関係である。

[訳註65]題に繰り返し適用された「〜でもなく、かつ〜でもない」という関係（あらゆる真理操作は、その関係に還元される）であり、したがって、要素的（「原子《アトム》的」）な事態《ザッハフェアハルト》に関する「〜である／〜でない」という言明の特定の帰結である。というのも、要素的な事態《ザッハフェアハルト》のうちで成立していること（もしくは、要素的な事態《ザッハフェアハルト》のうちで「〜である」という言明の対象とされるもの）［すなわち、成立している事実《タートザッヘ》］が、世界なのであるから。

ヴィトゲンシュタインは、次のように告げる。あらゆる哲学は、言語批判であり、いいかえれば、あらゆる真理を、明晰に語られることができるものに限定することであり、結局は、科学である。残余のものについては、沈黙することである。ただし、限定することそれ自体は、語られるのであり、ヴィトゲンシュタインの哲学の、その根拠のありかを示している。その根拠とは、語られることができない私的で主観的なものである。

世界の限界は、言語の限界、厳密にいえば、浄化された言語の限界でもある。私的なもの、主観的なものは、共通理解によっては浄化されることのできない私的言語、独我論的世界に帰属する、とヴィトゲンシュタインは読者に示唆している。なお彼は、そうした私的世界について饒舌《じょうぜつ》に語ってもいるし、書いてもいるのだが、もっともそれは、『論理哲学論考』の「浄化された」命題を書きとめた手稿（『秘密の日記』と呼ばれている）においてのことである。ただし、この、論理哲学的なノートにならべられた私的なノートは、ずっと後年になってようやく公刊されたものであり——し

ヴィトゲンシュタインが妹のために、1926年に設計・建築した、ウィーンの邸宅。
ヴィトゲンシュタインは、1931年にこう書いている。「本来、哲学に従事することは、——建築の仕事もしばしばそうだが——むしろ、ひとつのことそのことに従事することにほかならない。それは、固有の見解に従事すること、物事の見方について（さらに、その物事から期待されることについて）従事することである。」

かも、ヴィトゲンシュタイン自身によってではない。彼は、『論理哲学論考』だけしか公刊していないのだから。その日記のなかに綴られているのは、彼自身の苦悩、同性愛的な憧憬、罪と敬虔の意識、ユダヤ人であること、兵役といったことについてである。ところで、兵役というのは、彼はたいがい砲艦上の任務に就いていたからである。『論理哲学論考』の水晶のような明晰さと純粋さという理想は、葛藤と抑圧をとおして、自分自身を不純で罪深いものとして非難する態度の裏返しである。論理学は、罪の贖《あがな》いなのである。事実、ヴィトゲンシュタインは、みずからの哲学の営みを憎んでいたのであり、にもかかわらず、それを逃げ道としてやむことなく追究していたのである。

彼は、戦時捕虜とされている間、とりわけトルストイによる福音書に熱中したが、捕虜から解放された後、新たに自分の生活をはじめた。父方の遺産のおかげで、彼は、ヨーロッパでもっとも裕福な男のひとりとなった。父は、大企業家であったからである。三人の兄は自殺しており、ピアニストであるひとりの兄は戦争を生き抜いた——右腕を失いながらも。ラヴェ

訳註65

「要素命題」とは、事実であるような部分を含まず、他の事実から合成されていない原子的《アトム》な事実《タートザッヘ》、すなわち事態《ザッハフェアハルト》を指すが、この用語法は、ラッセルがその論理的原子論において「原子命題」（それ以上単純な命題に分解されえないもっとも簡単な命題）と呼んだものに応じている。原子命題（要素命題）を組み合わせれば、いくらでも複雑な分子命題を形成することができるが、このとき分子命題の真／偽を示す真理値はもとの原子命題の真理値によって確定されるため、その分子命題はもとの原子命題の「真理関数」としてみなされる。

ルは、彼の左腕のためにピアノ協奏曲を献呈した。ヴィトゲンシュタインは、ウィーンの妹に財産の管理と処分をゆだね、地方の小学校教師になった。その後、彼は、妹の邸宅のための建築士となったのだが、誰も住みたいとは思わなかったこの邸宅は、『論理哲学論考』の水晶的な明晰さと冷厳さを具象化する記念碑となった。一九二九年に彼は、一九〇八年にすでに工学技術の研究を継続するために向かっていたイギリスに戻った。そこで、論理学と数学に取り組み、彼の教師でも指導者でもあり、そして敵対者ともなったラッセルと知り合った。ラッセルは、ヴィトゲンシュタインにとっての本来の問題は、論理学ではなく、むしろ倫理学であり、生の意味であるということを見抜いていた。ヴィトゲンシュタイン自身も、自著『論理哲学研究』を、より重要である未完の第二部倫理学のための、取るに足らない第一部として位置づけていた。一九二九年のイギリスでの講演は、倫理学を扱い、そこで彼は、述べている。倫理学についての書物というものは、いかなる事実《タートザッヘ》の言明も含まず、すべし《ソレン》という命題、とくに単独の主観性の意味、その生の意味に関わるような命題を含むことになるであろう。こうした書物が成立するとすれば、それは、（ブラックホールのように）一瞬にして、そのほかいっさいの（事実《タートザッヘ》についての）書物を全滅させるであろう。

しかしながら、ヴィトゲンシュタインの後継者たちは、こうしたことに関わり合わなかった。彼の『論理哲学論考』は、聖典として奉られ、論理学と経験論を結合する分析的な哲学としての「論理実証主義」の基礎文献になった。こうして『論理哲学論考』と論理実証主義との側に置かれたヴィトゲンシュタインは、ヴィトゲンシュタインⅠと称されている。

イギリス再訪後、ヴィトゲンシュタインは、言語教師としての新たな経験をもとに、再び言語哲学を取り扱った。いまや彼の関心を惹くのは、科学言語でも論理学でもなく、彼が小学生たちに教えた日常言語である。彼の関心を惹くのは、ひとはいかにして言葉を教えるのか、あるいは、ひとはいかにして言葉を身につけるのかということである。こうして日常言語の側に身を置いたヴィトゲンシュタインは、ヴィトゲンシュタインⅡと称されている。彼は、一九三九年ケンブリッジに教授職を得て、一九四七年それを辞職する。

ケンブリッジにあるヴィトゲンシュタインの墓。

ベルンハルト・ヨハネス・ブルーメ《不安》日付不明。「『私的経験』と『感覚与件』の講義ノート」（1934～36年）のなかで、ヴィトゲンシュタインは次のように書きとめている。「これらの痛みをわたしは『歯痛』と名づけるが、これがなにをいっているのかを決して彼にわからせることができない。……わたしは、わたしが『歯痛』という語でもって意味していることを知っているのだが、他人はそれを知ることはできない。」――彼は「歯痛」でなにを意味していたのか？　ヴィトゲンシュタインは、自身の「歯痛」の秘密を生涯明かさないままであった。

ところで、第二の時期において彼にとって問題となっているのは、正確にいえば、経験の主観的な事実《タートザッヘ》である。「わたしは痛い」という命題に、執拗に苦心が注ぎ込まれる。――この命題は、〈わたし〉にとって、他者にとってなにを意味するのか？　子どもは、どのようにしてこの命題を、「痛み」の意味を学ぶのか？　生活形式としての言語ゲームを通じてであろうか？　それというのも、言語はいつもまた行為である、と彼が強調するからである。表現の意味は、言語ゲームにおける表現の役割から、生活における表現の使用法から生じる。――ヴィトゲンシュタインの言語哲学は、鎮静させる試みであり、あらゆる哲学上の（意味に関わる）問題を消滅させる試みであり、哲学する営みを（そうして最後には治療を）中止しかねない試みである。死後出版された『哲学探究』には、「哲学におけるおまえの目的はなにか？　――蠅《はえ》に蠅取り壺《つぼ》からの逃げ道を示してやること。」とある。また「『私的経験』と『感覚与件』の講義ノート」には、「独我論者は、蠅取り器のなかでばたばたと羽ばたいている、壁に突きあたり、ばたばたとし続ける。どうすれば、彼を静かにさせられるのか？」とある。

ヴィトゲンシュタインは、一九五一年に死去した。彼は、その触れずに残された主観哲学［倫理学］によってでも、哲学的な抑圧を具象化した芸術［建築］によってでも、また自我の麻酔法［独我論の鎮静」によってでもなく、自我から気を逸らされた言語哲学によって、二〇世紀最大の影響力をもつ哲学者となった——ニーチェとならんでといえるが、もちろんニーチェには、アングロサクソン系ではなくヨーロッパ系の、また別の支持層《クライアント》が控えている。

ヴィトゲンシュタインの言語哲学は、まずオースティンにより、つぎにジョン・R・サールにより、言語行為論として発展させられた。この議論は、挨拶や約束や断念や命名などといったような、言葉でもってすることができる一連の語りの機能を取り上げるのだが、たしかにそこでは、もっぱら言語が、ある人がある人になにかを語る「伝達《コミュニケーション》する」という図式《パースペクティヴ》から見られている。ヘルマン・シュミッツは、『新現象学』でこの点を指摘して、次のように述べている。「コミュニケーションが、語りの遂行にとって普遍的な、もしくはやはり中心的な主題であるとみなされている。これは、『言語は社会的行為である』というクワインによる簡潔なスローガンを強調するものである。このとき、語りのコミュニケーション的行為とその社会的行為とを同一視するという誤りが、まぎれ込んでいる。」なぜならば、歌は、厳密にいえば歌詞は、社会的機能を帯びたひとつの語り方であるといえようが、それでも歌詞にとっては、おそらく伝達《コミュニケーション》することがすべてではないだろうからである。歌の場合に問題となるのは、感情をともなった社会的統合である。さらに、経験や態度決定を言葉で明らかにすること（表明）は、社会的機能とかコミュニケーションとかに関わりなく、独白的になされることもある。

構造主義とポストモダン

人間の解任、主体の分散——これが、六〇年代にサルトルの主体哲学、歴史哲学と入れ替わった哲学的な構造主義の特徴である。「われわれは、生にも政治にも実存にも情熱的に尽力したサルトルの世代を、勇気と寛容を大いにそなえた世代であると感じた。……しかし、われわれは、われわれのために別のなにかを見つけた。それは、また別の情熱であり、『システム』と名づけたい概念に対する情熱である。」とミシェル・フーコーは一九六六年に声明を出している。彼

《構造主義者の朝食会：ミシェル・フーコー、ジャック・ラカン、クロード・レヴィ-ストロース、ロラン・バルト》モーリス・アンリによる描画、1967年7月1日発行の『カンゼーヌ・リテレール』誌上に掲載された。

は、**クロード・レヴィ-ストロース**（一九〇八年〜）や**ジャック・ラカン**（一九〇一〜一九八一年）と関係がある。前者は社会に対して、後者は無意識に対して、次のことを示した。すなわち、サルトルの立場からすれば、われわれが意味の制作者であり解釈者であるとみなされるのだが、意味とは、鏡像もしくは泡沫にすぎないということ、また、われわれに浸透し、われわれを保持しているのは、匿名のシステムなのであるということを示した。思考の自由は現実にはありえず、また歴史に意味はありえない。構造主義的マルクス主義の**ルイ・アルチュセール**（一九一八〜一九九〇年）をもってしていいかえるならば、「人間は、それとは知らずして、歴史をつくる」ということになる。歴史は、諸構造のなかに捕らえられているのである。

　レヴィ-ストロースは、フェルディナン・ド・ソシュールの言語学的な構造分析のモデルを人間科学、社会科学に応用した。ソシュールは、主体に影響をおよぼしているのは、無意識的な構造であり、この構造は、主体よりも現実的で基礎的であるということを見出した。ソシュールによれば、意味は、ア・プリオリに言語記号に割り当てられているのではなくて、記号の意味は、他の記号に対する当の記号の関係からはじめてもたらされる。構造主義的言語学が対象とするのは、記号をシステムに統合することであり、もしくは記号どうしをシステマティックに関係づけることである。さて一方、レヴィ-ストロースによれば、彼が民族学として研究した民族の神話についても、同じことがいえる。神話は、人間の状況に組み入れられたある種の矛盾を乗り越えようとする、知的な試みを表現している。矛盾が、実際に存在するとき、ある神話は、もうひとつの神話を産み出す。そうして神話は、その神話を作り出した精神的な衝動が汲み尽くされるまで、螺旋《らせん》状に成長してゆく。矛盾が実際に存在し、なおかつその矛盾に対してみせかけの解決法しかないかぎり、それぞれの神話は、各神話がかかえている問題をストーリーとイメージで暗号《コード》

《ドゥゾノクワ仮面》、ヴァンクーヴァー(USA)、人類学博物館。
クロード・レヴィ-ストロースは、その著書『悲しき熱帯』のなかでこう述べている。「世界は人間なしにはじまったし、人間なしに終わるだろう。わたしが生涯をかけて収集し、理解しようと努めてきた制度、習俗、慣習は、過ぎ去りし創造の精華である。この創造との関係でいうならば、それらのものは、この創造の枠内で人類にせいぜい自分の役割を果たすことを可能にすることを除いては、なんの意味ももたない。」

「クロード・レヴィ-ストロース」
左側にモーリス・メルロ-ポンティの写真が置かれている。

化し、偽装する、とレヴィ-ストロースは説明する。記号や象徴は、その意味をそれ自体でそなえているのではなくて、ほかの神話的な記号との関係を介してその意義を獲得する。したがって、構造主義的研究は、神話上のメタ言語を発見すべく、暗号《コード》の解読に取り組まなければならない。

　レヴィ-ストロースにあっては、主体は、構造の犠牲となって消滅する。彼は、次のように述べる。「〈わたし〉は、自分の個人的な自己同一性《アイデンティティ》の感覚を決してもったことがないし、いまでももっていない。そこでなにかが起こるのだが、そこにどの〈わたし〉も居合わせてはいない場所のようなものとして、〈わたし〉はみずからに現われる。われわれひとりひとりが、そこでさまざまなことが生起するある種の交差点である。交差点自体は、そこでなにかが生起する以上、まったく受動的である。なにか別のこと、ちょうど同じようにあてはまることが、どこか別の場所で生起する。いかなる選択もなされておらず、それは、単純に偶然の出来事である。」

　レヴィ-ストロースが、その構造主義的な人類学において、主体を外側から空虚にするならば、ラカンは、——フロイトにならって——主体を内側から空虚にする。〈わたし〉は、自分の無意識を自由にすることができないのだから、自律的な主体であるとはいえない、と彼は説明する。無意識は、意識とは切り離されたものとして規定されている。無意識は、異常な状況を除けば、意識へのいかなる通路ももたない。このことは、主体と意識とが分かちがたく結びついているとみているサルトルに対する反論である。ラカンから見れば、無意識は、言語のように構造化されており、無意識は、われわれが主体として話していると思っているときに、そのわれわれをとおして話しているのである。サルトルは、言語学者の扱う言語にとって少なくとも必要なのは、言語学的な話す主体であると反論する。彼は、構造主義が実証主義に逆行することを指摘しているのであるが、ただしそれは、事実《タートザッヘ》の実証主義ではなくて、いまや記号《シーニュ》の実証主義なのである。このことはまた、アルチュセールが、人間を構造によって条件づけられているものとみなす場合にもいえる。ではいったい、人間は、いつまでも構造を超え出ることはないのか？　構造のもとに立ち止まり続けることは、サルトルにすれば、「論理的スキャンダル」である。「哲学者とは、構造の踏み越えを思考しようとする者である」と彼は定義する。――しかし、思考は自由であるのだろうか？　フーコーは、自由ではないという。ひとは、いつでもある匿名的で強制的な思考システムの内部で思考している。そして、彼が、いまシステムを思考するとすると、彼は、すでにそのシステムの背後にあるシステムによって強制され、システムを発見するように仕向けられることによって、いやむしろ、システムがシステム自身を発見するということによって、彼は、そうとは知らずに元のところに差し戻されるであろう。

「ジム・モリソン」
パリのペール・ラシェーズ墓地にあるモリソンの墓に立てられた胸像は、いまではもうそこにはない。ヴェトナム戦争を扱った映画《地獄の黙示録》に使われたモリソンの歌は、「ジ・エンド」と題されている。この戦争への抵抗（ラッセルは、1966年ストックホルムでヴェトナム法廷を立ち上げ、サルトルもこれに参加した）は、ある世代全体を特徴づけている。ジム・モリソンは、その世代のアイドルのひとりであった。

「ミシェル・フーコー」1966年、著書『言葉と物』の出版直後。

ミシェル・フーコー（一九二六〜一九八四年）は、第二世代といわれる、サルトルに対して距離を置いた新たな哲学者世代を代表する。それは、誰なのか？「わたしが誰なのかと、わたしに問わないでほしい」とフーコーは求めている。とにかくいえるのは、彼は、少なくともひとりのニーチェ主義者であり、そして彼は、異質な様式で存在しているということである。ニーチェと同じように、彼は、新たな世界解釈によって正当化される新たな生の様式を追究している。ニーチェの遠近法主義《パースペクティヴィズム》の教説にしたがうならば、生の様式が異なるのは、それが異なった解釈に依拠しているからである。それに応じるかたちで、フーコーにしたがうならば、哲学とは、異質な様式で存在することができるために、「ひとが存在するのとは別様になるために」、思考の枠組みを変位させ変換すること、価値を変更することとして定義される。哲学とは、「真と認められているものから解放されて、また別の遊戯規則を探求する」ための手だてとなる運動である、と彼は書いている。彼の理性批判は、「異質な様式で存在する権利」を目指している。批判されるべきは、生の諸様式を排除するということである。それは、理性による他者の排除、理性の排除、狂気の排除として主題化される。『狂気の歴史』（一九六一年）という著書で、彼は世に知られるようになった。その主著は、『性の歴史』である。

フーコーは、異質な様式で存在した。つまり、ニーチェやヴィトゲンシュタインと同じように、同性愛者であった。「彼の生活の大部分を規定してきた、管理に対する偏執狂《パラノイア》は、彼が死に瀕したとき、彼のもとを去った」、とリチャード・セネットは述懐している。フーコーは、五七歳のときエイズで死去した。彼は、死にいたる病に取り憑かれた晩年、『性の歴史』についての研究を継続するなかで、古代ギリシア―ローマにおける、とりわけストア学派における生の様式としての哲学に取り組んだ。フーコーの問いは、「どのようにして、なぜ、いかなる様式で、性的活動が道徳的な領域として構成されたのか？」というものである。彼によれば、ギリシア人たちは、性を制御する方法を忠告のようなものとして公布していた。『快楽の活用』と『自己への配慮』が、彼の遺作となった。それらの著作は、禁欲主義的《ストア》－快楽主義《エピクロス》的な実存倫理に、おのれの可能性への投げかけとして生に、すなわち創造活動としての生に向けられている。このとき、彼は、かつて闘った相手である、かのサルトルの立場に再び近づいたのではないか？　――たしかにそうだろう。彼は、同性愛者というみずからの異質な存在様式を公言しており、監視と懲罰に対する偏執狂《パラノイア》は、消滅していた。就任講義のなかで取り上げた、かの「幸福な拾われ子」の安らぎを見出していたのである。

　個人の権力と無力の分析を、フーコーはまったく異なったしかたで着手した。コレージュ・ド・フランス（フランスの学者層にとって経歴上の最高目標である）における一九七一年の就任講義「言説《ディスクール》の秩序」は、みずからの哲学のテーマを、知（言説《ディスクール》）の社会的システム（制度）に属する規制、排除、弾圧の手続きと名づけている。当然のことながら、たとえそうした抑圧に関わりたくなくても、彼自身が、この就任講義でもって、このような言説制度《ディスクール・システム》に参入することになる。彼は、「幸福な拾われ子」のごとく、静寂で、深遠で、無限に開かれた透明性を形成するはずの言説《ディスクール》に身を委ねることを望んでいた。就任講義の冒頭は、そのようにある。そして、彼は、制度を前にしても安心を与えさせるような解答を自身で示している。それは、二重拘束《ダブルバインド》状況のように、「さあごらんなさい、わたしがおまえをどれほど愛しているかを、わたしがおまえを落すこともできることを！」（と母親が、窓の外へ出した手でかかえている子どもに向かって語る）と定式化される。フーコーは、これを自身が問題としている言説制度《ディスクール・システム》に語らせようとする。「きみは、はじめるにあたって不安を抱く必要はない。われわれがみなそこにいるのは、次のことをきみに示すためなのだから。言説《ディスクール》は法則的な秩序のうちにあるということ、ずっと以前から言説《ディスクール》の登場が監視されているということ、言説《ディスクール》を尊重しながらも、それを武装解除する場所が言説《ディスクール》のために用意されているということ、そしてさらに、言説《ディスクール》の権力が、その言説《ディスクール》の手中にあるとすれば、それは、われわれに、ただわれわれにのみ由来するということを。」

　ところで、権力は、家族においてであろうが、肉体においてであろうが、道徳においてであろうが、言語においてであろうが、どこにおいても中心をもたない、とフーコーは説く。権力は、また創造的であり、権力として作用する知を

《彼は死んでおり、しかも死に向かっている》アレクサンダー・ガードナーによる写真、1865年。
ロラン・バルトは、その著書『明るい部屋』のなかで、これに言及する。「1865年、若いルイス・ペインは、アメリカの国務長官……の暗殺を企てた。アレクサンダー・ガードナーは、独房のなかの彼を撮影した。彼は死刑執行人を待っている。この写真は美しいし、この青年も美しい。……彼は死に向かっている。わたしは、そうなるだろうという未来と、そうあったという過去を同時に読み取る。わたしは、死が賭けられている完了した未来を、恐怖をもって察する。……わたしの母の子ども時代の写真を目にして、母は死に向かっている、とわたしはつぶやく。すでに起こってしまった破局を前にして、……わたしは戦慄する。その破局を経験する主体がすでに死んでいようがいまいが、それぞれの写真は、この破局なのである。」

所有する。理性の歴史は、「支配的な」言説《ディスクール》としての学問の歴史である。言説《ディスクール》の背後には、つねに「力への意志」（ニーチェ）が、現実を奪取しようとする意志が、他者を排除しようとする意志が潜んでいる。そうした事情についての彼の学問は、知の考古学と名づけられる。知の考古学は、ある特定の学問が適用されるための条件を問う。真理をめぐる闘争は、「それにしたがって真なるものが偽なるものから切り離され、真なるものに特定の権力行使が許可されるところの諸規則の総体」とみなされる。

「世界は、力への意志であり、それ以外のなにものでもない」とニーチェはすでに告知していた。ニーチェは、フーコーとちょうど同じように、言説《ディスクール》についての神秘主義的な形而上学に踏み入った。そればかりか両者に相通じる実存上の秘密は、彼らの哲学の原動力なのであり、その投影器なのだった。フーコーの六年後にコレージュ・ド・フランス（意味論、記号学専攻）で就任講義をおこなった**ロラン・バルト**（一九一五〜一九八〇年）についても同様である。「人間の全永遠をつうじて権力がその対象としているのは、語ることであり、厳密にいえば、その結合の表現法としての言語である」と就任講演では述べられている。それというのも、慣用語法《イディオム》は、言表を許可しているものによって定義されるよりは、むしろ言表を強制しているものによって定義される、と言語学者ロマン・ヤコブソンとともにバルトは考えている

「ロラン・バルト」

からである。それからすぐに彼は、彼自身にとって実存的にもっとも重要なことを指摘する。それは、フランス語において、男性か女性かの強制的な区別をつうじて、中性《ニュートラル》や両性《バイセクシャル》が排除されていることであり（「le」や「la」が、性や性別と関係がないにもかかわらずである。これらの性別は、種類や種別を意味しており、そのかぎりにおいて冠詞である［「le」男性単数の定冠詞／「la」女性単数の定冠詞］）、また「tu」か「vous」かの二者択一をつうじて、情緒的に割り切れない未決定性が排除されていることである［「tu」親愛を表わす二人称単数の代名詞／「vous」敬愛を表わす二人称単数・複数の代名詞］。「言語が発話されるやいなや、たとえそれが、主体のもっとも深奥の内面における場合であっても、言語は、権力に奉仕するようになる。」とバルトは説明する。どのようにすれば、権力を回避できるのか？　それは、芸術によってであり、言語のユートピアである文学によってである。そこで、異質の言語、異質の主体のための自由空間が見出される。階級間の障害や排除はすべて取り払われ、すべての言語が混ぜ合わせられる。もはやいかなる合法的テロもない。彼の著書『テクストの快楽』（一九七三年）では、「主体は、言語的交接によって悦楽に到達する。」と述べられている。

ポストモダニズム

ポストモダニズムがリオタールの哲学を指す場合、それは、生の様式もしくは生のスタイル——ヴィトゲンシュタインにしたがうならば、それは言語ゲームともいえる——の解放的な多様性を宣言するものである。**ジャン-フランソワ・リオタール**（一九二四〜一九九八年）は、一九七九年に計画的著作『ポストモダンの条件』を著わしたさいに、アメリカの建

「ジャン-フランソワ・リオタール」

《イタリア広場》チャールズ・ムーアによる、1978年、ルイジアナ州、ニューオーリンズ（USA）、過去の諸様式《スタイル》を傍若無人に利用するポストモダニズム建築の一例。

カール・ヤスパースいわく「当代最大のドイツ人」であるマックス・ウェーバーは、現代《モダン》の診断者であった。彼は、その有名な著書『プロテスタンティズムの倫理と資本主義の精神』のなかで、現世を脱魔術化あるいは脱聖化し、職業召命観により日常生活を彼岸の運命に結びつけた宗教的な理性主義、すなわち宗教改革的《カルヴィニズム》な世界解釈が、現代の企業資本主義の成立にとってもつ意義を示した。職務業績と営利追求のなかで、各人に予定された恩寵が証されるのである。

築様式上の議論ですでに流通していた「ポストモダン」という概念を取り上げた。「ポストモダン」は、事物における様式《スタイル》（記号体系《コード》）の多様性、あるいは様式《スタイル》要素の多様性を意味し、少なくとも、エリート階級の記号体系《コード》と大衆階級の記号体系《コード》の二重性を意味している。この概念は、美学から知へ、言語ゲームへ、言説《ディスクール》へと応用され、理性を感性化させることを含意している。いかなる思考形式も、解釈も、言語ゲームも可能なのである。いいかえるならば、**パウル・カール・ファイヤアーベント**（一九二四〜一九九四年）が標語化したように、「なんでもあり」（Anything goes）なのである。このとき彼は、リオタールと同じように、二〇世紀はじめの西欧社会のなかにもはや総合不可能な多元主義と決定的な意味づけの衝突とを認めた**マックス・ウェーバー**（一八六四〜一九二〇年）の意見を参考にしている。もはや包括的で標準的ないかなるメタ言説《ディスクール》もなければ、たとえば「精神の弁証法《ディアレクティク》（ヘーゲル）や意味の解釈学《ヘルメノイティーク》（ハイデガー）や労働する理性的主体の解放（マルクス）」といった、いかなる「大きな物語」もない、とリオタールは論文に書いている。社会の紐帯《ちゅうたい》は、共同体に受け入れられた物語によっては、もはや結びつけられることができない。社会生活は、どこにあっても公認されることのないもろもろの言語ゲームにおける成り行きの総体なのである。七〇年代の赤軍や赤い旅団のテロ行為と彼らの声明は、公認されるべきマルクス主義的な言説《ディスクール》を再生させる試みであり、終焉しつつある大きな物語の期限を延期させる試みであるとみなすことができよう。

ユルゲン・ハーバーマス（一九二九年〜　）は、かつて宗教的に定式化された理性の統一性を再発見し、確証しようとするが、それは理性でもってである！　彼は、かたくなに、しかも同語反復的に、「理性は、理性的なものを意志することをまだ断念してはいない」と表明している。かつての宗教上の基本的な同意《コンセンサス》に取って代えられるのは、日常的な実践上での同意《コンセンサス》である。日常的な実践とは、対象《もの》として疎外されることなく、観念的な管理統制から解放されたコミュニケーションの実践である。「聖なるものがもつ呪縛する（bannen《バネン》）力は、批判可能な承認要求がもつ結合する（binden《ビンデン》）力へと昇華されると同時に、日常化される」とハーバーマスは、『コミュニケーション的行為の理論』（一九八一年）で述べている。このとき、市民社会は、原則的に全市民間における、理性的な対話に向けて開かれた公共性を形成する。こうして、社会は、自己批判と自己治癒の能力を、すなわち自己の病理的構造を解体する能力を手にすることができるであろう。ハーバーマスは、このために、対話療法を用いた自己解放のモデルをフロイトから受け継ぎ、批判理論というホルクハイマーの理念を持ち出す。社会は、そのようなしかたで、管理統制から解放された対話の宿す「聖霊」によって支えられながら、解放された主体から成る共同生活体になる。この社会の基礎は、（まだ）疎外されていない生活世界、つまり諸システム（法律制度、学問、教育制度、貨幣経済、政治）による植民地化（対象《もの》として疎外されること）から保護された生活世界にある。制約を受けることのないコミュニケーション共同体への関わり——それは、事実と対決するユートピア志向である——は、真理の永遠性という契機を、開かれてはいても目標に方位づけられた解釈プロセスの理念に置き換える。ハー

「ユルゲン・ハーバーマス」

《観察2、秩序》（《風景画家》のなかのオノレ・ドーミエによるモティーフから）
ルーマンのいう観察者の観察者は、ひとつの悲劇的な画像である。観察者にとって、世界は失われる。彼は、他者がどのように観察しているかを観察しているのであるが、ただし、その観察されている他者も、他者がどのように観察しているかを観察しているのであり、その観察されている他者に観察されている他者も……。しかし、彼は、どのようにして自分自身が観察しているのかを知らない。同じくどのようにして自分が観察しているのかを観察することができない他者だけが、これを観察することができる。等々。結局、誰もがみずから盲点をもっている。そして、この盲点なくしては、なにも見ることができない。

バーマスは、『テクストとコンテクスト』において、マックス・ホルクハイマーの「神なくして、無制約的な意味を救い出そうとするのは、虚しい」という命題に応じている。

ニクラス・ルーマン（一九二七～一九九八年）は、社会を、程度の差はあれ自律的な下位システムを多数ともなったコミュニケーション・システムとしてとらえる。ここでのコミュニケーションは、いつもただ自己自身にのみ関係する。主体もしくは肉体と魂をそなえた人間は、ともにシステムには帰属していない。人間主体は、システムの、あるいは社会の環境を形成するのだが、そればかりか、ルーマンは、およそ人間がもはや存在しなくなっているときでさえ、コミュニケーションが機能し続けていると想定することがある。知と理性は、頭脳と魂のうちにあるのではなく、書物やデータメモリやインターネットのうちにある。主体の消滅は、仏教においては宗教的な理想であろうが、ルーマンは、仏教に対する共感を隠さない。万物を視野に入れることができる唯一の眼である神は、もはや存在しないし、真理も現実的なものへのまなざしも、もはや存在しない。その代わりに残されているのは、観察を観察するという、自己言及的で自己還帰的な観察だけである。

カール・ライムント・ポパー（一九〇二～一九九四年）は、その著書『開かれた社会とその敵』（一九四五年）において、理性を信仰するという、非合理的であり、それゆえ無根拠であるといわれそうな、「理性的な」妥

ジョージ・オーウェルの小説『1984年』(1949年)を原作とした映画《1984》の一場面。
オーウェルは、その著作において、閉じられた社会としての、ある警察国家・監視国家を描いている。K・R・ポパーによれば、それは、社会に起こりうることとしては、最悪のものである。ポパーが1938年から1942年にかけてニュージーランドで執筆した著書『開かれた社会とその敵』の「第一巻：プラトンの魔力」、「第二巻：予言の大潮　ヘーゲル、マルクス、その余波」は、開かれた西洋の「穏健な民主主義(市民)社会」を擁護する。その書は、ヒトラーとスターリンに、また彼らの後ろ盾であるヘーゲル、マルクスに、そればかりかプラトンに対抗するものである。ポパーにいわせれば、プラトンは、「階級と種族のなかで思考し、強制収容所を提案した、最初の政治的な大観念論者《イデオローグ》」であったからである。

協案を見出した。ソクラテスがすでにそう考えていたのだからという論拠は、これまで問いを最終的に解決することはほとんどできなかったし、理性が理性的であるかどうかを問う場合には、なおさらである。全面的な理性主義というのは、いずれにせよ不可能である。なぜならば、生をそれが生きる価値があるものとするのは、われわれの行為と経験の一回性なのであり、主体性なのであり、それは、体系的-理性的にはとらえきれないからである。しかしながら、ひとは、理性を信じることができるし、ポパーにしたがっていえば、人間の理性の統一性を、開かれた社会を、なかでもその社会の科学的立場を信じることができる。理性は、全人類の兄弟愛への、知性的な誠実さや責任感への、旧来のソクラテス的でキリスト教的な信仰に基づいている。国家の敵や侵略に対する責任を負わなければならないのは、非合理主義であって、合理主義ではないのである。

哲学の現在

ペーター・スローターダイク（一九四七年〜　）は、一九九〇年代に『哲学の現在！』というタイトルで、西洋哲学史に向けたリーディングシリーズを公刊した。その目的は、「原則主義《ファンダメンタリズム》的な誘惑に対する解毒剤」として、ヨーロッパの哲学的な知に関わるもろもろの書物を新たにひもとき、それを読み解くことにある――「短き生が、こうした労力のかかる読み直しをあえておこなうことをわれわれに許すかぎりにおいて」（おそらくこの速習講座は、その労力を軽減することができるかもしれないし、それゆえ、志なかばで息絶えてしまうというリスクも軽減するであろう）。スローターダイクがいっている原則主義《ファンダメンタリズム》的な誘惑とは、失われた形而上学的な基礎づけに、いやその基礎づけの再設定に固執するものである。それというのも、近現代が、知と行為を最高善という理念に基礎づけることを廃棄《アウフヘーベン》してしまったからである。「科学的または実践的な実験活動が無際限に進められるのを押しとどめていた抑制が、取り除かれるか、少なくとも弱体化させられた後ではじめて、現代を支配する技術的なプラグマティズムが、自由な進路を獲得した。」と彼は述べている。しかし、無制約的な投企活動に権限を委ねることは、内的世界の根拠の無さを露呈させることと引き換えであった。一方において、原則主義《ファンダメンタリズム》は、古代の根源へと逃げ帰るのだが、同時に他方において、みずからの支えを失うという出来事に見舞われた社会は、にせの確実性という麻薬に溺れて破滅するのである。それればかりか、原則主義《ファンダメンタリズム》は、それ以上のことを知りはしないし、まさに成立しつつある「移動通信情報工学《テレマティクス》の世界的文明」における知の情況とコミュニケーションの情況の変革期にあって、ひとはどのようにして生きることができるのかということについて、知るところはないのである。スローターダイクによれば、「多くの兆候が、現在の世代がひとつの世界形態の崩壊を切り抜けられることを告げている。その崩壊は、二五〇〇年前に古典的な哲学を呼び覚ました、かの崩壊と少なくとも同じくらい、内実と影響において重大な意義をもっている。かの古代における崩壊の研究は、いま起こっている崩壊について示唆を与えることもできる。」

とはいえ、哲学はそれら二つの崩壊期の間に自分の時代をすでに過ごした。したがって、哲学の時代はいまではもう終わっている、ともいえるかもしれない。——哲学に行くところがあるのか？　一九九九年、『どこへ行くのか《クウォ・ヴァディス》、哲学？　哲学者たちの回答、ある国際的アンケートの記録』訳註66が世に出された。それは、「哲学の研究内容を真に国際化するための出発点を築く」ことになるのかもしれない。ここでは、哲学の終焉はまったく話題になっていない。さて質問されているのは、九人の女性も含む、世界中の一〇〇人の職業哲学者たち、すなわち大学に所属する哲学者たちである。質問されている内容は、まず、哲学一般にとって、とりわけその哲学者当人にとってもっとも意義をもち感銘を受けた二〇世紀の出来事についてであり、次に、もっとも重要でもっとも将来性のある二〇世紀の思潮あるいは著作についてであり、

「ペーター・スローターダイク」
スローターダイクは、著書『犬儒《キュニコス》学派的理性の批判』（1983年）のなかでこう述べている。「わたしが追いかける夢は、哲学という死にゆく樹がもういちど花を咲かせるところを見る夢である——期待どおりの花盛りには、咲きはじめはほのかな赤、青、白といった色をした、風変わりな思想の花々が繚乱《りょうらん》し、まるでかつてのギリシアの黎明《れいめい》のなかにあるような——観想《テオリア》が開始され、いかに明白であるにしろ、信じられないほど突然に理性がおのれの表現を見つけだした、あのときのような夢である。このような経験を繰り返すには、実際われわれはあまりに文化的に老いすぎているのだろうか？」

「どこへ行くのか《クウォ・ヴァディス》、哲学？」
ジャン-ポール・サルトル、20世紀の哲学者たちの写真。

最後に、哲学の未来についてである。最後の未来への問いは、「二一世紀のはじめにあたって、哲学的な反省にとって優先されるべき使命があるとすれば、あなたは、どのような使命を挙げるでしょうか？」というものである。――その回答は、例外なく一線上にならび、哲学者**オットー・アーペル**（一九二二年〜　）による回答とともに、『多文化的な国際社会』に対する地球的規模の責任倫理」というようにまとめられた。そのさいの目標は、政治的な理論と実践の根本理念の復権をつうじた、二一世紀の英雄である「サイバー人間の人間化」であり、さらにまた、「種としての人類への、誠実で道徳的な拘束力をもつ新たな関係」をつうじた、「植物相《フローラ》、動物相《ファウナ》、そして人間という遺伝学的実体」の救済である。

《哲学者の卵》、錬金術によるレトルト中の人造人間ホムンクルスが、ここではメルクリウスの姿をとっている。[訳注67]

したがって、未来の哲学は、実践的な哲学であろうとするし、急速に変化しつつある環境のもとで、新しい技術的手段とともに人類が生き、そして生き抜くのを助けようとする。未来の哲学は、無私無欲であろうとする。哲学者個人の生は、そこでは完全に背景に退く。哲学がその第一歩を踏み出した「なんじ自身を知れ！」というデルフォイの訓示を、哲学の使命として回答する者はひとりもいなかった。おそらくはやはり、哲学は、二一世紀のうちに終わりを迎えるのであろうか？

しかしながら、デイヴィス・ベルとマンフレート・フランクの二人の哲学者は、上記のアンケートに哲学本来の問題は意識であると回答した。筆者も、この意見に賛同している。意識の哲学は、実践的な哲学が先に挙げたばかりの目標を排除することはない。意識とは、なにか身体に即したものであり、ショーペンハウアーが意志と呼んだものによって、あるいは衝動、欲求、生殖への意志、生への意志――フ

訳註66　*Quo vadis, Philosophie? Antworten der Philosophen. Dokumentation einer Weltumfrage*, hrg. von Raúl Fornet-Betancourt (Aachen: Mainz 1999)

訳注67　ローマ神話のメルクリウスは、ギリシア神話のヘルメスと同一視され、錬金術上もっとも重要な物質である水銀を指す。

ミハエル・ロワイアン《エドワード・ホワイト》
1980年。［エドワード・ホワイトは、1965年ジェミニ4号でアメリカ人としてはじめて宇宙遊泳に成功した宇宙飛行士。］
地球外空間に到達しようとする最初の試みは、旧約聖書『創世記』第11章がバベルの塔の建造について伝えているように、神によって中断させられた。かつて誰にでも通じる言葉を操っていた人間たちは、その尖塔が天上に届くことになる塔の建造に着手した。それゆえに神は、人間たちの言葉を混乱させた。現代においてわれわれは、再び英語という統一言語を見出している。われわれは、地上を去り——そして天上に到達するために、ロシア人、アメリカ人、ヨーロッパ人の力を結集して、再びバベルの塔の建造に取りかかっている。

ロイトがエロスと呼ぶような——によって、いつも情動をともなう身体的なものとして規定されている。意識と理性は、生への意志や生殖への意志により徹底して規定され、憑依《ひょうい》されている。こうした点を考慮するならば、意識の哲学は、神経生物学や遺伝生物学を取り入れなければならず、意識の人間学であるべきであろう。さらに意識の哲学は、（生殖への）意志から自己自身を理解しながら、自己自身の精神分析を遂行しなければならない。

　意識の情動性や「生の憑依状態」といった、意識の性的特質は、もちろんすでにいわれていたものであるが、今日新たな状況と関係している。その状況とは、異性どうしが性的交接に向けて関係するという性のありかたとは乖離《かいり》した、バイオ技術による生命の再生産である。きっとまもなく、「責任能力と経済的能力を有する」両親によって、まったく「自然的に」出産されない成熟児がこれまで以上に存在することになるだろう。

　人間の意識にとって、生命の相続の場面における変化と同様に、深刻な影響をおよぼすのは、生命の維持の場面における変化である。われわれの意識は、性と死の刻印を帯びている。一方でわれわれの病気と死は、とくに遺伝学と神経生物学の進展により、ますますより正確に予測可能とされ、他方でわれわれの生は、現在すでにおこなわれている臓器移植（脳髄移植を含む）と人工臓器により、また近い将来におこなわれる部品単位、分子単位での臓器や身体部位のナノ技術的修復により、ますますより先へと引き延ばされる。それとともに、もし自分の死の期日が知れるならば、生きることは困難であろうということが気づかれている。もし永遠の生の可能性を手に入れたとしても、同様に生きることは困難であろう。もし、死とともに永遠の生を失うことになると知ったとしたら、死に対抗する手段をもつ以外に、どうやって永遠の生を使い果たすのであろうか？――人間工学的な知は、もしかするとわれわれが「人間的に」生きることを阻害するかもしれない、生命の知である。すると、認識の果実を食べるという聖書上のエピソードは、実は生命の樹を、楽園の喪失を知らない生命の樹を追放することではなかったのか？

宗教から、なにが生まれるのか？　現代社会に対する革命的な、ないしは反動的な可能性が、宗教から生い育つのだろうか？――最後に、われわれの意識を規定する性と死以外のなお第三のものがある。それは、超越、彼岸、あるいは神を指している。意識は、人間存在と世界とのありうるかぎりの全体についての意識であるからである。そのかぎりにおいて、意識は、世界と対立し、世界の彼岸としての神の場所におのれを見出す。しかしながら、われわれは、肉体をそなえているかぎり、事実として、身体とともにいつも世界のうちにとどまっている――たとえ、宇宙旅行におもむこうがそうである。しかしやはり、地球外を飛行しそこで活動するとき、またはじめて地球に対面するときにも、われわれは世界の対蹠者《たいしょ》としての神にいっそう近づく。一神教の宗教では、絶対的な展望を有し、また絶対的な権威をも有する審級が、父なる神、ヤハウェ、アラーといった絶対者に投影され、そうした絶対者に占有されることになるが、その一方で（その審級が人間意識と同一であるがゆえに）、その審級とおのれを同一化する可能性が、人間に提供されているのである。このとき、やがて情報技術《インフォメーション・テクノロジー》が、人間の運命や思想や行為をつかさどるような、ある実在

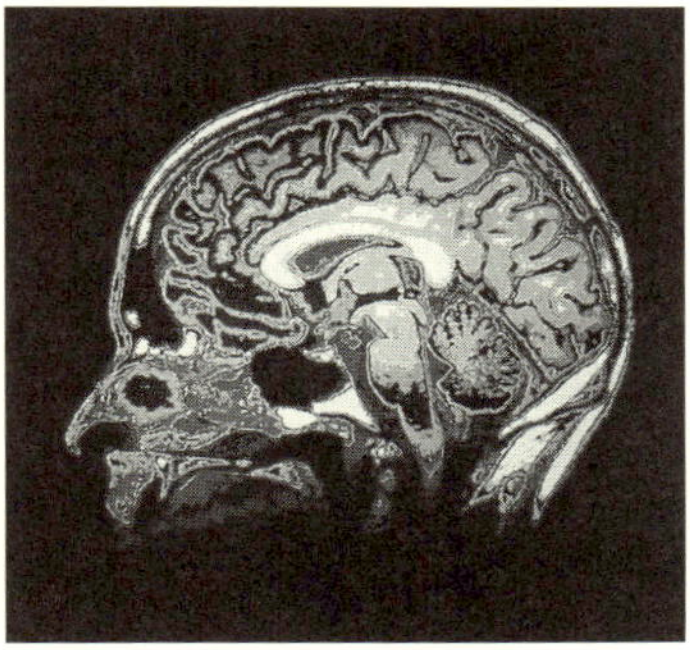

誰が考え、感じているのか――脳か、それとも魂か？

「サイバーヒロイン、ララ・クロフト」コア・デザイン社
おそらくは近い将来、われわれが作り出した被造物の能力が、われわれの能力を凌駕し、人間の外観が、——ギュンター・アンデルスがその有名な著書『時代おくれの人間』で書いているように——旧モデル化したとき、ロボットの外観が、人間の外観を規定することになるであろう。そのときわれわれは、ロボットになろうとして、シワ取り手術を受けるようになるのかもしれない。

する神を調達することもあるとしたら、どういうことになるだろう?

さて、未来の哲学——それは、サイエンス・フィクションである。未来の人間は、人間によって作り出された人間、サイバー人間である。われわれ固有の意識は、したがって意識一般は、機械の意識として、作り出された現存在《ダーザイン》として、それでもやはり、おのれが存在するという事実の背後に回ることはできず、それ自体閉じられた現存在《ダーザイン》として自己自身を理解することを学ばなければならないだろう［「現存在《ダーザイン》」という用語については、本書167・177~179頁を参照せよ］。——『イグジステンズ（eXistenZ）』（一九九九年）は、デイヴィッド・クローネンバーグによる映画のタイトルであるが、それは、人間コンピュータ内での人間と機械との結合をテーマにしている。このような結合は、ずっと以前から開始されている。すでに現在、臓器と脳髄は、（特定の視覚障害や聴覚障害の場合）非生物的知性でもって拡張され、修復されている。近い将来には、一個の細胞の大きさしかない極小コンピュータ（ナノロボット）が、われわれの脳髄機能を改造することになるだろう。極小コンピュータを使って、脳髄を探査し、シナプスからシナプスへと触診し、トランスミッタからトランスミッタへと転送して、ついに脳髄をコピーすることができるであろう。レイ・カーツワイルは、このことをその著書『ホモ・サ@ピエンス——二一世紀の生』（一九九九年）のなかで予測している。この極小コンピュータを使って、仮想現実《バーチャル・リアリティ》が産み出されるであろう。われわれが、無数のナノロボットを人工ニューロンとしてわれわれの脳髄に送り込むと、それらのナノロボットは、われわれの感覚器官に由来する個々の神経索に定着する。「現実としての現実を体験したい場合、ナノロボットは、作動することをしない。仮想現実《バーチャル・リアリティ》を体験したい場合、ナノロボットは、現実の刺激が流入してくるのを遮断し、その代わりに人工信号を設定する。」二一世紀のＷＷＷ《ワールド・ワイド・ウェブ》は、世界中のあちこちの場所とちょうど同じように現実的な、仮想の生起空間から成り立っている。人間は、新しい実存《エクシステンツ》に向かう途上にある。「ゲームが現実よりも現実的になるとき、イグジステンズがはじまる。」すると、未来の哲学は、イグジステンズ哲学でなければならないのではないか？

訳者あとがき

人間は、新しい実存《エクシステンツ》に向かう途上にある。「ゲームが現実よりも現実的になるとき、イグジステンズがはじまる。」すると、未来の哲学は、イグジステンズ哲学でなければならないのではないか？

本書の最後は、デイヴィッド・クローネンバーグ監督の映画『イグジステンズ（eXistenZ）』（一九九九年）に触れながら、このような予言めいた言葉で締めくくられている。「イグジステンズ」とは、近未来に登場するゲームソフトの名前である。それは、人体の脊髄（臀部のすぐ上あたり）に穴を開けて取り付けられた端子「バイオポート」を介して、ゲーム端末から直接信号を神経系に送り込むという有機的ハードにプログラムされている。ゲームは、脳内に（あるいは神経系内に、あるいは身体そのものに……）投影される仮想現実《バーチャル・リアリティ》のなかで、ゲームプレイヤーたちの感情や意志と干渉しながら展開されてゆく。プレイヤーのひとりは、「もうたくさんだ……こんな形のない世界で、ルールも目的も分からずウロウロしている……」とつぶやく――ところでこの科白《せりふ》は、仮構としての「ゲーム」ではなく、いまここにある「現実」と呼ばれているところで、われわれがいつも叫びたくなる科白ではなかっただろうか？　ゲームが、こうして現実よりも現実的になるとき、われわれの存在の様式《スタイル》は、ゲームのなかで、いやゲームとともにExistenz《エクシステンツ》からeXistenZ《イグジステンズ》へと変様する。そもそも「実存」と訳されるドイツ語のExistenz《エクシステンツ》は、ラテン語のex「～から外に」＋sistere「立てる」に由来しており、したがってその語には、「自己離脱」という意味が含蓄されている。実存とは、システムのなかで、いやシステムとともに自己が自己でないものへと変様してゆく超越の運動を指しているのである。――しかし、Existenz《エクシステンツ》がそれに向けて超越してゆくところのeXistenZ《イグジステンズ》とはどのような存在の様式《スタイル》なのであろうか？

いやおうなく未来に向かっているわれわれにとって、おそらくもっとも重要でありかつ危急であるこの問いに対する答えは、もちろん本書には書かれてはいない。クローネンバーグの映画のなかの仮想現実《バーチャル・リアリティ》には、両生類の有精卵を培養してデザインされたというゲーム端末をはじめとして、突然変異を起こしたもろもろの奇怪なミュータントたちが、合成樹脂《ラバー》感覚ともいうべき映像で執拗に描かれている。この悪夢のような異様な感覚が、eXistenZ《イグジステンズ》を示唆しているのだろうか？　その「eXistenZ《イグジステンズ》」という綴《つづ》りのなかに大文字で強調された「X」と「Z」には、未知のなにか、いやむしろ終末のなにかが黙示されているのだろうか？　あるいは、それらもゲームのなかの事柄（しかも映画のなかの）だといってしまえば、この問い自体が、ゲームの一部にすぎないものとみなされ、いたずらな妄想として片づけられるべきなのかもしれない。――しかしながら、現実以上に現実的であるゲームのルールと目的を知ろうとする問いの動機は、世界の構造と意味を知ろうとする問いの動機と同一のものであり、そのかぎりにおいて、この答えを考えるための方法と材料は本書のなかに準備されている。というのも、それが元素であれ、神であれ、論理であれ、世界を構築している究極のなにかを探究しようとする知の表現が、哲学の歴史であったのだから。

本書が取り組んでいるのは、以上のような哲学の根本動機にしたがった、ヴィジュアルでコンパクトな西洋哲学の読み直し《レヴュー》である。二五〇〇年以上にわたる西洋哲学史について、ひとりの著者がひとつの物語を速習講座というかたちで叙述していることから、哲学の問いが哲学史の全体をとおして洞察できやすいように構成されている。そして、豊富な造形美術の図版を用いて、物語を構成するそれぞれの思想や概念をヴィジュアル化し、衒学的《ペダンティック》な空中楼閣に化しやすい議論に新鮮な息吹を与えようとしている――図版群とその説明コメントをさしあたり眺めてゆくだけでも、あたかも画廊をめぐるように哲学史をイメージできるということが、本書の最大の特長である。

さて、本書において哲学史を編み上げている主要な問いを前もって先取りするとすれば、以下の三つが挙げられよう。第一に自己への問い――ソクラテスが聴いた「なんじ自身を知れ」という神託は、哲学者たちの思考が継起するなかでいくども繰り返して呼び出される。そのなかで、自己は、みずからが消滅する深淵や無や死を経験し、あるいは自己が自己を無限に言及するようなパラドクスのなかをさまよう。形而上学や神学が構築された背景には、こうした自己の危機経験が潜んでいる。第二にエロスへの問い——プラトンが唱えるイデアへの愛求は、哲学者たちの性的存在（場合によっては同性愛や性的強迫観念）を契機にして、異質な知の領野へと向けられる。キェルケゴールもニーチェもヴィトゲンシュタインもフーコーも、そうした文脈で語られている。第三に論理への問い——アリストテレスにより知の道具として開発された論理学は、普遍的記号法として拡張される一方で、哲学者たちが再生産し続けてきた言語の過剰と混乱を鎮静させる。哲学的命題は、論理的に分析することができるのであり、そうした分析をつうじて、哲学的問題はすべて解消されるといわれる。

加えて、本書の叙述のしかたについて指摘しておこう。本書の叙述は、——著者自身が「はじめに」で断っているように——コンパクトな哲学通史を実現するために、徹底して「本質的なもの」に抽象化される傾向がある。いずれの哲学者、いずれの概念・思想が説明されるにあたっても、まずもっとも抽象的かつ本質的な捉え方が提示され、次にやや具体的または例示的な展開（提示された命題の根拠や理由を含む）がなされ、さらにそれぞれの末尾に現代的な評価もしくは著者自身の評価が補足されるというプロセスが、基本的に一貫している。したがって、それぞれのはじめに提示されたもっとも抽象的かつ本質的な文章をまず逐一理解しないと読み進めることができないというわけではない。読み進めるうちに次第に理解が深まり、右に挙げた三つの問いについても読み進めるにしたがってその輪郭が見えてこよう。なお、読者の便宜を図るために、訳者が原文を補った箇所があり、比較的短いものは、本文中に［　］内に入れ、比較的長いものは、欄外に訳註とした。補遺として、「哲学者リスト」および「文献リスト」が含まれているが、これらに掲載されている書籍データは、邦訳として刊行されているもの（入手しやすい、もしくは通読しやすいもの）に限った。

「哲学の歴史はプラトンに対する一連の脚注から成り立っている」というホワイトヘッドの言葉が冒頭に引用されていることからも、著者は、哲学を本質的に規定するものが哲学史にあるとみなす見解に立っているように思われる。「智恵の樹」は、楽園にあると伝えられる「生命の樹」から異常生長した（『旧約聖書』においては原罪と呼ばれる）分枝であり、哲学の知は、そのなかで連綿と営まれ続けてきた。だとすると、哲学を哲学史の全体としてもういちど捉え直すことができるならば、その樹液がそこに源泉し、そこへと還流してゆくところの生命の樹を証し立てることができるであろう。二一世紀にあってはほとんど不可能とも思われる、そうした哲学史の全体を読み直す試みが、知の果実をいたずらに消費することに終わるばかりではなく、思考する身体をひとつしずくの生命の樹液とともに灌漑《かんがい》することになるのならば……

最後になったが、このようなユニークな試みの哲学通史の翻訳を紹介してくださった中央公論美術出版社長の小菅勉氏、ならびに長い間にわたって編集・校正に尽力していただいた鈴木拓士氏に、あらためて深く感謝の意を申し上げる。

二〇一〇年三月

勝　道興

哲学者リスト（五十音順）

アヴィケンナ［イブン・スィーナー］ Avicenna［Ibn Sina］ 九八〇〜一〇三七：
イスラムの神秘主義的神学者。数世紀にわたりイランの精神史とヨーロッパの医術とに決定的役割を果たした。

アヴェロエス［イブン・ルシュド］ Averroes［Ibn Rushd］ 一一二六〜九八：
コルドバ出身のイスラムの医師、法律家、神学者であり、アリストテレスを註釈した。アヴェロエス派（とくにシジェ・ド・ブラバン Siger de Brabant）はトマス派を神学上の敵とし、それに敗れた。

アウグスティヌス、アウレリウス Augustinus, Aurelius 三五四〜四三〇：
教父。時間分析と直線的な救済史観で知られる。主著『告白《コンフェシオネス》』［服部英次郎訳、全二巻、岩波文庫一九七六年］。

アドルノ、テオドール・W Adorno, Theodor W. 一九〇三〜六九：
「フランクフルト学派」の設立参加者。第二次大戦中にアメリカ亡命し、マックス・ホルクハイマーと協同して『啓蒙の弁証法』［徳永恂訳、岩波文庫二〇〇七年］を著わした。その書は、啓蒙が実証主義という事実上成立している神話へと反転する事態を取り扱っている。

アナクサゴラス Anaxagoras 前五〇〇〜四二七：
イオニア出身のソクラテス以前の哲学者。パルメニデスによる存在と生成、真理と憶見という二元論を乗り越えようとした。

アナクシマンドロス Anaximandros 前六一〇〜五四六：
イオニアの自然哲学者。万物の始源として無限定《アペイロン》なものを説いた。太陽時計の考案者といわれる。

アナクシメネス Anaximenes 前六世紀後半：
イオニアの自然哲学者。空気をあらゆる生気あるものの徴とみなし、空気は神であると説いた。

アベラール、ピエール（アベラルドゥス、ペトルス） Abelard, Pierre (Abaelardus, Petrus) 一〇七九〜一一四二：
フランスのスコラ神学者。主著『倫理学』［大道敏子訳、上智大学中世思想研究所編『中世思想原典集成』第七巻、平凡社一九九六年所収］。

アーペル、カール・オットー Apel, Karl Otto 一九二二〜 ：
言語哲学者。道徳的規範は全員参加・全員参与の自由な言説《ディスクルス》において是認され、衝突は討議によって除去されるという言説《ディスクルス》倫理学で知られる。

アリストテレス Aristoteles 前三八四〜三二二：
万能学者。分類操作と概念規定とによって全宇宙的な探究をする哲学を確立し、とくにスコラ神学に支配的な影響をおよぼした。息子ニコマコスのために『ニコマコス倫理学』［高田三郎訳、全二巻、岩波文庫一九七一年］を著わした。

アルチュセール、ルイ Althusser, Louis 一九一八〜九〇：
フランスのマルクス主義者。著書『マルクスのために』［河野健二ほか訳、平凡社ライブラリー一九九四年］。

アルベルトゥス・マグヌス（アルベルト・フォン・ボルシュテット） Albertus Magnus (Albert von Bollstädt) 一二〇六／七〜八〇：

ドイツの自然学者、スコラ神学者であり、ケルンやパリで教えた。主著『被造物大全』［未完］。

アーレント、ハンナ　Arendt, Hannah　一九〇六～七五：
ドイツ出身、アメリカに亡命した女性政治理論家。著書『人間の条件』［志水速雄訳、ちくま学芸文庫一九九四年］。

アンセルムス、カンタベリーの　Anselmus Cantaberiensis　一〇三三～一一〇九：
アオスタ出身の修道士、後にカンタベリー大司教となった。カントに論駁された神の本体論《オントローギシュ》的存在証明で知られる。

アンティステネス　Antisthenes　前四五〇～三七〇：
ソクラテスの弟子、ソクラテス倫理学の擁護者。

アンデルス、ギュンター　Anders, Günther　一九〇二～九二：
著書『時代おくれの人間』［青木隆嘉訳、全二巻、法政大学出版局一九九四年］、第一巻：第二次産業革命時代における人間の魂、第二巻：第三次産業革命時代における生の破壊。

イリガライ、リュス　Irigaray, Luce　一九三九～：
フロイトとラカンを踏まえながら、ジェンダー、女性の自己同一性《アイデンティティ》と言語、また性差の倫理学の発展に取り組む。

ヴァニーニ、ジュリオ・C　Vanini, Giulio C.　一五八五～一六一九：
焚刑に処せられた、自然主義的なアリストテレス主義者。

ヴィーコ、ジャンバッティスタ　Vico, Giambattista　一六六八～一七四四：
歴史哲学者、法哲学者。心的発展と歴史的発展とが平行する永遠の理念の歴史を構想した。人間が純粋感情から想像力を経て理性へと上昇するように、民族もまた神々の時代、英雄の時代、法秩序の時代という三段階を歩む。

ヴィトゲンシュタイン、ルートヴィヒ　Wittgenstein, Ludwig　一八八九～一九五一：
はじめは事実《タートザッヘ》世界の写像のための理想言語に専念し（ヴィトゲンシュタインⅠ）、そののち言語ゲームの理念とともに状況言語に携わった（ヴィトゲンシュタインⅡ）。その合間に倫理学の講義を行ない、一冊の倫理学書は一瞬にしてそのほかいっさいの（事実《タートザッヘ》についての）書を全滅させるであろうと説いた。

ウェーバー、マックス　Weber, Max　一八六四～一九二〇：
経済学者。とりわけ、経験科学に対して伝統や社会的常識に囚われない中立性としての「価値自由」の研究と、プロテスタンティズムが資本主義に親近性をもつこと（営利追求をとおして各人に予定された恩寵が内的に証されるという意味で）を打ち出した著書『プロテスタンティズムの倫理と資本主義の精神』［大塚久雄訳、岩波文庫一九八九年］とで知られる。

ヴォルテール　Voltaire　一六九四～一七七八：
フランスの啓蒙主義者、著述家。世界観に対する寛容を求めて闘った。

エックハルト、マイスター　Eckhart, Meister　一二六〇～一三二七：
ドミニコ会士、神との霊的融合という原理を説くドイツの神秘主義者。パリ、シュトラスブルク、ケルンで説教し、異端として告発され、拘禁され、死後に異端宣告を受けた。

エピクテトス　Epiktetos　五五～一三五：
ストア学派。ローマで教えたが、ドミティアヌス帝による追放後はエピルス地方で教えた。『語録《ディアトリバイ》』『要録《エンケイリディオン》』（手引書、もともとは「掌中にする短剣」を意味する）［鹿野治助編『キケロ、エピクテトス、マルクス・アウレリウス』中公バックス世界の名著第一四巻、中央公論社一九八〇年所収］といったその講義録は、現代にいたるまで広く愛読された。

エピクロス　Epikouros　前三四二～二七一：
アテネにある彼の学校は、その名高い庭園《ケーポス》にちなんで「エピクロスの園」と名づけられた。苦痛から解放されたものとしての快楽《ヘードネー》（平静《アタラクシア》）を幸福《エウダイモニア》の基礎であると説いた。

エリウゲナ、ヨハネス・スコトゥス　Eriugena, Johannes Scotus　八一〇～八七七：
アイルランドの論理学者、新プラトン主義者。主著『自然について《ペリフュセオン》』［今義博訳、上智大学中世思想研究所編『中世思想原典集成』第六巻、平凡社一九九二年所収］。

エンペドクレス　Empedokles　前四九五～四三五：
アリストテレスによれば弁論術の考案者。エトナ山に投身し死んだといわれる。

オースティン、ジョン・ラングショー　Austin, John langshaw　一九一一～六〇：
その言語行為論（『言語と行為』［坂元百大訳、大修館書店一九七八年］）によって分析言語哲学の代表者となる。

オッカムのウィリアム　Ockham, William of　一二八五～一三四九：
フランシスコ会士。ミュンヘンで没。いわゆるオッカムの剃刀（そのことがらにとって実際に必要とされる説明根拠だけを許容する）で非アリストテレス的な（非目的論的な）新しい自然研究の道を開いた。

ガダマー、ハンス-ゲオルク　Gadamer, Hans-Georg　一九〇〇～二〇〇二：
解釈学《ヘルメノイティーク》者。その主著『真理と方法』［轡田収訳（部分訳）、法政大学出版局一九八六年］において、自然科学の方法論的傾向に精神科学の真理を対立させた。後者は、とりわけ芸術に帰属する、意味の真理であり生の真理である。

カミュ、アルベール　Camus, Albert　一九一三～六〇：
フランスの著述家。その著書『シーシュフォスの神話』［清水徹訳、新潮文庫一九六九年］により実存主義に分類される。

カルナップ、ルドルフ　Carnap, Rudolf　一八九一～一九七〇：
論理実証主義者として、その著書『哲学における仮象問題』のなかで論理的言語分析による形而上学の超克を説いた。

カント、イマヌエル　Kant, Immanuel　一七二四～一八〇四：
その主著『純粋理性批判』［篠田英雄訳、全三巻、岩波文庫一九六一～六二年］において、純粋理性（概念に基づく客観的な理性認識）の可能性と限界を提示した。客観的経験のための純粋理性原理（量、感覚可能性、時間・空間における客観的現象の因果的連関といった純粋悟性の原則）は把握されることができるが、神・自由・不死といった理念の対象は認識されることができない。このときわれわれは、道徳法則（定言的《カテゴーリシュ》な命令）において超感覚的なものを経験するとともに純粋実践理性に差し向けられる。われわれは無条件に道徳的に行為すべき《ゾレン》であるがゆえに、神の存在と不死を確信することができる。

キェルケゴール、セーレン・A　Kierkegaard, Søren A.　一八一三～五五：
改革派神学者。人間の根本的情態である不安、罪、絶望を契機とする実存哲学の創始者。

クザーヌス、ニコラウス［ニコラウス・フォン・クエス］

Cusanus, Nicolaus［Nikolaus von Kues］　一四〇一～六四：
数学者、枢機卿。神における対立者の一致《コインキデンティア・オッポシトルム》を、また神の認識に関しては「知ある無知《ドクタ・イグノランティア》」［山田桂三訳『学識ある無知』、平凡社ライブラリー一九九四年］を説いた。世界を神の無限の展開であるととらえた。

クセノファネス　Xenophanes　前五六五～四七〇：
神話上の神々に代えて、まったく人間と非なる唯一神を立てることを唱えた。

クレメンス、アレクサンドリアの　Clemens Alexandrinus　一五〇～二一五：
異教徒であったが、改宗し司教となった。とくにその著書『ストロマテイス（真なる哲学にしたがったグノーシス的註釈からなる織物）』［秋山学訳、上智大学中世思想研究所編『中世思想原典集成』第一巻、平凡社一九九五年所収］で知られる。

グロティウス、フーゴ　Grotius, Hugo　一五八三～一六四五：
宗教論争に関連して「生涯にわたって」、オランダの神童、天才的な人文主義者《ユマニスト》・法律家と呼ばれ、パリへ亡命後、その主著『戦争と平和の法』全三巻［一又正雄訳、全三巻、酒井書店一九九六年］を著わした。

クワイン、ウィラード・ヴァン・オーマン
Quine, Willard van Orman　一九〇八～二〇〇〇：
その主著『ことばと対象』［大出晁ほか訳、勁草書房一九八四年］において、言語を社会的な熟練技術であると叙述する。われわれの知覚器官の刺激に対する反応としてみなされる言語的ふるまいの観察は、決して概念解釈上の一義的な規定に還元されることはないとされる。

ゲーレン、アルノルト　Gehlen, Arnold　一九〇四～七六：
人間学者、社会学者。その主要課題は、社会に安定をもたらす制度論であった。主著『人間の原型と現代の文化』［池井望訳、法政大学出版局一九八七年］。

ゴルギアス　Gorgias　前四八五～三七五：
ソフィスト、弁論術の開祖、不可知論者。『あらぬものについて』を著わした。

コント、オーギュスト　Comte, Auguste　一七九八～一八五七：
経験科学的な社会主義の創立者、自身の啓示による人類教の開祖。聖者として崇拝される。

サルトル、ジャン-ポール　Sartre, Jean-Paul　一九〇五～八〇：
著述家、実存主義者、マルクス主義者、無神論者。その主著『存在と無』［松浪信三郎訳、全三巻、ちくま学芸文庫二〇〇七～〇八年］において、人間は、おのれ自身の根拠としての偶然性を忌避し、諸宗教が神と呼んでいる存在を打ち立てようとする徒労の情熱として示される。

シェストフ、レフ　Shestov, Lev　一八六六～一九三八：
ロシア出身、フランスに亡命した宗教哲学者、急進的な理性批判論者。その主著『アテネとエルサレム』［植野修司訳、雄渾社一九七二年］において、合理主義（必然性への適合としての）を信仰（「なにものも不可能ではない！」）に対立させる。

ジェームズ、ウィリアム　James, William　一八四二～一九一〇：
その講義『プラグマティズム』［桝田啓三郎訳、岩波文庫一九五七年］の出版は、パースとデューイにより創始されたアメリカのプラグマティズムをヨーロッパで認知させ、影響力のあるものにした。その中心課題は、人間の関心が向けられる状況とその行為の動機づけにある。

シェーラー、マックス　Scheler, Max　一八七四〜一九二八：
社会学者、現象学者。その著書『宇宙における人間の地位』［亀井裕ほか訳、飯島宗享ほか編『シェーラー著作集』第一三巻、白水社二〇〇二年所収］で現代の哲学的人間学を創始した。

シェリング、フリードリヒ・ヴィルヘルム・ヨーゼフ
Schelling, Friedrich Wilhelm Joseph　一七七五〜一八五四：
ドイツ観念論の代表者。神学校でヘーゲル、ヘルダーリンとともに学んだ。フィヒテの哲学を引き継ぎ、それを自然哲学の領域にまで拡張したが、最終的に啓示の哲学に到達した。

シオラン、エミール・M　Cioran, Émile M.　一九一一〜九五：
ルーマニア出身、フランスの著述家、パスカルとニーチェにならった箴言《アフォリズム》作者。その著書のいくつかは、『生誕の災厄』［出口裕弘訳、紀伊國屋書店一九七六年］、『四つ裂きの刑』［金井裕訳、法政大学出版局一九八六年］、『絶望の極み』［金井裕訳、紀伊國屋書店一九九一年］といったタイトルが付されている。

シュティルナー、マックス　Stirner, Max　一八〇六〜五六：
その虚無主義的《ニヒリスティック》な主著『唯一者とその所有』［片岡啓治訳、全二巻、現代思潮社一九七七年］において、普遍者、神、人間、総じて本質的なものの位置に、変化しうるもの、非本質的なもの、無あるいはまさしく自己自身を据える。それは、フィヒテの場合のように自我がすべてであるからではなく、自我がすべてを破壊し、自己自身を解体し、非存在としてあるからである。「唯一者」の内容は、いかなる思想内容でもなく、「二度とそこに存在しえない、したがって表現されえない一者」である。「唯一者は、率直な、否定されがたい、一点の曇りもない語である。唯一者は、はじめに言葉ありきといわれる、われわれの言語世界の、すなわちこの世界の要石だからである。」

シュミッツ、ヘルマン　Schmitz, Hermann　一九二八〜　：
新現象学の設立者。全一〇巻からなる『哲学の体系』を完成させた。その基礎は、直接的な状況に対する身体的な経験と瞬間の経験である。

シュライアマッハー、フリードリヒ・ダニエル・エルンスト
Schleiermacher, Friedrich Daniel Ernst　一七六八〜一八三四：
改革派神学者、その著書『解釈学《ヘルメノイティーク》の構想』［久野昭ほか訳、以文社一九八四年］において一般的解釈論を起草し、また著書『キリスト教信仰』［今井晋訳『現代キリスト教思想叢書』第一巻、白水社一九七四年所収］において、「絶対依存の意識」に基づいた相互的な感情の統制により宗教を正当化した。

ショーペンハウアー、アルトゥール
Schopenhauer, Arthur　一七八八〜一八六〇：
カントをプラトンやウパニシャッドのインド哲学と結びつけた。その主著『意志と表象としての世界』［西尾幹二編『ショーペンハウアー』中公バックス世界の名著第四五巻、中央公論社一九八〇年所収］において、一方で意識現象ないし脳髄現象として、他方でわれわれ自体がそれであるところの意志――意欲、生の衝動、生殖欲――の客観化として、世界を説明した。またそこで、同情に基づく倫理学や、観想的にイデアをとらえ生の意志を鎮静化する美学を築いた。

ジラール、ルネ　Girard, René　一九二三〜　：

その主著『暴力と聖なるもの』［古田幸男訳、法政大学出版局一九八二年］において、暴力があらゆる社会の基底にあることを指摘し、原初的殺人（供儀や犠祭といった私刑的殺人）を社会の構成要素とみなした。著書『世の初めから隠されていること』［小池健男訳、法政大学出版局一九八二年］において、キリストは暴力と身代わりの山羊《スケープゴート》との終焉を意味するという新約聖書の犠牲論的解釈を却下した。

スピノザ、バールーフ・デ　Spinoza, Baruch de　一六三二～七七：
ユダヤのレンズ研磨工、合理論者。アレクサンドリアのフィロン以来通用してきた、信仰の下位への理性の位置づけ、あるいは理性と信仰との調和という哲学的パラダイムを終結させた。唯物論と無神論の罪を着せられ、一〇〇年以上にわたってタブー視されてきたが、その理由は、彼が次のような汎神論を説いたことにある。すなわち、神はすべてであり、自然（産み出す自然《ナトゥラ・ナトゥランス》）である。万物は神においてある。延長と思惟（デカルトでは物質と精神という二実体のそれぞれの属性）は神という唯一の実体の属性である。すべては（自然の）必然性にしたがって生起する。

スミス、アダム　Smith, Adam　一七二三～九〇：
道徳哲学者、経済学者。主著『道徳感情論』［水田洋訳、全二巻、岩波文庫二〇〇三年］および『国富論』［水田洋監訳、全四巻、岩波文庫二〇〇〇～〇一年］。

スローターダイク、ペーター　Sloterdijk, Peter　一九四七～　：
その著書『シニカル理性批判』［高田珠樹訳、ミネルヴァ書房一九九六年］の出版後、三部作『球圏』第一～三巻において「真のグローバリゼーションの歴史」に従事する。『気泡』『地球』という形態学的な主題イメージをそなえた第一、二巻は、それぞれ他者の個人への関与と政治的世界とを取り扱っている。

セクストゥス・エンピリクス　Sextus Empiricus　後二世紀：
医師。『ピュロン主義哲学の概要』［金山弥平ほか訳、京都大学学術出版会一九九八年］を著わした。

セネカ、ルキウス・アンナエウス　Seneca, Lucius Annaeus　前四～後六五：
哲学者、詩人。『幸福な人生について』［茂手木元蔵訳『人生の短さについて』、岩波文庫一九八〇年所収］や『（ルキリウス宛）倫理書簡集』［高橋宏幸ほか訳『セネカ哲学全集』第五～六巻、岩波書店二〇〇五／〇六年所収］を著わした。皇帝ネロにより自殺に追い込まれた。

ゼノン、エレアの　Zenon ho Eleates　前四九〇～四三〇：
ゼノンの逆説（たとえば、飛んでいる矢は各時点で静止している）をとおして、パルメニデスのいう意味での運動の不可能と仮象性を擁護した。

ゼノン、キティオン（キュプロス島）の　Zenon ho Kyprios　前三三五～二六三：
魂の無感動《アパテイア》という理想とともにストア哲学を設立した。

ソクラテス　Sokrates　前四七〇～三九九：
プラトンの師。西洋哲学の開祖。

ソシュール、フェルディナン・ド　Saussure, Ferdinand de　一八五七～一九一三：
構造主義的言語学の設立者。主著『一般言語学講義』［小林英夫訳、岩波書店一九七二年］。

ダミアニ、ペトルス　Damiani, Petrus　一〇〇七～七二：
苦行僧、教会博士。神は起こったことを起こらなかったことにすることができると信じた。

タレス　Thales　前六二五～五四七：
最初の哲学者とみなされる。万物の根拠にある原理を問い、それを水とした。

チョムスキー、ノーム　Chomsky, Noam　一九二八～　：
言語学者。言語の遺伝学的基礎を踏まえながら生得的な普遍概念を認める説を再興し、生成文法を展開した。

ディルタイ、ヴィルヘルム　Dilthey, Wilhelm　一八三三～一九一一：
解釈《ヘルメノイティーク》学者、生の哲学者。歴史的理性批判において精神的・社会的事象が成り立ちうる可能性の条件を解明しようと尽力した。

ディングラー、フーゴ　Dingler, Hugo　一八八一～一九五四：
科学哲学者。一義的に規定可能な要素的理念により諸科学（数学、物理学）を基礎づけた。主著『現実的なものの把握』。

デカルト、ルネ　Decartes René　一五九六～一六五〇：
その著書『（第一哲学についての）省察』［三木清訳、岩波文庫一九四九年］により近代の主体性哲学・理性哲学を基礎づけ、著書『（正しい理性使用と学問における真理探究とのための）方法叙説』［谷川多佳子訳、岩波文庫一九九七年］により学問論を前進させた。

デモクリトス　Demokritos　前四六〇～三七一：
レウキッポスとならぶ原子論《アトミズム》の創始者。良心とは倫理原理に向けて意志が内的に動機づけられることであると説明した。

デューイ、ジョン　Dewey, John　一八五九～一九五二：
アメリカのプラグマティスト、教育学者、社会改革者。

テルトゥリアヌス　Tertullianus　一五五～二二〇：
カルタゴ出身の初期キリスト教神学者。哲学的なキリスト教を不可能とみなし、信仰を理性の上位に位置づけた。

ドゥンス・スコトゥス　Duns Scotus　一二六五～一三〇八：
スコットランド出身のフランシスコ会士、ケルンで没し、広範囲に影響をおよぼした。理性的に規定された意志を重視するその倫理学は、カントにおいてその痕跡をとどめている。

ドストエフスキー、フョードル・M　Dostojewskij, Fjodor M.　一八二一～八一：
小説家、その作品『地下室の手記』［江川卓訳、新潮文庫一九六九年］は、最初の徹底的な理性批判をはらんでいる。

トマス・アクィナス　Thomas Aquinas　一二二五～七四：
スコラ神学者。アリストテレスとキリスト教の啓示とを結びつけ、カトリック教会の哲学者となった。

ドリーシュ、ハンス　Driesch, Hans　一八六七～一九四一：
生物学者、超心理学《パラサイコロジー》者。『有機体の哲学』や『心的生活の日常の謎』を著わした。

ニーチェ、フリードリヒ　Nietzsche, Friedrich　一八四四～一九〇〇：
古典文献学者。その没年からはじまった二〇世紀において、その死後に最大の影響力をおよぼした哲学者であるが、みずからが標榜した主人道徳（反社会的な「悪《ベーゼ》」とされる）と、奴隷道徳（社会的、すなわち同情的ないしキリスト教的な「善《グート》」とされる）とを峻別したところから悪名高い。

ハイデガー、マルティン　Heidegger, Martin　一八八九～一九七六：
その主著『存在と時間』［桑木務訳、全三巻、岩波文庫一九六〇～六三年］において、人間の実存を無へと投げかけられていることとないしは乗り出していることとして、また不安を人間の根本的な情態性として記述した。後期の著作では、技術に規定された人間的生において存在が忘却されることを問題にし、存在を思念することを説き勧めている。

バークリー、ジョージ Berkeley, George　一六八五～一七五三：
アイルランドの司教、経験論者。その根本命題「存在するとは、知覚されていることである《エッセ・エスト・ペルキピ》」で徹底的な観念論を構想し、われわれの外部の物質や事物の存在を否定した。

バシュラール、ガストン Bachelard, Gaston　一八八四～一九六二：
科学哲学者。著書『火の精神分析』［前田耕作訳、せりか書房一九九九年］、主著『科学的精神の形成』［及川馥ほか訳、国文社一九七五年］。

パース、チャールズ・サンダース Peirce, Charles Sanders　一八三九～一九一四：
アメリカのプラグマティズムの創立者。その論文「われわれの観念を明晰にする方法」［久野収訳、桑原武夫ほか編『プラグマティズム』世界思想教養全集第一四巻、河出書房新社一九六三年所収］において、対象についてのわれわれの概念とは、ある概念の対象が想定された作用を働くであろうと考えられたところのわれわれの概念である、という原理を定式化する。

パスカル、ブレーズ Pascal, Blaise　一六二三～六二：
数学者、物理学者。計算器を考案し、パリの公共交通システムを構想した。宗教的な回心体験後、宗教思想論（『パンセ』［前田陽一ほか訳、中公文庫一九七三年］）に取りかかり、「この誇り高き理性が傷心し、嘆願するありさまを、わたしはどれほど好ましい気持ちで見ることだろう。」と遺しているように、理性に対する懐疑的な立場をとった。

バタイユ、ジョルジュ Bataille, George　一八九七～一九六二：
フランスの図書館司書、エロス作家。ヘーゲル、ニーチェ、神秘主義、芸術、経済学、およびエロティシズムについての著作がある（たとえば『エロスの涙』［森本知夫訳、ちくま学芸文庫二〇〇一年］）。

ハーバーマス、ユルゲン Habermas, Jürgen　一九二九～　：
いわゆる批判理論の代表者としてコミュニケーション的理性概念を展開した。その著書『認識と関心』［奥山次良ほか訳、未来社二〇〇一年］において、フロイトの精神分析をモデルにし、社会構成員間の対話的理解をとおした社会の自己療法を提唱した。主著『コミュニケーション的行為の理論』［河上倫逸ほか訳、全三巻、未来社一九八五～八七年］。

バルト、ロラン Barthes, Roland　一九一五～八〇：
構造主義者、記号学者。著書『記号学の冒険』［花輪光訳、みすず書房一九八八年］のそのタイトルの意味において、テクスト消費者をテクスト生産者にも仕立てた。

パルメニデス Parmenides　前五四〇～四八〇：
エレア出身。その有名な教訓詩『自然について』のなかでは、なにをもって拠りどころとすべきかを、女神が知者に告げる。すなわちそれは、あるものだけがあり、ないもの（生成や消滅）はない、なぜならば「思惟と存在は同一である」から、ということである。

ピコ・デッラ・ミランドラ、ジョヴァンニ Pico della Mirandola, Giovanni　一四六三～九四：
イタリアの人文主義者《ユマニスト》、新プラトン主義。その主著『人間の尊厳について』［大手哲訳、国文社一九八五年］のなかで、人間を動物と神とのあいだの奇跡的被造物（カメレオン）として賞讃した。人間は、活動的生活をつうじて神に到達することができ、一方神的なもののヴィジョンを開く観想的生活をつうじてさらに望ましい状態に到達することができるとされる。

ピュタゴラス　Pythagoras　前六世紀：
ピュタゴラス教団の設立者、数学者、数の神秘主義者。万物は数をもつ、あるいは万物は数全体の調和であると説いた。ピュタゴラス学派は、通約不能な無理数（たとえば二の平方根）を認めまいとした。伝承によると、平方根の発見者ヒッパソスは彼らに死刑を宣告されたといわれる。

ヒュパティア　Hypatia　三七〇～四一五：
ギリシアの女性数学者、天文学者、新プラトン主義者。キリスト教徒たちに殺害された。

ヒューム、デイヴィッド　Hume, David　一七一一～七六：
スコットランドの啓蒙主義者、懐疑論者。その主著『人間知性論』［大槻春彦編『ロック、ヒューム』中公バックス世界の名著第三二巻、中央公論社一九八〇年所収］において、経験にしたがった基礎づけの方法を精神科学の対象に適用した。道徳哲学に対しては、すべし《ゾレン》を存在から導出することはできないと主張した。

ピュロン　Pyrrhon　前三六〇～二七〇：
前三〇〇年頃、アテナイで懐疑主義の学派を設立した。価値設定は伝統に依存しており、理論的判断を根拠づけることはできないと説いた。

ファイヤアーベント、パウル・カール　Feyerabend, Paul Karl　一九二四～九四：
オーストリアの論理学的経験論に属する科学哲学者。その中心思想である「なんでもあり」（Anything goes）でもって、方法論的多元主義を支持した。

フィチーノ、マルシリオ　Ficino, Marsilio　一四三三～九九：
コジモ・デ・メディチの依頼によりプラトンを翻訳し註釈した。主著『プラトン神学』。

フィヒテ、ヨハン・ゴットリープ　Fichte, Johann Gottlieb　一七六二～一八一四：
その著書『全知識学の基礎』［木村素衛訳、全二巻、岩波文庫一九四九年］（二〇回以上の校訂を経た）において理論哲学と実践哲学とを統一した。

フィロン、アレクサンドリアの　Philon ho Alexandreus　前二五～後四五：
ユダヤ神学とギリシア哲学とを統合し、信仰と理性との統一――ただし信仰に優位を与えた――という、スピノザにいたるまで有効となったパラダイムを打ち出した。

フォイエルバッハ、ルートヴィヒ　Feuerbach, Ludwig　一八〇四～七二：
ヘーゲル左派、宗教学者。宗教において人間が自己の無限の本質を自覚することを洞察した。主著『キリスト教の本質』［舟山信一訳、全二巻、岩波文庫一九六五年］。

フーコー、ミシェル　Foucault, Michel　一九二六～八四：
フランスの社会歴史学者。狂気、刑罰、性についての著作がある。人間（「人間」という概念）を、若くてしかもまもなく消滅していく考案物としてとらえた。

フッサール、エトムント　Husserl, Edmund　一八五九～一九三八：
現象学の設立者。本質直観による厳密な学としての哲学を目指した。

それは、無時間的な価値を根拠づけ、世界の謎と生の謎を解明するはずであった。主著『論理学研究』［立松弘孝ほか訳、全四巻、みすず書房一九六八〜七六年］は、論理的命題の妥当性を心理的思考法則に帰する心理主義に対抗している。

プラトン　Platon　前四二七〜三四七：

プラトンの後のあらゆる哲学は、彼のテクストに対する脚注であるように見える（とホワイトヘッドはいう）。自分の師であるソクラテスとの、実際のもしくは架空の対話編を書き遺した。感覚世界は、根源的な原像としてのイデアの影像であり、それに由来していることを説いた。

フーリエ、シャルル　Fourier, Charles　一七七二〜一八三七：

ユートピア社会主義者。全人間の幸福を増大させるために、その社会システム内で情動を解放しようとした。

ブルーノ、ジョルダーノ　Bruno, Giordano　一五四八〜一六〇〇：

ドミニコ会士。焚刑の死にいたるまで異端の自然哲学者としてヨーロッパ各地で流浪生活を送った。

フレーゲ、フリードリヒ・ルートヴィヒ・ゴットロープ

Frege, Friedrich Ludwig Gottlob　一八四八〜一九二五：

論理学者。『概念記法　算術にならった純粋思考の形式言語』［藤村竜雄訳、藤村竜雄編『フレーゲ著作集』第一巻、勁草書房一九九九年所収］を展開した。その論文「意義《ジン》と意味《ベドイトゥング》について」［土屋俊訳、黒田亘ほか編『フレーゲ著作集』第四巻、勁草書房一九九九年所収］は、現代の記号学者の基本テクストになっている。

プレトン、ゲオルギオス・ゲミストス

Plethon, Georgios Gemistos　一三五五〜一四五二：

コンスタンティノポリス出身。フェラーラ–フィレンツェ公会議におけるその教説により、プラトン哲学の再興者とみなされた。

プロタゴラス　Protagoras　前四八五〜四一〇：

教師として各地を漂泊したソフィスト。その人間尺度説（人間は万物の尺度である、それらがあることについての、あるいはそれらがないことについての。）とともに、プラトンにより伝えられた。

ブロッホ、エルンスト　Bloch, Ernst　一八八五〜一九七七：

左派的ユートピア思想家。主著『希望の原理』［山下肇ほか訳、全三巻、白水社一九八二年］。

プロティノス　Plotinos　二〇四〜二七〇：

新プラトン主義の開祖。最高善としての純粋存在からそこから下って蒙昧な悪としての質料にいたるまでの存在の階層構造《ヒエラルヒー》と、それに対応する人間の魂の使命を説いた。人間の魂は、質料から純粋精神に向かい、それへと登りつめ、そこに還帰するとされる。

ベイトソン、グレゴリー　Bateson, Gregory　一九〇四〜八〇：

アメリカの人類学者、コミュニケーション論ないしはシステム論研究者。主著『精神の生態学』［佐藤良明訳、新思索社二〇〇〇年］。

ヘーゲル、ゲオルク・ヴィルヘルム・フリードリヒ

Hegel, Georg Wilhelm Friedrich　一七七〇〜一八三一：

弁証法的《ディアレクティシュ》な概念連結によるその体系においてあらゆる現実性を把握し、それにより最高に現実的な実在としての神の証明を遂行した。現実的なものは理性的であり、しかもその逆でもある、と説いた。ドイツ観念論の完成者とみなされる。

ベーコン、フランシス　Bacon, Francis　一五六一〜一六二六：

政治家でもある。その著書『学問の進歩』［服部英次郎ほか訳、岩波文庫一九七四年」でもって、経験に基づく発見法という学問の新見解を事実上もたらした。

ベーコン、ロジャー　Bacon Roger　一二一四～九二：
イングランドのフランシスコ会士、驚異博士（Doktor《ドクトル》 Mirabilis《ミラビリス》）。所属する修道会または教会の定説と対立した自然哲学者。

ペトラルカ、フランチェスコ　Petrarca, Francesco　一三〇四～七四：
人文主義者《ユマニスト》。人間の魂をほかにして讃美されるべきものはないこと、「その偉大さに比べられるほど偉大なものはない」ことが彼にとって明白になったのは、彼が一三三六年に登ったモン・ヴァントー山頂にあってのことだった。

ベーメ、ヤーコプ　Böhme, Jakob　一五七五～一六二四：
靴職人、啓示を受けた神秘主義者、神智学者。著書『アウローラ――明け初める東天の紅』［薗田坦訳、創文社二〇〇〇年］。

ヘラクレイトス　Herakleitos　前五五〇～四八〇：
イオニアの自然哲学者。「万物は流転する」という生成を唱える教説で、存在を唱える哲学者パルメニデスの対立者となった。

ベルクソン、アンリ　Bergson, Henri　一八五九～一九四一：
その非二元論的な生の哲学（生の飛躍《エラン・ヴィタール》）と形而上学の再基礎づけとによって、二〇世紀初頭のフランス哲学を凌駕した。

ボエティウス、A・M・T・セウェリヌス
Boethius, A. M. T. Severinus　四八〇～五二四：
ローマの政治家。その著書『哲学の慰め』［畠中尚志訳、岩波文庫一九三八年］で最後の古典時代の著作家であるともに最初のスコラ神学者となった。

ボダン、ジャン　Bodin, Jean　一五三〇～九六：
法学者、政治家。その主著『国家論』全六巻でホッブズとならんで絶対主義的な主権論者とされる。

ホッブズ、トマス　Hobbes, Thomas　一五八八～一六七九：
神を不可知とみなし、魂の概念を無益とみなした。その主著の名称は、『リヴァイアサン、あるいは教会的および市民的国家の質料、形相、力』［水田洋訳、全四巻、岩波文庫一九五四～八五年］とされる。万人に対する万人の戦いを回避するために、社会構成員は社会契約によって国家という可死的な神リヴァイアサンを産み出す。

ポパー、カール・ライムント　Popper, Karl Raimund　一九〇二～九四：
科学哲学者。その主著『探究の論理　近代科学の認識論のために』［大内義一訳『科学的発見の論理』、全二巻、恒星社厚生閣一九七一／七二年］において、経験科学的理論（全称命題の性格をもつ仮説）のための論理的規準として反証可能性（観察命題をつうじた経験と矛盾する可能性があること）を提唱する。

ホルクハイマー、マックス　Horkheimer, Max　一八九五～一九七三：
歴史的生の全形式を生産する人間を対象とする批判的社会理論の創始者。

ホワイトヘッド、アルフレッド・ノース
Whitehead, Alfled North　一八六一～一九四七：
数学者、形而上学者。その主著『過程と実在』［平林康之訳、全二巻、みすず書房一九八一／八三年］において、生物学的パラダイムに方向づけられた、反機械論的な（難解な）世界観を展開する。

マイモニデス、モーセス［モーシェ・ベン・マイモーン］
Maimonides, Moses［Môsheh ben Maimôn］　一一三五～一二〇四：
コルドバ出身のユダヤのアリストテレス主義者、合理論者。ユダヤ教の啓蒙的宗教書『迷える者の手引き』を（アラビア語で）著わした。

マキャベリ、ニッコロ　Machiavelli, Niccolò　一四六九～一五二七：喜劇作家、政治理論家。その主著『君主論』[河島英昭訳、岩波文庫一九九八年]において、効率性と実用性の観点から君主のそなえるべき道徳性とさまざまな支配術について議論した。

マッハ、エルンスト　Mach, Ernst　一八三八～一九一六：物理学者、経験論的批判主義者。その著書『感覚の分析』[須藤吾之介ほか訳、法政大学出版局一九七一年]において、対象は感覚要素の安定した連関にほかならないとして、実体概念を批判した。その理論の根底にあるのは、世界が自我とともに関連しあった感覚のかたまりとして体験されたという、いわゆるマッハ経験である。

マトゥラーナ、ウンベルト・R　Maturana, Humberto R.　一九二八～　：チリの生物学者。認知システムとして閉じられた生命体システム（オートポイエーシス）という概念を構想した。構成主義的認知論・システム論を打ち出した。

マルクス、カール　Marx, Karl　一八一八～八三：新聞記者、政治経済学批判論者。主著『資本論』[向坂逸郎訳、全九巻、岩波文庫一九六九～七〇年]。資本主義的生産とは、資本家の富裕化と労働者の貧困化とを意味する剰余価値の生産であるととらえた。

マルクス・アウレリウス　Marcus Aurelius　一二一～一八〇：ローマ皇帝、ストア学派の代表者。戦地で『自省録』[神谷美恵子訳、岩波文庫二〇〇七年]を記した。

マルセル、ガブリエル　Marcel, Gabriel　一八八九～一九七三：キリスト教的実存主義者、劇作家。「崩壊した世界」の経験を契機として、共存において生起し、神をその条件とする存在への新たな通路を求めた。

ミード、ジョージ・ハーバート　Mead, George Herbert　一八六三～一九三一：アメリカの心理学者。その著書『（社会行動主義者の視点からの）精神・自我・社会』[河村望訳、デューイ＝ミード著作集第六巻、人間の科学社一九九五年所収]に記録された講義において、人間固有の社会性という根本特徴は、相手の行為を期待しあうという相互拘束的な規範の制御法にあると規定する。

ミル、ジョン・スチュアート　Mill, John Stuart　一八〇六～七三：イギリスの経験論者、経済学者、社会改革者。その主著『功利主義論』[関嘉彦編『ベンサム、J・S・ミル』中公バックス世界の名著第四九巻、中央公論社一九七九年所収]は、社会構成員の最大多数の最大幸福から分配公正の原理を導き出した功利主義的倫理学とみなされる。

メルロ－ポンティ、モーリス　Merleau-Ponty, Maurice　一九〇八～六一：フランスの現象学者。その著書『知覚の現象学』[竹内芳郎ほか訳、全二巻、みすず書房一九六七／七四年]において、身体を知覚の主体として、また知覚それ自身を共同性――他者の志向をわれわれのものとして受け容れるもの――として規定する。

モア、トマス　Morus, Thomas　一四七八～一五三五：人文主義者《ユマニスト》、修道僧的生活を送った政治家。ヘンリーⅧ世により反逆罪として処刑された。プラトンの理想国家を同時代に即応した形態（そこでは奴隷制がまだ廃止されていない！）で受け継いだ国家小説『ユートピア（どこにもない場所）』[平井正穂訳、岩波文庫一九五七年」を著わした。

ヤコブソン、ロマン　Jakobson, Roman　一八九六〜一九八二：
モスクワ出身の言語学者、プラハとアメリカにおける構造主義的詩学者。その主導的な問いは、なにが芸術作品に言語的なメッセージをもたらすのか?というものであった。

ヤスパース、カール　Jaspers, Karl　一八八三〜一九六九：
はじめは精神科医であったが、『世界観の心理学』（一九一九）［重田英世訳、創文社一九九七年］により最初のドイツの実存哲学者となった。哲学とは、死、罪、苦悩、葛藤、運命といった限界状況の経験を契機とする実存の解明であるとされる。

ヨナス、ハンス　Jonas, Hans　一九〇三〜九三：
その主著『責任という原理』［加藤尚武訳、東信堂二〇〇〇年］のなかで、人類全体の維持に最高価値を与えることによって、技術文明に対する倫理学を構想する。

ライプニッツ、ゴットフリート・ヴィルヘルム
Leibniz, Gottfried Wilhelm　一六四六〜一七一六：
万能学者、外交官。ライムンドゥス・ルルスにならって、普遍的に応用可能な結合術《アルス・コンビナトリア》である「普遍数学」［原亨吉ほか訳、『ライプニッツ著作集』第二巻、工作舎一九九七年所収］に即した計算器を考案した。その哲学的主著『単子論《モナドロジー》』［河野与一訳、岩波文庫一九五一年］において、デカルトの三実体（神、延長するもの《レス・エクステンサ》、思惟するもの《レス・コギタンス》）を、単子《モナド》という単一の思考する実体に還元した。単子《モナド》は、われわれの魂と同様に不変、不死であり、窓をもたない。各単子は、それ自体無数の単子《モナド》から成立している世界全体の鏡であり、単子《モナド》からなる世界は、神的単子《モナド》により配置された予定調和において維持されている。ライプニッツは、世界をあらゆる可能性のなかで最善のものとみなした。

ラカン、ジャック　Lacan, Jacques　一九〇一〜八一：
パリの構造主義的心理学者。「無意識は言語的に構造化されている」という命題を提唱した。

ラッセル、バートランド　Russell, Bertrand　一八七二〜一九七〇：
イギリスの経験論者、数学者、平和運動家。ホワイトヘッドともにフレーゲ論理学の延長である『数学原理《プリンキピア・マテマティカ》』を著わし、集合論の論理的パラドクスを発見した。

ラ・メトリ、ジュリアン・オフレ・ド
La Mettrie, Julien Offray de　一七〇九〜五一：
フランスの医師、唯物論者。その主著『人間機械論』［杉捷夫訳、岩波文庫一九三二年］において、実体としての魂（デカルトの思惟するもの《レス・コギタンス》）という観念を却下し、快と満足とを人間の生の目的として擁護した。

リオタール、ジャン-フランソワ　Lyotard, Jean-François　一九二四〜九八：
その主著『ポストモダンの条件』［小林康夫訳、水声社一九八九年］において、知を従来統御してきたメタ物語（たとえば意味の解釈学《ヘルメノイティーク》、人類の解放）の崩壊と、地域的で異質的な言語ゲームの自由化とをつうじたポストモダンという概念を打ち出した。

リカルドゥス、サン・ヴィクトルの
Richardus de Sancto Victore　一一一〇〜七三：
スコットランド出身の、パリにおけるアウグスティヌス派の司教座聖堂参事会員。愛をつうじた魂の神秘主義的登攀を説いた。

ルクレティウス　Lucretius　前九七〜五五：

ローマにおけるエピクロス哲学の代表者。その長編の教訓詩『物の本質について』［樋口勝彦訳、岩波文庫一九六一年］のなかでエピクロスの教説を伝えている。

ルソー、ジャン-ジャック　Rousseau, Jean-Jacques　一七一二〜七八：
フランスの政治哲学者、啓蒙主義者。『エミール（教育について）』［今野一雄訳、全三巻、岩波文庫一九六二〜六四年］において子どものために意見陳述をし、『社会契約論』［桑原武夫ほか訳、岩波文庫一九五四年］や『人間不平等起源論』［本田喜代治ほか訳、岩波文庫一九三三年］においてフランス革命の理論的準備をした。

ルーマン、ニクラス　Luhmann, Niklas　一九二七〜九八：
社会主義者。合理性や認識といった哲学的問題を共同して取り扱う自己言及的な啓蒙活動として社会主義をとらえる。その主著『社会システム理論』［佐藤勉監訳、全二巻、恒星社厚生閣一九九三〜九五年］において、マトゥラーナによる生命システム論を意味システムに、すなわち心的システムやコミュニケーション・システムや諸制度に応用する。

ルルス、ライムンドゥス　Lullus, Raimundus　一二三二〜一三一六：
マヨルカ島出身の「啓蒙博士」(Doktor《ドクトル》 Illuminatus《イルミナトゥス》)。回心体験後、イスラム教徒に対する布教に生涯を捧げた。その著書『新論理学』において、結合術《アルス・コンビナトリア》の形式にしたがってあらゆる学問の根本概念が展開されるという普遍学を構想した。

レヴィ-ストロース、クロード　Lévi-Strauss, Claude　一九〇八〜二〇〇九：
フランスの構造主義者。主著『構造人類学』［荒川幾男訳、みすず書房一九七二年］。

レヴィ-ブリュール、リュシアン　Lévy-Bruhl, Lucien　一八五七〜一九三九：
その主著『未開の心性』において、未開人の前論理的思考と西洋人の論理的思考とを区別した。

レム、スタニスワフ　Lem, Stanislaw　一九二一〜二〇〇六：
SF作家、批判的合理論者。たとえば一個の人格を原子レヴェルで同一的であるコピーへと自己同一性《アイデンティティ》転送をするといった思考実験により伝統的な哲学的問題を究明したり、またたとえばサイバースペースといったものと関連して新たな哲学的問題を提起したりしている。

ロック、ジョン　Locke, John　一六三二〜一七〇四：
イングランドの経験論者、科学哲学の創始者。個人の平等と自由と不可侵を、また宗教的寛容と自由経済秩序を支持し、その諸著書［たとえば大槻春彦訳『人間知性論』全四巻、岩波文庫一九七二〜七七年］のなかでそれらを基礎づけた。

ロセ、クレマン　Rosset, Clément　一九三九〜　：
その著書『残酷の原理』において、哲学が広く取り組んでいるのは、現実的なものの悪魔払いであり、つまり現実が現実的ではないことの証明、真理がその残酷さのゆえにまさに虚偽であることの証明であるととらえている。

ロールズ、ジョン　Rawls, John　一九二一〜二〇〇二：
社会的な根本財（自由、権利、権力、機会、所得）の公正な分配を主題とした、その著書『正義論』［矢島鈞次監訳、紀伊國屋書店一九七九年］で知られる。分配の原理は、個々人の関心と能力とを捨象した「無知のヴェール」のもとで各個人自身によって選択されなければならない。そのとき、公正な分配は普遍的な自己の関心に対応しているとされる。

文献リスト（著者五十音順）

アウグスティヌス、アウレリウス：服部英次郎訳『告白』全二巻（岩波文庫一九七六年）。

アベラール、ピエール（アベラルドゥス、ペトルス）：大谷啓治訳「然りと否」・清水哲郎訳「ポルフュリウス註釈」・大道敏子訳「倫理学」、上智大学中世思想研究所編『中世思想原典集成』第七巻（平凡社一九九六年）所収。

アリストテレス：出隆監修『アリストテレス全集』全一七巻（岩波書店一九六八〜七二年）。

アルチュセール、ルイ：河野健二ほか訳『マルクスのために』（平凡社ライブラリー一九九四年）。

アルベルトゥス・マグヌス（アルベルト・フォン・ボルシュテット）：宮内久光訳「形而上学」・須藤知夫訳「ディオニュシウス神秘神学註解」・小松真里子訳「動物論」、上智大学中世思想研究所編『中世思想原典集成』第一三巻（平凡社一九九三年）所収。

アーレント、ハンナ：斎藤純一訳「実存哲学とは何か」、『アーレント政治思想集成』第一巻（みすず書房二〇〇二年）所収。

ヴァイシェーデル、ヴィルヘルム：中村友太郎訳『思索への三四階梯　大哲学者の日常と思想』全二巻（公論社一九七七年）。

ヴィトゲンシュタイン、ルートヴィヒ：『ヴィトゲンシュタイン全集』全一二巻（大修館書店一九七五〜八八年）。

ヴィント、エドガー：田中英道ほか訳『ルネサンスの異教秘儀』（晶文社一九八六年）。

ウェーバー、マックス：梶山力ほか訳「プロテスタンティズムの倫理と資本主義の精神」・富永健一訳「経済行為の社会学的基礎範疇」・厚東洋輔訳「経済と社会集団」・倉沢進訳「都市」、尾高邦雄編『ウェーバー』中公バックス世界の名著第六一巻（中央公論社一九七九年）所収。

イリガライ、リュス：浜名優美訳『性的差異のエチカ』（産業図書一九八六年）。

エックハルト、マイスター：植田兼義訳「ドイツ語説教集」、『キリスト教神秘主義著作集』第六巻（教文館一九八九年）所収。川崎幸夫訳「エックハルト論述集」、『ドイツ神秘主義叢書』第三巻（創文社一九九一年）所収。

エリボン、ディディエ：田村俶訳『ミシェル・フーコー伝』（新潮社一九九一年）。

カミュ、アルベール：清水徹訳『シーシュポスの神話』（新潮文庫一九六九年）。

カント、イマヌエル『カント全集』全二二巻（岩波書店一九九九〜二〇〇六年）。

キェルケゴール、セーレン・A：『キルケゴール著作集』全二一巻（白水社一九六二〜七〇年）。

クザーヌス、ニコラウス（ニコラウス・フォン・クエス）：坂本尭訳「神の子であることについて」「神を見ることについて」「観想の極地について」、『キリスト教神秘主義著作集』第一〇巻（教文館二〇〇〇年）所収。

クレメンス、アレクサンドリアの：秋山学訳「ストロマテイス」、上智大学中世思想研究所編『中世思想原典集成』第一巻（平凡社一九九五年）所収。

ケプラー、ヨハネス：島村福太郎訳「世界の調和」、『ガリレオ、ケプラー』世界大思想全集、社会・宗教・科学思想篇第三一巻（河出書房新社一九六三年）所収。

ザフランスキー、リュディガー：山本尤訳『ハイデガー　ドイツの生んだ巨匠とその時代』（法政大学出版局一九九六年）。

サルトル、ジャン＝ポール：『サルトル全集』全三八巻（人文書院一九五一～七七年）。

ジェインズ、ジュリアン：柴田裕之訳『神々の沈黙――意識の誕生と文明の興亡』（紀伊國屋書店二〇〇五年）。

シェストフ、レフ：植野修司訳『アテネとエルサレム』（雄渾社一九七二年）。

ジェームズ、ウィリアム：桝田啓三郎訳『プラグマティズム』（岩波文庫一九五七年）。

シェーラー、マックス：飯島宗享ほか編『シェーラー著作集』全一五巻（白水社二〇〇二年）。

シオラン、エミール・M：有田忠郎訳『崩壊概論』シオラン選集第一巻（国文社一九七五年）。

シュライアマッハー、フリードリヒ・ダニエル・エルンスト：深見茂訳「説教六篇」・今井晋訳「キリスト教信仰」、『現代キリスト教思想叢書』第一巻（白水社一九七四年）所収。

シュルテ、ギュンター：青山治城訳『ルーマン・システム理論　何が問題なのか　システム理性批判』（新泉社二〇〇七年）。

シュティルナー、マックス：片岡啓治訳『唯一者とその所有』全二巻（現代思潮社一九七七年）。

シュテーリヒ、ハンス・ヨアヒム：草薙正夫ほか訳『世界の思想史』全二巻（白水社一九六七年）。

ショーペンハウアー、アルトゥール：『ショーペンハウアー全集』全一四巻（白水社一九七二～七五年）。

ジラール、ルネ：古田幸男訳『暴力と聖なるもの』（法政大学出版局一九八二年）。

ジルソン、エティエンヌ：服部英次郎訳『中世哲学の精神』全二巻（筑摩書房一九七四／七五年）。

スピノザ、バールーフ・デ：工藤喜作ほか訳「エティカ」、下村寅太郎編『スピノザ、ライプニッツ』中公バックス世界の名著第三〇巻（中央公論社一九八〇年）所収。

ソシュール、フェルディナン・ド：小林英夫訳『一般言語学講義』（岩波書店一九七二年）。

ディオゲネス・ラエルティオス：加来彰俊訳『ギリシア哲学者列伝』全三巻（岩波文庫一九八四～九四年）。

ディールス、ヘルマン／クランツ、ヴァルター：内山勝利編『ソクラテス以前哲学者断片集』全五巻（岩波書店一九九六～九八年）。

ディルタイ、ヴィルヘルム：西村皓ほか編『ディルタイ全集』全一一巻予定（法政大学出版局二〇〇三年～）。

デカルト、ルネ：三宅徳嘉ほか訳『デカルト著作集』全四巻（白水社一九九三年）。

デューイ・ジョン：河村望訳『人間性と行為』デューイ＝ミード著作集第

三巻（人間の科学社一九九五年）所収。

デリダ、ジャック：若桑毅ほか訳『エクリチュールと差異』全二巻（法政大学出版局一九七七／八三年）。

テルトゥリアヌス：鈴木一郎訳「護教論」・土岐正策訳「プラクセアス反論」「パッリウムについて」、『キリスト教教父著作集』第一三～一四巻（教文館一九八七年）所収。

ニーチェ、フリードリヒ：『ニーチェ全集』第一期全一二巻、第二期全一二巻（白水社一九七九～八七年）。

ハイゼンベルク、ヴェルナー：河野伊三郎ほか訳『現代物理学の思想』（みすず書房一九五九年）。

ハイデガー、マルティン：桑木務訳『存在と時間』全三巻（岩波文庫一九六〇～六三年）。

バークリー、ジョージ：大槻春彦訳『人知原理論』（岩波文庫一九五八年）。

パース、チャールズ・サンダース：上山春平訳「プラグマティズムの哲学」・上山春平ほか訳「論文集」、上山春平編『パース、ジェイムズ、デューイ』中公バックス世界の名著第五九巻（中央公論社一九八〇年）所収。

パスカル、ブレーズ：前田陽一ほか訳『パンセ』（中公文庫一九七三年）。

バシュラール、ガストン：及川馥ほか訳『科学的精神の形成』（国文社一九七五）。

ハーバーマス、ユルゲン／ルーマン、ニクラス：佐藤嘉一ほか訳『批判理論と社会システム理論』全二巻（木鐸社一九八四／八七年）。

バルト、ロラン：花輪光訳『明るい部屋　写真についての覚書』（みすず書房一九九七年）。

ヒューム、デイヴィッド：大槻春彦訳「人間知性論」、大槻春彦編『ロック、ヒューム』中公バックス世界の名著第三二巻（中央公論社一九八〇年）所収。

ファイヤアーベント、パウル・カール：村上陽一郎ほか訳『自由人のための知』（新曜社一九八二年）。

フィヒテ、ヨハン・ゴットリープ：『フィヒテ全集』全二三巻予定（哲書房一九九五年～）。

フォイエルバッハ、ルートヴィヒ：舟山信一訳『キリスト教の本質』全二巻（岩波文庫一九六五年）。

フーコー、ミシェル：中村雄二郎訳『言語表現の秩序』（河出書房新社一九八一年）。

フーコー、ミシェル：渡辺守章訳『知への意志（性の歴史第一巻）』（新潮社一九八六年）。田村俶訳『快楽の活用（性の歴史第二巻）』（新潮社一九八六年）。田村俶訳『自己への配慮（性の歴史第三巻）』（新潮社一九八七年）。

フッサール、エトムント：小池稔訳「厳密な学としての哲学」、細谷恒夫編『ブレンターノ、フッサール』中公バックス世界の名著第六二巻（中央公論新社一九八〇年）所収。

プラトン：田中美知太郎ほか編『プラトン全集』全一五巻（岩波書店一九七四～七八年）。

ブルーノ、ジョルダーノ：『ジョルダーノ・ブルーノ著作集』全一〇巻予定（東信堂一九九八年～）。

フレーゲ、ゴットロープ：野本和幸ほか訳「論理探究」、黒田亘ほか編『フレーゲ著作集』第四巻（勁草書房一九九九年）所収。

フロイト、ジークムント：新宮一成ほか編『フロイト全集』全二三巻予定（岩波書店二〇〇六年～）。

ヘーゲル、ゲオルク・ヴィルヘルム・フリードリヒ：『ヘーゲル全集』全二〇巻（岩波書店一九九四〜二〇〇一年）。

ベーコン、フランシス：川西進訳『ニュー・アトランティス』（岩波文庫一九七二年）。

ペーター・スローターダイク：高田珠樹訳『シニカル理性批判』（ミネルヴァ書房一九九六年）。

ボエティウス、A・M・T・セヴェリヌス：畠中尚志訳『哲学の慰め』（岩波文庫一九三八年）。

ポパー、カール・ライムント：内田詔夫ほか訳『開かれた社会とその敵』全二巻（未来社一九八〇年）。

ホルクハイマー、マックス／アドルノ、テオドール：徳永恂訳『啓蒙の弁証法』（岩波文庫二〇〇七年）。

ホワイトヘッド、アルフレッド・ノース：平林康之訳『過程と実在』全二巻（みすず書房一九八一／八三年）。

マッハ、エルンスト：須藤吾之介ほか訳『感覚の分析』（法政大学出版局一九七一年）。

マトゥラーナ、ウンベルト／バレーラ、フランシスコ：管啓次郎訳『知恵の樹――生きている世界はどのようにして生まれるのか』（ちくま学芸文庫一九九七年）。

マルクス、カール／エンゲルス、フリードリヒ：大内兵衛ほか監訳『マルクス・エンゲルス全集』全四一巻（大月書店一九五九〜七五年）。

ミード、ジョージ・ハーバート：河村望訳『精神・自我・社会』デューイ＝ミード著作集第六巻（人間の科学社一九九五年）所収。

ミル、ジョン・スチュアート：早坂忠訳「自由論」・山下重一訳「代議政治論」・伊原吉之助訳「功利主義論」、関嘉彦編『ベンサム、J・S・ミル』中公バックス世界の名著第四九巻（中央公論社一九七九年）所収。

メルロ-ポンティ、モーリス：竹内芳郎ほか訳『知覚の現象学』全二巻（みすず書房一九六七／七四年）。

ヤスパース、カール：重田英世訳『世界観の心理学』（創文社一九九七年）。

ユング、カール・ギュスターフ：池田紘一ほか訳『心理学と錬金術』全二巻（人文書院一九七六年）。

ヨナス、ハンス：秋山さと子ほか訳『グノーシスの宗教　異邦の神の福音とキリスト教の端緒』（人文書院一九八六年）

ヨハネ・パウロⅡ世：イエズス会社会司牧センター訳『新しい課題、教会と社会の百年をふりかえって　教皇ヨハネ・パウロ二世回勅』（カトリック中央協議会一九九一年）。

ヨハネ・パウロⅡ世：久保守訳『信仰と理性　教皇ヨハネ・パウロ二世回勅』（カトリック中央協議会二〇〇二年）。

ライン、ジョセフ・バンクス：瀬川愛子訳『心理の領域』（北隆館一九五〇年）。

ラカン、ジャック：宮本忠雄ほか訳『エクリ』全三巻（弘文堂一九七二〜一九八一年）。

ラッセル、バートランド：市井三郎訳『西洋哲学史（古代より現代に至る政治的・社会的諸条件との関連における哲学史）』全三巻（みすず書房一九七〇年）。

ラ・メトリ、ジュリアン・オフレ・ド：杉捷夫訳『人間機械論』（岩波文庫一九三二年）。

リオタール、ジャン-フランソワ：小林康夫訳『ポストモダンの条件』（水声社一九八九年）。

ルクレティウス：樋口勝彦訳『物の本質について』（岩波文庫一九六一年）。

ルソー、ジャン・ジャック：『ルソー全集』全一四巻（白水社一九七九〜八四年）。

ルーマン、ニクラス：佐藤勉監訳『社会システム理論』全二巻（恒星社厚生閣一九九三〜九五年）。

レヴィ-ストロース、クロード：荒川幾男訳『構造人類学』（みすず書房一九七二年）。

レヴィ-ストロース、クロード：山口昌男ほか訳『仮面の道』叢書創造の小径（新潮社一九七七年）。

レヴィ-ストロース、クロード：川田順造訳『悲しき熱帯』全二巻（中央公論社一九七八／七七年）。

レーニン、ウラジミール・I：佐野文夫訳『唯物論と経験批判論』全二巻（岩波文庫一九五二／五三年）。

ローブ、アレクサンダー：Masayuki Kosaka 訳『錬金術と神秘主義　ヘルメス学の博物館』（タッシェン・ジャパン二〇〇四年）。

ま

や

な

は

さ

た

人名索引

図版出典

Gérard Aimé 185上 / AISA, Barcelona 84 / AKG, Berlin Frontispiz 6下, 37, 63, 97, 106, 153, 154右, 169, 185中, 194, 196上, 204右, 209上, 210右, 211 / Archäologisches Nationalmuseum, Paistum 口絵11 /Bibliothek, Wolfenbüttel 117 / Bibliothèque de Sainte-Geneviève, Paris 57 / Bibliothèque Nationale, Paris 161 / Blue Planet/Sochurek 219 / British Museum, London 69右 / Chester Beatty Library, Dublin 9下 / Core Design 220 / Dali Museum, St. Petersburg (USA) 95 / Walter Dräyer, Zürich 138 / Wilhelm Fink Verlag, München 66 / Gianni Giansanti 78 / Giraudon, Paris 13左下 / Hamburger Kunsthalle, Foto Walford 125 / Historia Photo Bad Sachsa 57上 / Hulton Deutsch Collection, London 183 / Hulton Getty 193 / Alfred Kelsner 164上 / Heinrich Kleiber 90右 / Image Select/Ann Ronan Picture Library 149 / Interfoto/Dulfaquar 209下 / Lotte Köhler, New York 179 / Königliche Bibliothek Kopenhagen 166 / Konrad-Adenauer-Stiftung, Bonn 181 / Kunsthistorisches Museum, Wien 46 / Kunstsammlung Uni Bochum 口絵4 / Leonard von Matt 口絵3 / Metropolitan Museum of Art, New York 13上 / Digne Möller-Marcowicz 182 / Munch Museet, Oslo 170 / Musée Carnavalet, Paris 121 / Musée Comte, Paris 148上右 / Musée d'Orsay 口絵10 / Musée de l'Homme, Paris 110 / Musée du Louvre, Paris 口絵2, 62, 87, 109, 112 / Museo del Prado, Madrid 口絵5, 口絵12, 77 / Museo Nazionale, Neapel 109 / Museum and Art Gallery, Derby 108 / Museum of Anthropology, Vancouver, Foto Johsel Namkung 204左 / Museum of Modern Art, New York, given anonymously 81 / Nasjonalgalleriet, Oslo 178 / National Gallery of Victoria, Melbourne 72 / Niedersächsische Landesbibliothek, Hannover 116 / Norman McGrath, New York 210左 / Ny Carlsberg Glyptothek, Kopenhagen 69左 / Antonio Quattrone 168 / Rheinisches Bildarchiv, Köln 129 / Rijksmuseum, Amsterdam 27 / Rowohlt Archiv, Foto Antanas Sutkus 216下 / Michael Royen 205 / Scala 82, 90左 / Schloss Versailles 140 / K. Schne 216上 / Schopenhauer-Archiv, Fft/M. 158 / Scottish National Portrait Gallery, Edinburgh 121右 / Margherita Spiluttini, Wien 199 / Staatliche Museen Preußischer Kulturbesitz, Berlin - Antikenmuseum 39, 43 - Kupferstichkabinett 45 - Papyrussammlung 6上 / Tate Gallery, London 口絵9 / Thielska Galleriet, Stockholm 162 / Trinity College, Oxford 198 / Uffizien, Florenz 9 / Urania-Verlag, Leipzig 130 / Van Gogh Museum, Amsterdam 48 / Vatikanische Museen 口絵6

29, 図版: Johannes Kepler, Harmonices Mundi, Linz l619, Kepler-Kommission der Bayrischen Akademie der Wissenschaften, München / 65, 図版: Emil Reicke, Der Gelehrte in der deutschen Vergangenheit, Jena 1924 / 93, 図版: E. Fuchs, Illustrierte Sittengeschichte, Bd. I, München 1909 / 102, 図版: Bayer-AG / 145左, 図版: Peitgen/Jürgens: Fraktale. Gezähmtes Chaos. C. Fr. Siemens Stiftung, München 1990

[著者略歴]

Günter Schulte（ギュンター・シュルテ）

1937年生、理学博士、ケルン大学哲学教授、画家、彫刻家。最近の著書に『最後の哲学　思考の根源と深淵としての愛と死』(Diederichs 社 1997年)、『ニューロン神話　マインドマシーンと精神の隠れ家としての脳髄』(Zweitausendeins 社 1997年) など、邦訳に青山治城訳『ルーマン・システム理論　何が問題なのか　システム理性批判』(新泉社 2007年) がある。

[訳者略歴]

勝　道興（かつ みちおき）

1961年生、文学博士、産業翻訳者。著書に『音響のオルガノン──ざわめく波動の存在相へ──』(晃洋書房 2001年)、論文に「〈同一物の永劫回帰〉の源泉と律動性」(日本哲学会編『哲学』第58号 2007年)、「至高と裂傷──バタイユによるニーチェ／ヘーゲル──」(関西大学哲学会編『哲学』第27号 2009年)、などがある。

絵で見る哲学の歴史

平成二十二年四月 十 日印刷
平成二十二年四月三十日発行

著　者　ギュンター・シュルテ
訳　者　勝　道　興
発行者　小　菅　勉
印　刷
製　本　広研印刷株式会社
用　紙　北越製紙株式会社

中央公論美術出版

東京都中央区京橋二丁目八─七
電話〇三─三五六一─五九九三

ISBN978-4-8055-0629-5